Quellen zur jüdischen Familiengeschichtsforschung im Staatsarchiv Hamburg

Veröffentlichungen aus dem Staatsarchiv der
Freien und Hansestadt Hamburg
Band 23

Quellen zur jüdischen Familiengeschichtsforschung im Staatsarchiv Hamburg

Ein Wegweiser für die Spurensuche

von Jürgen Sielemann

Hamburg University Press
Verlag der Staats- und Universitätsbibliothek Hamburg
Carl von Ossietzky

Impressum

Bibliografische Information der Deutschen Nationalbibliothek

Die Deutsche Nationalbibliothek verzeichnet diese Publikation in der Deutschen Nationalbibliografie; detaillierte bibliografische Daten sind im Internet über https://portal.dnb.de abrufbar.

Die Online-Version dieser Publikation ist auf den Verlagswebseiten frei verfügbar (Open Access). Die Deutsche Nationalbibliothek hat die Netzpublikation archiviert. Diese ist dauerhaft auf dem Archivserver der Deutschen Nationalbibliothek verfügbar.

Frei verfügbar über die folgenden Webseiten:
Hamburg University Press –
http://hup.sub.uni-hamburg.de/purl/HamburgUP_STAHH_23_Sielemann
Archivserver der Deutschen Nationalbibliothek – Recherche und Zugriff über
https://portal.dnb.de/

ISBN 978-3-943423-21-1
ISSN 0436-6638

Produktion: Elbe-Werkstätten GmbH, Hamburg, Deutschland
http://www.elbe-werkstaetten.de/

Covergestaltung: nach einem Entwurf von Benno Kieselstein, Hamburg

Inhaltsverzeichnis

Einführung

In der jüdischen Gemeinschaft hat die genealogische Überlieferung eine lange Tradition. Die ältesten Stammfolgen enthält das erste Buch der Tora; später dokumentierten vor allem Priestergeschlechter ihre Abstammung, den „Jichus". Prominente bürgerliche Familien folgten in der zweiten Hälfte des 19. Jahrhunderts. Seit dem frühen 20. Jahrhundert fand die jüdische Familienforschung ein noch breiteres Interesse. Ein organisatorischer Zusammenschluss bestand in Deutschland von 1924 bis 1938, nachdem der Berliner Augenarzt Dr. Arthur Czellitzer die Gesellschaft für jüdische Familienforschung gegründet hatte.[1] Czellitzer, ein Protagonist der modernen, wissenschaftlichen Grundsätzen verpflichteten jüdischen Familienforschung, wurde 1943 in Sobibor ermordet. Es dauerte drei Jahrzehnte, bis in Israel, den USA und westeuropäischen Ländern eine Regeneration einsetzte. Zahlreiche Vereinigungen für jüdische Genealogie und ein Dachverband wurden seither gegründet, nationale und internationale Seminare fanden statt, Fachliteratur erschien und Internet-Ressourcen standen in immer größerem Umfang zur Verfügung.

Heute gehören der „International Association of Jewish Genealogical Societies", dem Dachverband mit Sitz in den USA, 76 regionale Vereinigungen an, darunter als einziges deutsches Mitglied die 1996 gegründete Hamburger Gesellschaft für jüdische Genealogie e.V. Ihr Forschungsgebiet ist auf die Familien der ehemaligen jüdischen Gemeinden im Raum Hamburg beschränkt. Eine landesweite Mitgliederorganisation der jüdischen Genealogie ist in Deutschland im Unterschied zu anderen Staaten der westlichen Hemisphäre nicht vorhanden. Die Zahl der hier seit Generationen ansässig gewesenen und zurückgekehrten jüdischen Familien ist allzu gering. Das Trauma der Schoah ließ einen Neubeginn jüdischen Lebens und die Entstehung mitgliederstarker jüdischer Gemeinden im Land der Täter lange Zeit kaum vorstellbar erscheinen. Forschungen zur Genealogie und Geschichte

[1] Dr. Arthur Czellitzer, geb. 5.4.1871 in Breslau, ermordet am 16.7.1943.

jüdischer Familien Hamburgs wurden in der Nachkriegszeit fast ausnahmslos nur aus dem Ausland angestellt. Die vernichteten aschkenasischen und sefardischen Gemeinden der Hansestadt gehörten einer unwiederbringlichen Vergangenheit an. Annähernd 10 000 in Hamburg beheimatet gewesene jüdische Männer, Frauen und Kinder waren in der NS-Zeit ermordet worden.[2] Eine knapp darüber liegende Zahl der als Juden verfolgten Einwohner hatte sich ins Ausland retten können.[3] Weniger als 700 Überlebende der Schoah wurden am Ende des Krieges in Hamburg gezählt.[4] Das Interesse an der Genealogie und Biografie von Angehörigen der einstigen jüdischen Gemeinden blieb auch hier lange Zeit auf Familien im Ausland beschränkt. Für sie war das 1966 begonnene und bis heute fortgeführte Programm des Hamburger Senats zur Einladung jüdischer ehemaliger Hamburger von besonderer Bedeutung. Manche der bisher rund 2000 Gäste nutzten die Zeit für familiengeschichtliche Nachforschungen im Staatsarchiv Hamburg. Entsprechende Forschungen von inländischen Historikern und Heimatforschern nahmen erst in den 1980er Jahren zu. Einen starken Impuls zur Erforschung familiengeschichtlicher und biografischer Fakten gab in Hamburg das „Stolperstein"-Projekt des Kölner Bildhauers Gunter Demnig. Im Zusammenhang mit den auf Gehwegen verlegten Gedenksteinen für die Opfer der nationalsozialistischen Gewaltherrschaft erarbeiteten seit dem Jahr 2006 mehr als 50 Forscherinnen und Forscher, vorwiegend aus Geschichtswerkstätten und Stadtteilarchiven, rund 1000 Biografien zur Veröffentlichung in einer Buchreihe und im Internet.[5]

Die Fülle des Hamburger Quellenmaterials zur Geschichte der Juden ist im Vergleich zu anderen deutschen Städten als glücklicher Sonderfall zu

---

[2] Vgl. Jürgen Sielemann (Bearbeiter) unter Mitarbeit von Paul Flamme: Hamburger jüdische Opfer des Nationalsozialismus. Gedenkbuch (Veröffentlichungen aus dem Staatsarchiv der Freien und Hansestadt Hamburg 15). Hamburg 1995. S. XVII.

[3] Sybille Baumbach: Die Auswanderung von Juden aus Hamburg in der NS-Zeit. In: Verfolgung und Verwaltung. Beiträge zur Hamburger Finanzverwaltung 1933–1945. Begleitheft zur Sonderausstellung im Deutschen Zollmuseum. Hamburg 2003. S. 40.

[4] Ina Lorenz: Deutsch-Israelitische Gemeinde (DIG). In: Institut für die Geschichte der deutschen Juden (Hg.): Das Jüdische Hamburg. Göttingen 2006. S. 60.

[5] Bis 2014 sind in der Schriftenreihe „Stolpersteine in Hamburg – biographische Spurensuche" der Landeszentrale für politische Bildung Hamburg 15 Bände erschienen. Im Internet: http://www.stolpersteine-hamburg.de/?MAIN_ID=7.

betrachten. Der größte Teil des Archivguts der jüdischen Gemeinden von Hamburg und der 1937 eingemeindeten Nachbarstädte Altona, Wandsbek und Harburg hat die NS-Zeit im Staatsarchiv Hamburg überdauert.[6] Die Deutsch-Israelitische Gemeinde in Hamburg war im frühen 19. Jahrhundert die größte und 1933 noch die viertgrößte jüdische Gemeinde Deutschlands; entsprechend umfangreich ist ihr Archivgut.

Ergänzt wird dieser in unserem Land singuläre Archivschatz durch eine Fülle staatlicher Quellen zur jüdischen Familienforschung.

Erfolgreiche Nachforschungen im Staatsarchiv Hamburg setzen einen Überblick über das Material und Beharrlichkeit voraus, denn mit den Recherchen ist im Unterschied zu Forschungen in weniger großen Städten zumeist ein viel größerer Zeitaufwand verbunden. Schon vor dem Ersten Weltkrieg zählte Hamburg mehr als eine Million Einwohner; entsprechend umfangreich ist das Quellenmaterial auf dem Gebiet des Personenstandes, der Staatsangehörigkeit, der Gerichtsbarkeit und in anderen Bereichen. Dieser Wegweiser möchte einen Überblick über das einschlägige Archivgut geben, um die Spurensuche zu erleichtern und zu verkürzen. Wer Originaldokumente liest, wird erfahren, dass die Vergangenheit ganz nahe rückt, viel näher noch, als es die Sekundärliteratur bewirken kann.

Diese Veröffentlichung basiert auf den langjährigen Erfahrungen des Autors als Referent für das Archivgut und die Geschichte der jüdischen Gemeinden Hamburgs, unter anderem für das Personenstandswesen. Einige Jahre vor seinem 2007 erfolgten Eintritt in den Ruhestand begann er damit, die einschlägigen Quellen zur jüdischen Familiengeschichtsforschung im Staatsarchiv Hamburg in der Zeitschrift „Maajan – Die Quelle“ vorzustellen.[7] Nach 36 Fortsetzungen wurde die Serie im März 2012 abgeschlossen. Das Interesse an der Erforschung der Geschichte jüdischer Familien ist seither weiter gewachsen und in Hamburg längst nicht mehr auf den akademischen Betrieb und Fachgelehrte beschränkt, so dass eine zusammenfassende Veröffentlichung der Serie „Quellen zur jüdischen Familienfor-

[6] Jürgen Sielemann: Die personenkundliche Abteilung des Staatsarchivs Hamburg. In: Rainer Hering und Dietmar Schenk (Hg.): Wie mächtig sind Archive? Perspektiven der Archivwissenschaft. Hamburg 2013. S. 150–154.

[7] Maajan – Die Quelle. Organ der Schweizerischen Vereinigung für jüdische Genealogie und der Hamburger Gesellschaft für jüdische Genealogie e.V. Nr. 65–102. Zürich 2002–2012.

schung im Staatsarchiv Hamburg" als Handreichung, und, wenn möglich, auch als Ermutigung für Neulinge auf diesem Gebiet geboten erschien.

Der vorliegende Wegweiser erhebt weder einen Anspruch auf Vollständigkeit noch kann er als Ersatz für die Benutzung der Findbücher und Datenbanken im Staatsarchiv Hamburg dienen. Der Inhalt dieses Bandes ist auf Archivbestände mit besonderer Ergiebigkeit für die jüdische Familiengeschichtsforschung beschränkt, um als Orientierungshilfe im Meer der 2800 Einzelarchive des Staatsarchivs Hamburg zu dienen.

Grundkenntnisse in der über 400-jährigen Geschichte der jüdischen Gemeinden Hamburgs kommen den Nachforschungen sehr zugute. Schon eine Kurzfassung würde den Rahmen dieses Wegweisers sprengen. Sehr zu empfehlen ist das 2006 erschienene Nachschlagewerk „Das Jüdische Hamburg".[8] An dieser Stelle sei nur bemerkt, dass in Hamburg und den 1937 eingemeindeten Nachbarstädten Altona, Wandsbek und Harburg seit dem 17. Jahrhundert eigenständige Gemeinden aschkenasischer Juden[9] bestanden. Von 1671 bis 1812 dauerte die Ära der „Dreigemeinde AHW", ein Zusammenschluss der Hamburger, Altonaer und Wandsbeker aschkenasischen Gemeinden. Nach der Trennung blieben die Deutsch-Israelitische Gemeinde in Hamburg, die Hochdeutsche Israelitengemeinde in Altona und die Israelitische Gemeinde in Wandsbek bis 1938 unabhängig und gingen dann unter dem Druck des NS-Regimes mit der Synagogengemeinde in Harburg im rechtlosen „Jüdischen Religionsverband Hamburg" auf. Auf die Eingliederung in die Reichsvereinigung der Juden in Deutschland (August 1942) folgte im November 1942 die Einbeziehung in die Bezirksstelle Nordwestdeutschland der Reichsvereinigung der Juden in Deutschland. Am Ende stand die Auflösung der Reichsvereinigung der Juden in Deutschland am 10. Juni 1943. Bis zur Befreiung am 3. Mai 1945 existierte ein kleines Notbüro für die wenigen noch in Hamburg überlebenden Juden. Mit einer Gründungsversammlung im September 1945 begann die Geschichte der heutigen Jüdischen Gemeinde in Hamburg.

Noch älter als die hiesigen aschkenasischen Gemeinden war die „Portugiesisch-Jüdische Gemeinde in Hamburg", eine bereits 1575 bestehende

[8] Institut für die Geschichte der deutschen Juden (Hg.): Das Jüdische Hamburg. Ein historisches Nachschlagewerk. Göttingen 2006. Im Internet: http://www.dasjuedischehamburg.de/.

[9] Die aschkenasischen Juden stammten aus Osteuropa, Deutschland, Frankreich, Norditalien und England.

Niederlassung sefardischer Glaubensflüchtlinge von der iberischen Halbinsel. Eine kleine sefardische Gemeinde bestand auch in Altona.

Das Archivgut der genannten Gemeinden aus der Zeit vor 1945 ist im Staatsarchiv Hamburg im Bestand „522-1 Jüdische Gemeinden" vereinigt. Neulinge auf dem Gebiet der Forschung in Archiven erwarten gelegentlich, dass alle thematisch zusammengehörigen Archivalien, seien sie staatlicher oder privater Herkunft, im Staatsarchiv zusammengefasst und durch ein Findmittel zusammenhängend erschlossen sind. Alles zur Geschichte der Juden in Hamburg gehörende Material müsse demnach eine Einheit bilden. Ein solches Ordnungsverfahren, das sogenannte Pertinenzprinzip, findet in Bibliotheken Anwendung, grundsätzlich aber nicht in Archiven. Dort gilt das Provenienzprinzip. Es besagt, dass das Archivgut einer Stelle, bei der es entstanden ist, zusammen bleibt, einen eigenen Bestand bildet und durch ein eigenes Findbuch erschlossen ist. Dieser Grundsatz gilt für Behörden, Gerichte, Religionsgemeinschaften, Firmen, Familien und alle anderen „Registraturbildner", wie der Fachterminus lautet. Erfolgreiche Nachforschungen verlangen deshalb eine Antwort auf die Frage, mit welchen Stellen die Person, um die es geht, zu tun gehabt haben könnte, so dass in den als aussichtsreich vermuteten Archivbeständen nach entsprechenden Unterlagen gesucht werden kann. Ein Problem liegt in der großen Zahl der Bestände – es sind wie gesagt nicht weniger als 2800. Eine Kurzbeschreibung ihres Inhalts enthält die „Kommentierte Übersicht über die Bestände des Staatsarchivs der Freien und Hansestadt Hamburg".[10] Daraus geht hervor, dass das gesamte Archivgut in sieben Sachgruppen gegliedert ist:

1 Regierung, Volksvertretung, Allgemeine und Innere Staatsverwaltung
2 Rechtspflege
3 Fachverwaltung
4 Gebietsverwaltung
5 Religionsgemeinschaften
6 Vereinigungen und Personen
7 Sonderbestände

[10] Paul Flamme, Peter Gabrielsson und Klaus-Joachim Lorenzen-Schmidt (Hg.): Kommentierte Übersicht über die Bestände des Staatsarchivs Hamburg. Zweite und verbesserte Auflage. Hamburg 1999. – Eine ständig aktualisierte Fassung steht im Internet zur Verfügung: http://www.hamburg.de/kulturbehoerde/bestaendeuebersicht/.

Diese Gliederung (Tektonik) verhilft zu einer rascheren Orientierung in der Vielfalt der Bestände. Schnell ist zu erkennen, dass der Bestand „522-1 Jüdische Gemeinden" der Gruppe „5 Religionsgemeinschaften" und der Untergruppe „522 Nichtchristliche Gemeinden" zugeordnet ist. Etwas mehr Zeit wird benötigt, um die tektonische Einbettung einiger anderer Bestände herauszufinden. So findet sich das vom Amtsgericht Altona geführte Handelsregister nicht in der Gruppe „2 Rechtspflege", „23 Freiwillige Gerichtsbarkeit", Untergruppe „231 Registerführung", sondern in der Gruppe „4 Gebietsverwaltung", Untergruppe „Staatliche Behörden", Bestand „424-111 Amtsgericht Altona".

Im Fall der für die Familienforschung wichtigen Bestände „332-7 Staatsangehörigkeitsaufsicht" und „332-8 Meldewesen" wurde das oben erläuterte Provenienzprinzip aufgegeben, indem das Archivgut ganz unterschiedlicher Behörden in beiden Beständen vereinigt wurde. Auch hier gilt der Grundsatz: „Keine Regel ohne Ausnahme".

Perspektivisch werden die maschinenschriftlichen bzw. gedruckten Findmittel in den Archiven durch elektronische Fachinformationssysteme abgelöst. Im Staatsarchiv Hamburg bedeutet dies, dass die Informationen aus den konventionellen Findmitteln nach und nach in das elektronische Archivsystem „Scope" übernommen werden, mit dem Ziel, künftig Online-Recherchen in den archivischen Verzeichnungsdaten zu ermöglichen. Auch bei der Suche in „ScopeQuery" bleibt die strukturbasierte Recherche vorrangig wichtig, wenngleich es daneben auch erweiterte Möglichkeiten einer Volltextsuche gibt.

Auf die Auswahl der in Betracht kommenden Bestände folgt die Durchsicht der erschließenden Findmittel auf erfolgversprechende Titel, sodann die Bestellung der ausgewählten Archivalien zur Vorlage im Lesesaal unter Angabe der in den Findbüchern verzeichneten Signaturen.[11] Während des Aktenstudiums liefert der Akteninhalt oft neue Anhaltspunkte für die Spurensuche, so dass es mit einer einmaligen Bestellung von Archivalien zumeist nicht getan ist. Ohne ein gewisses Maß an Geduld und Ausdauer kann Wichtiges übersehen werden.

---

11 Ein Teil der Findbücher steht schon online zur Verfügung: http://www.hamburg.de/kulturbehoerde/online-findmittel/.

Abbildung 1: Am jahrhundertealten jüdischen Friedhof steht das 1997 bezogene Gebäude des Staatsarchivs Hamburg.

Wer zu einem Besuch des Staatsarchivs in den Stadtteil Wandsbek fährt, betritt historischen Boden. Seit 1773 gehörte der Ort zu Dänemark, ab 1867 zu Preußen und ab 1937 zu Hamburg. Die Bombenangriffe des Zweiten Weltkriegs haben diesen Stadtteil stark zerstört, und vom früheren Charme einer Kleinstadt im Grünen mit klassizistischem Schloss ist kaum etwas übrig geblieben. Einst hatten hier der dänische Astronom Tycho Brahe und der Dichter Matthias Claudius gelebt, für kurze Zeit auch Heinrich Heine.

Die Geschichte der Juden in Wandsbek ist sehr alt. 1637 gewährte ihnen der dänische König als Gutsherr die Anlage eines jüdischen Friedhofs. Das Gräberfeld hat die Zeiten weitgehend überdauert; der älteste erhaltene Grabstein auf dem 5000 Quadratmeter großen Gelände stammt aus dem Jahr 1675. Naftali Bar-Giora Bamberger hat diesen 1886 geschlossenen Friedhof akribisch dokumentiert.[12] Gegenüber steht ein farbenfrohes vierstöckiges Gebäude, das 1998 fertig gestellte Staatsarchiv Hamburg.

An der kühnen Architektur scheiden sich die Geister: Während manche das Staatsarchiv als baumeisterliche Offenbarung empfinden, sprechen ihm andere das Aussehen einer Schwimmhalle zu. In den klimatisierten Magazinräumen lagert das Archivgut im Umfang von rund 39 Regalkilometern.

Damit die Nachforschungen zur Vergangenheit der Juden in Hamburg nicht Gefahr laufen, wie die Suche nach einer „Nadel im Heuhaufen“ zu verlaufen, werden die ergiebigsten Bestände in diesem Wegweiser in der Reihenfolge der oben beschriebenen Tektonik vorgestellt.

Unterlagen zur Verfolgung der Hamburger Juden in der NS-Zeit sind punktuell in vielen Beständen des Staatsarchivs enthalten. Eine Zusammenstellung aller Fundstellen würde den Rahmen dieses Wegweisers weit überschreiten. Deshalb seien hier nur drei Bestände genannt, die fast ausschließlich aus Akten über die Verfolgung von Juden bestehen. Der Archivbestand „314-15 Oberfinanzpäsident“ enthält Personenaktenserien der Devisenstelle Hamburg und der „Vermögensverwertungsstelle“ über den staatlichen Eigentumsraub vor allem im Zusammenhang mit der Emigration und den Deportationen. Die Versteigerung des Eigentums deportierter Juden dokumentiert der Archivbestand „214-2 Gerichtsvollzieherwesen“. Die Akten des Amts für Wiedergutmachung enthalten häufig Lebensläufe

---

12 Naftali Bar-Giora Bamberger: Die jüdischen Friedhöfe in Wandsbek. Memor-Buch. Hamburg 1997.

und Angaben über Einzelheiten der Verfolgung von Geschädigten (Archivbestand „351-11 Amt für Wiedergutmachung“).

Sämtliche in den Anmerkungen dieses Wegweisers aufgeführten Archivalien verwahrt das Staatsarchiv Hamburg.

Der Autor hofft, mit dieser Veröffentlichung ein hilfreiches Instrument für eine erfolgreiche Spurensuche in den Quellen des Staatsarchivs Hamburg zur Verfügung zu stellen. Wenn es darüber hinaus gelungen ist, einige kaum oder gar nicht bekannte Begebenheiten aus der Geschichte der Juden in Hamburg lebendig werden zu lassen, hätte sich alle Mühe gelohnt.

Vergangenes für die Zukunft bewahren

Grußwort des Vorstandsvorsitzenden der Jüdischen Gemeinde in Hamburg

Die Jüdische Gemeinde Hamburg ist sehr erfreut und stolz, dass die 1996 gegründete Hamburger Gesellschaft für jüdische Genealogie nicht nur ihren Sitz in unserem Gebäude im Grindelhof hat, sondern auch das einzige deutsche Mitglied im Dachverband „The International Association of Jewish Genealogical Societies" ist.

Der Autor dieses Buches, Jürgen Sielemann, ist uns eine unverzichtbare Stütze bei den vielen familiengeschichtlichen Anfragen, die an die Gemeinde gerichtet werden, und ein steter Helfer bei der Suche nach unserer eigenen Vergangenheit. Er vermittelt nicht nur trockenes Archivar-Wissen, sondern durchgängig Lebendigkeit, so dass die Vergangenheit nicht als eine Ansammlung von Daten, sondern als eine lebendige Aneinanderreihung von menschlichen Episoden wahrgenommen wird.

Für mich persönlich ist Jürgen Sielemann eine große Unterstützung bei meiner Aufgabe, der Gestaltung einer jüdischen Gemeinde in Deutschland nach der Shoah.

Ich wünsche allen Leserinnen und Lesern viel Freude bei der Lektüre dieses Buches, trotz des traurigen geschichtlichen Hintergrundes.

Mit besten Wünschen

Bernhard Effertz

Quellen zur jüdischen Familiengeschichtsforschung im Staatsarchiv Hamburg

111-1 Senat

Aus der ersten Sachgruppe verdient der mehr als einen Regalkilometer umfassende Bestand „111-1 Senat“ das Hauptinteresse. Er vereinigt das Archivgut der hamburgischen Landesregierung aus der Zeit vom 12. Jahrhundert bis 1928. Von Beginn an hieß das Regierungsgremium „Rat“; die distinguierte Bezeichnung „Senat“ wurde ihm erst 1860 konstitutionell zugelegt. Die Zeiten, in denen sich Ratsmitglieder von Gott eingesetzt glaubten, sind dank veränderter Verfassungskonditionen erfreulicherweise längst vorüber. Das ungute Selbstverständnis der einstigen Hamburger Obrigkeit sei auch nur deshalb erwähnt, weil es zu Umsturzversuchen in Hamburg führte, an deren Ende eine Reichsexekutive mit anschließender Reorganisation des Stadtarchivs stand. Damals, in den Jahren nach 1710, entstand das auch heute noch bestehende Gliederungsschema des Archivbestandes „111-1 Senat“. Wer die Findbücher zu den 1,3 Regalkilometer umfassenden Senatsakten zur Hand nimmt, wird den Urhebern des vor rund 300 Jahren entwickelten Ordnungssystems Respekt zollen. Während die Bestellsignaturen heutzutage geordneter Bestände nur aus einer einzigen Ziffer bestehen, setzt sich die Signatur einer Senatsakte in der Regel aus fünf bis sechs Stufen zusammen: Classes, Literae, Numeri, Volumina, Fascicula und manchmal auch noch Involucra. So lautet z. B. die Bestellsignatur für eine Steuerliste der Hamburger Juden vom Jahre 1725: Cl. VII Lit. Hf Nr. 5 Vol. 1 d 1, und zur Bestellung einer 1848 entstandenen Senatsakte über die Heirat von Dr. med. von der Porten ist einzutragen: Cl. VII Lit. Lb Nr. 18 Vol. 7 c Fasc. 3 Invol. 8. Gegenwärtig werden die monströsen Signaturen zur Vereinfachung durch Ziffern ersetzt.

Der Rat befasste sich nicht nur mit Angelegenheiten von landespolitischer Bedeutung, sondern auch mit einer Fülle von „Kleinigkeiten“, die heutzutage auf Behördenebene geregelt werden. Der Grund lag vor allem darin, dass ein komplexer Behördenunterbau in Hamburg erst im 19. Jahrhundert entstand. Vorher entschied der Rat eine große Zahl von Einzelfällen selbst, so unbedeutend manches davon auch heute erscheinen mag. Das galt im Besonderen für die zahlreichen an den Rat herangetragenen Streitigkeiten und Beschwerden, auch in internen Angelegenheiten der jüdischen Gemeinden. Ein Beispiel aus dem Jahr 1851: „Acta betreffend des Dr. Ferdinand Beit und

Siegfried Beit in der Hauptsache abgewiesenes Gesuch, wider den Befehl des [Jüdischen] Gemeindevorstandes die auf den Grabsteinen der Eltern benutzte bürgerliche Jahreszahl statt der jüdischen Zeitrechnung abändern zu lassen."[1]

Allerdings wurde nicht jeder Fall ausführlich in den Ratssitzungen diskutiert. Zumeist wurde der Sachverhalt kurz vorgetragen und danach beschlossen, die Angelegenheit dem Ratsherrn (Senator) zu übergeben, in dessen Ressort sie fiel. Das weitere Prozedere dokumentieren die Senatsakten mit allen Schriftstücken, die bei der Bearbeitung des jeweiligen Falles anfielen: empfangene Briefe, Antwortkonzepte, Vermerke, Gutachten, Stellungnahmen nachgeordneter Stellen und anderes mehr.

Wie groß ist die Wahrscheinlichkeit, dass sich der Rat (Senat) mit einem jüdischen Hamburger befasst hat, von dem heutige Forscher Näheres erfahren möchten? Optimismus ist vor allem im Hinblick auf das Archivgut des 19. Jahrhunderts begründet; oft lohnt es sich sehr, die schwierige und zeitraubende Fahndungsarbeit in den voluminösen Findbüchern zum Bestand „111-1 Senat" zu unternehmen. Zunächst sollte das Gliederungsschema betrachtet werden. Der Bestand „111-1 Senat" ist in elf Hauptgruppen (Classes) eingeteilt, deren Titel hier etwas verkürzt wiedergeben werden:

Cl. I: Reichs- bzw. Bundesangelegenheiten
Cl. II: Beziehungen zu Dänemark und Holstein (einschließlich Altona)
Cl. III: Angelegenheiten der Ämter Bergedorf und Ritzebüttel
Cl. IV: Grenz- und Landgebietsangelegenheiten, Hoheits- und Schifffahrtsrechte auf Elbe und Alster
Cl. V: Reichskammergerichts- und Reichshofratssachen
Cl. VI: Hanseatica, Auswärtige Angelegenheiten
Cl. VII: Innere Angelegenheiten
Cl. VIII: Stadtbücher und Protokolle
Cl. IX: Requisitionsschreiben auswärtiger Städte und Behörden
Cl. X: Testamente, Verträge und sonstiges Schriftgut in Privatsachen
Cl. XI: Handwerke, Gewerbe und Industrie

---

1 111-1 Senat, Cl. VII Lit. Lb Nr. 18 Vol. 7 b Fasc. 3 Invol. 8.

In den Archivalien jeder dieser Hauptgruppen kann Schriftgut erwartet werden, in dem es um jüdische Einwohner geht. Insgesamt wären allerdings 90 Findbuchbände durchzusehen, was einen mehrwöchigen Aufenthalt im Lesesaal des Staatsarchivs erfordern würde. Deshalb wird empfohlen, sich zunächst auf die Findbücher zu Cl. VII Lit. Lb. Nr. 18 („Bürgerliche Verhältnisse der Israeliten") und Cl. VII Lit. Hf Nr. 5 („Exercitium Religionis der Juden") zu beschränken. Beide Gruppen sind nicht konsequent gegen einander abgegrenzt; so rangieren z. B. unter dem Obertitel „Exercitium Religionis der Juden" auch Akten über das Aufenthaltsrecht der Juden, was zum Komplex der „bürgerlichen Verhältnisse" gehörte. Die Archivare des 18. Jahrhunderts formulierten einige Titel so pauschal, dass man ohne eine Durchsicht des Archivales über den Inhalt nur Vermutungen anstellen kann. Ein Beispiel für einen Titel aus der genannten Gruppe „Exercitium Religionis": „Von den hieselbst recipierten portugiesischen Juden, Acta 1649–1650".[2] Darin enthalten ist eine „Rolla der portugiesischen Nation, oder Nomina der sämtlichen allhie residieren den und wohnenden Portugiesen, 1612". Faszikel 7 derselben Gruppe, benannt „Varia betr. die portugiesischen Juden, Saec.[ulo] XVIII.", enthält Listen der portugiesischen und hochdeutschen Juden, die seit 1767 aus Hamburg fortgezogen sind. Auch diese beiden Akten wären nicht dem „Exercitium Religionis", sondern den „Bürgerlichen Verhältnissen" zuzuordnen gewesen. Mit weit größerer Genauigkeit wurde das Archivgut des Senats von den Archivaren des 19. bis 21. Jahrhunderts erschlossen; die Findbücher aus dieser Zeit weisen überdies eine Fülle hilfreicher Querverweise innerhalb des Bestandes auf, was durch Kürzel wie „s." (siehe) „s. a." (siehe auch) und „cfr." (confer, d. h. vergleiche) angezeigt wird.

Es empfiehlt sich, Archivalien aus der Zeit vor 1800 mit allzu pauschal klingenden Aktentiteln auf Verdacht zu bestellen; den Aktentiteln aus späterer Zeit kann in aller Regel vertraut werden. Wie schon gesagt, können in jeder der elf Hauptgruppen des Bestandes „111-1 Senat" Akten mit Angaben über Hamburger Juden erwartet werden, wobei der Schwerpunkt auf den Akten der Hauptgruppe Cl. VII (Innere Angelegenheiten) liegt. Für die Benutzung der Findbücher empfiehlt es sich, stets mehrere Möglichkeiten zu bedenken. Als Beispiel kann die Suche nach Unterlagen über die Bestal-

[2] 111-1 Senat Cl. VII Lit. Hf Nr. 5 Vol. 3 a Fasc. 3.

lung des Hamburgers Herz Levi zum Faktor des Markgrafen Christian Ernst von Bayreuth im Jahre 1701 dienen. In Betracht können die Hauptgruppen Classis VI (Auswärtige Angelegenheiten) und Classis IX (Requisitionsschreiben auswärtiger Städte und Behörden) kommen. Tatsächlich findet sich die gesuchte Akte in Classis VII Lit. R (Curialien im Verkehr mit Vertretern auswärtiger Mächte).

Was ist zu tun, wenn die an erster Stelle empfohlene Durchsicht der Findbücher zu Cl. VII Lit. Hf Nr. 5 und Cl. VII Lit. Lb Nr. 18 zu keinem Erfolg führt und keine Fakten über eine Person bekannt sind, die eine gezielte Suche in den übrigen Findbüchern des Archivbestands „111-1 Senat" gestatten? In diesem Fall empfiehlt es sich, die Indizes zu den Protokollen der Sitzungen des Rats (Senats) heranzuziehen. Im Hamburger Brand von 1842 gingen die älteren Senatsprotokolle größtenteils verloren; vorhanden sind sie jedoch aus den Jahren 1674, 1680, 1682, 1693 und lückenlos erhalten von 1742–1928. Die Indizes wurden im Laufe der Zeit in Sachkomplexe aufgefächert und weisen Namenregister (Indices nominales hominum) auf, die man zuallererst prüfen sollte. Sie verweisen auf die Seiten im Senatsprotokoll, auf denen die gesuchte Person genannt ist. Man erkennt daraus, um welche Angelegenheit es ging, und kann mit diesem Wissen in den Findbüchern gezielt nach den darauf bezogenen Archivalien suchen.

Der Archivbestand „111-1 Senat" ist reich an personen- und familiengeschichtlichen Quellen. Schon Autoren früher Werke zur Geschichte der Juden in Hamburg haben sie intensiv genutzt. Max Grunwald hat einige dieser Quellen schon vor über 100 Jahren ediert, unter anderem den Steueraufsatz der Gemeindemitglieder von 1725 mit über 700 Namen.[3] Man sollte vor diesem voluminösen Archivbestand nicht kapitulieren, denn er enthält viele familien- und personengeschichtliche Schätze.

[3] Max Grunwald: Hamburgs deutsche Juden bis zur Auflösung der Dreigemeinden 1811. Hamburg 1904. S. 191.

131-1 I Senatskanzlei I

Nach dem vielschichtigen Archivbestand „111-1 Senat“ wird nun eine einfach strukturierte Quelle betrachtet: die an den Senat gerichteten Suppliken (Bittschriften) im Bestand „131-1 I Senatskanzlei I“.

Von der Möglichkeit, sich mit einem Anliegen unter Umgehung der zuständigen Behörde direkt an die Regierung zu wenden, machten tausende Hamburger Gebrauch. Zum Teil sind ihre Gesuche in behördliche Sachakten eingegangen, in weitaus größerer Zahl aber in dem jetzt vorgestellten Bestand zu finden. Er enthält unter der Signatur 33 über 5700 Suppliken aus der Zeit von 1830 bis 1882, vereinzelt auch solche aus noch früheren Jahren.[4] Rund 400 Suppliken stammen von jüdischen Hamburgern. Die folgenden Beispiele geben einen kleinen Einblick in die breit gefächerte Themenwelt der Suppliken:

> *Jacob Bram Hollander* für seinen Bruder Moritz Bram Hollander, Erteilung eines Attests über die Unbedenklichkeit der Heirat mit der Tochter eines Prager Lederfabrikanten – genehmigt, 1832 (33 H 51)
>
> *Lewi Lewenberg,* Optiker, Erfinder der Bernsteinlinsen, Verurteilung seines Verleumders Edmund Gabory zu Schadensersatz – abgelehnt, 1830 (33 L 78)
>
> *Moritz Wallach,* Erlass einer wegen Fehlens beim Bürgermilitär verhängten Haftstrafe – abgelehnt, 1830 (33 W 12)
>
> *Rose Warburg* geb. Abrahamson, Verfügungsrecht über das Bankkonto ihres verstorbenen Mannes Moses Marcus Warburg – genehmigt, 1830 (33 W 14)
>
> *Hanchen Wolff,* Aufhebung einer Anweisung des Polizeiherrn, ihre Rückkehr in ein Arbeitsverhältnis in der Baumwollspinnerei des Abraham Lucas Blumenthal betreffend – an den Polizeiherrn und auf den Zivilweg verwiesen, 1833 (33 W 69)

---

[4] Eine Sammlung von Suppliken aus älterer Zeit wurde im Stadtbrand von 1842 vernichtet; nicht erhalten sind auch die nach 1882 gesammelten Suppliken.

In den Suppliken beschrieben die Bittsteller häufig ihre persönlichen Verhältnisse, nannten Familienangehörige und Geschäftspartner, gaben Auskunft über ihre berufliche und finanzielle Situation. Nicht selten können diese Dokumente als gehaltvolle personen- und familiengeschichtliche Quelle genutzt werden.

Welche Probleme wurden in den Bittgesuchen jüdischer Einwohner zumeist behandelt? Ob die folgenden Prozentzahlen repräsentativ für das ursprüngliche Ganze sind, muss offen bleiben, da ein Teil der Suppliken vernichtet wurde.

Am häufigsten (in 14 Prozent der Fälle) ging es in den erhalten gebliebenen Gesuchen um Grundstücksangelegenheiten. Zumeist beantragten die jüdischen Bittsteller die Zuschreibung von Grundeigentum auf ihren Namen, was vor der 1842 erfolgten Aufhebung der für Juden bestehenden Grunderwerbsbeschränkungen[5] nur in Ausnahmefällen genehmigt wurde. Bis dahin erhielten jüdische Grundstückskäufer in der Regel nur das Nutzungsrecht und nicht das Eigentumsrecht an erworbenen Immobilien.

Fast 12 Prozent der erhaltenen Suppliken von Hamburger Juden betreffen das Bürgermilitär. Beantragt wurde zumeist die Befreiung vom Wehrdienst aus Krankheitsgründen, oft auch die Milderung von Strafen für unentschuldigte Abwesenheit beim Exerzieren. Schikanen und Zurücksetzungen seitens christlicher Vorgesetzter und „Kameraden" waren nicht selten die Ursache. Relativ harmlos erscheint noch, was dem Bürgergardisten Zadig Levy widerfuhr: 1859 beschwerte er sich beim Rat über die Kommandierung ins zweite Glied, nachdem ihm „ständig falscher Schritt" vorgeworfen worden war.[6] Jacob Garcia, Kranken- und Totenwächter der Portugiesisch-Jüdischen Gemeinde, beantragte 1835 die Befreiung von seiner Militärdienstpflicht „wegen Armut" mit Erfolg,[7] während die Kurzsichtigkeit des Buchhändlers Moritz Geber 1842 nicht ausreichte, um vom Militärdienst befreit zu werden.[8] Der Bürgergardist Dr. Georg Heinrich Embden

5 Der Rat- und Bürgerschluss vom 1.12.1842 besagte, „dass die bisher bestehenden Beschränkungen der Israeliten in Ansehung des Erwerbs von Grundeigentum und in Ansehung des Wohnens sowohl in der Stadt als auf dem Landgebiete für die Mitglieder der hiesigen Israelitischen Gemeinden, jedoch ohne dass denselben daraus eine Erweiterung ihrer politischen und sonstigen Befugnisse erwachse, aufgehoben werde".

6 131-1 I Senatskanzlei I, 33 L 617.

7 131-1 I Senatskanzlei I, 33 G 120.

musste 1863 eine Militärstrafe wegen „Insubordination" hinnehmen,[9] ebenso die Brüder Isaak und Moritz Lewisohn 1846 „wegen Drückerei und Verkaufs der Uniform".[10] Zebi Hirsch May, der Registrator und Kassenführer der Deutsch-Israelitischen Gemeinde, erwirkte 1832 die Befreiung vom Militärdienst,[11] während die Supplik des Bibliothekars Dr. Meyer Isler in gleicher Sache (1831) erfolglos blieb.[12]

Rund 10 Prozent der Suppliken hatten Personenstandsangelegenheiten zum Gegenstand, wobei es überwiegend um die Legitimation vorehelicher Kinder, Heiratsgenehmigungen und Namensänderungen ging. Die Strafmilderung für Vermögensdelikte betrafen 8 Prozent; den gleichen Anteil nahmen in Zollsachen verfasste Suppliken ein. In 6 Prozent der Fälle strebten die Bittsteller eine Senkung der von der Deutsch-Israelitischen Gemeinde in Hamburg erhobenen Steuer an; 5 Prozent bezogen sich auf Staatsangehörigkeitssachen, zumeist im Zusammenhang mit dem Erwerb des Bürgerrechts. Das Übrige verteilt sich auf Suppliken betreffend Gewerbekonzessionen, Pressezensur, Steuersachen, Konkursverfahren, Nachlassangelegenheiten, Ausweisungen und eine Anzahl sonstiger, zum Teil recht ungewöhnlicher Anliegen. Was ist beispielsweise von folgendem Fall zu halten?

> *Debbi Delmonte,* Aufhebung der Strafe der Verweisung aus der Stadt wegen Belästigung ihres ungetreuen Ehemanns – genehmigt mit Bedingungen, 1847[13]

Offenbar war es dem untreuen Ehemann vorübergehend gelungen, die Entfernung seiner protestierenden Gattin aus der Stadt zu erwirken.

Für die Einführung fortschrittlicher Neuerungen hatte der Senat im 19. Jahrhundert häufig kein Verständnis. So erhielt die Firma N. J. Wolff & Co. 1839 keine Erlaubnis zur Aufstellung einer Dampfmaschine in der Vor-

8 131-1 | Senatskanzlei I, 33 G 231.

9 131-1 | Senatskanzlei I, 33 E 368.

10 131-1 | Senatskanzlei I, 33 L 318.

11 131-1 | Senatskanzlei I, 33 M 119.

12 131-1 | Senatskanzlei I, 33 I 111.

13 131-1 | Senatskanzlei I, 33 D 251.

stadt St. Pauli,[14] und 1840 versagte der Senat L. S. Weinthal die Genehmigung zur Gründung einer Sprachheilanstalt.[15] 1836 wurde Sally Fränckels Bitte abgelehnt, eine Zeitung für den Handel herausgeben zu dürfen.[16] Der Steindrucker Semmi Hertz bemühte sich 1841 vergeblich um ein Privileg zur Herausgabe eines Verzeichnisses aller in Hamburg ausgeübten Gewerbe.[17] Heimann Isaac Heilbut und Abraham Abendana Belmonte suchten 1868 erfolglos um die Erteilung einer Konzession zur Tanzwirtschaft nach.[18] 1877 beantragten 78 christliche Bordellwirte in einer gemeinsamen Supplik die Genehmigung zum Ausschank von Getränken. Der Zweck ihrer Etablissements wurde stillschweigend akzeptiert, nur der Getränkeausschank ging dem Senat zu weit.[19]

Mehrere Suppliken des Arztes Dr. Cäsar H. Gerson sind erhalten. 1862 erbat er eine Subventionierung seiner Augenklinik; 1867 beantragte er die Aufhebung einer Strafe, die ihm aufgebürdet worden war, weil er seine beiden Hunde auf der Straße ohne Maulkorb hatte laufen lassen. 1877 ersuchte er um Rücknahme einer Pfändung für rückständige Steuern der Deutsch-Israelitischen Gemeinde und 1878 um die Genehmigung zur Anlage eines Sammelreservoirs zur Wasserversorgung auf dem Boden des neuen Mietshauses Rothenbaumchaussee 23. Bis auf das ersterwähnte Gesuch wurden alle Suppliken von Dr. Gerson abgelehnt.[20]

Vergeblich wandte sich auch der Steindrucker Marcus Samson Hertz an den Senat; er hatte um die Aufhebung des Verbots gebeten, „den K. K. Generalkonsul de Pretis mit Rechnungen zu behelligen".[21] Dagegen wurde ihm die Bitte gewährt, dem Senat ein lithografisches Blatt mit den Wappen und Namen der in Hamburg residierenden Konsuln schenken zu dürfen.[22]

---

14 131-1 I Senatskanzlei I, 33 W 184.

15 131-1 I Senatskanzlei I, 33 W 225.

16 131-1 I Senatskanzlei I, 33 F 173.

17 131-1 I Senatskanzlei I, 33 H 343.

18 131-1 I Senatskanzlei I, 33 B 1700.

19 131-1 I Senatskanzlei I, 33 B 2030.

20 131-1 I Senatskanzlei I, 33 G 824, 33 G 996, 33 G 862, 33 G 1050.

21 131-1 I Senatskanzlei I, 33 H 315.

22 131-1 I Senatskanzlei I, 33 H 729.

Abbildung 2: Dr. Meyer Isler (1807–1888), Leiter der Hamburger Staatsbibliothek

Sollte das Bittgesuch an den Senat nicht von vornherein aussichtslos sein, kam es sehr darauf an, den richtigen Ton zu treffen. Die Standardanrede lautet: „Magnifici, wohlgeborene, hochgelahrte, hoch- und wohlweise, hochzuverehrende Herren!". Für den Text selbst empfahl sich keinerlei Aufmüpfigkeit. Als sich Josua de Lemos 1843 in einer Feuerkassenangelegenheit mit einer Supplik an den Senat wandte, wurde er nicht nur abschlägig beschieden, sondern auch noch mit einer Strafe „wegen ungezügelter Schreibart" bedacht.[23]

Seit der Niederlassung der sefardischen Glaubensflüchtlinge im letzten Drittel des 16. Jahrhunderts waren jüdische Kaufleute am Hamburger Handelsverkehr mit dem Ausland stark beteiligt. Oft hatten sie Geschäftsreisen in nahe und ferne Länder anzutreten. Die Fahrten zu den Handelspartnern oder eigenen Filialen kosteten in den vergangenen Jahrhunderten viel Zeit. Reisende Kaufleute waren zu Pferde, in Postkutschen und auf Segelschiffen unterwegs; erst in der zweiten Hälfte des 19. Jahrhunderts konnte man sich für weite Fahrten in schnaufende Eisenbahnen setzen und Dampfschiffe besteigen. Nicht selten kam es vor, dass Kaufleute monatelang, manchmal auch jahrelang fortblieben oder ganz auf die Rückkehr verzichteten. Der eine unternahm ausgedehnte Erkundungsreisen auf der Suche nach geschäftlichen Möglichkeiten, ein anderer entschloss sich, für einige Zeit die ausländische Niederlassung der Mutterfirma zu betreuen, ein Dritter lernte in der Fremde die Frau seines Lebens kennen und entschied sich dafür, in deren Heimat zu bleiben. Mancher sah Hamburg auch deshalb nicht wieder, weil ihn auf der Geschäftsreise der Tod ereilte. Damit sind einige Ereignisse genannt, die in den Archivquellen über Hamburger im Ausland dokumentiert sind. Staatsangehörigkeits- und Erbschaftsangelegenheiten, Reisepass- und Zollprobleme, Schwierigkeiten mit auswärtigen Behörden oder Handelspartnern und andere Vorkommnisse kommen hinzu.

---

[23] 131-1 I Senatskanzlei I, 33 L 257.

132-6 Hanseatische und hamburgische konsularische Vertretungen

Für die Suche nach Archivalien über Hamburger im Ausland bedarf es der Kenntnis ihres Aufenthaltsortes. Ein einfaches Mittel zur Feststellung dieses Ortes bieten die von 1850 bis 1929 lückenlos erhaltenen Hamburger Reisepassprotokolle der Polizeibehörde im Archivbestand „332-8 Meldewesen".[24] In diesen Protokollen wurden nicht nur die Personalien, sondern auch das Reiseziel registriert. Zwar finden sich in den dickleibigen Folianten, besonders in jenen des 20. Jahrhunderts, auch Pauschalangaben wie „In- und Ausland", doch lässt sich den Protokollen zumeist Genaueres entnehmen. Wenn das Reiseziel ermittelt ist, lohnt es sich oft, die Archivalien der dortigen hamburgischen bzw. hanseatischen Konsulate zu untersuchen. Die Geschichte der hamburgischen Konsulate endete nach der Gründung des Norddeutschen Bundes.[25] Mit wenigen Ausnahmen stammt das erhalten gebliebene Schriftgut der Hamburger Auslandskonsulate aus dem 19. Jahrhundert und ist leider stark dezimiert. Wer die Spuren von Hamburgern im Ausland sucht, sollte deshalb auch den schon vorgestellten Archivbestand „111-1 Senat" heranziehen. Hinzuweisen ist außerdem auf die umfangreichen und wesentlich älteren Bestände der Commerzdeputation in der Commerzbibliothek der Handelskammer Hamburg.

In der Gruppe „132-6 Hanseatische und hamburgische konsularische Vertretungen" ist das Archivgut folgender Auslandskonsulate vereinigt:

> Alicante, Amsterdam, Bahia, Bari, Bassein, Batavia, Beirut, Buenos Aires, Cádiz, Callao, Christiansund, Ciudad Bolívar (Angostura), Dona Francisca, Dresden, Falmouth, Funchal, Galatz, Guanajuato, Hammerfest, Kapstadt, La Coruña, La Guayra, Le Havre, Lima, Liverpool, Livorno, London, Madrid, Malmö, Manchester, Manila, Maracaibo, Melbourne, Mexiko, Montevideo, Narwa, Neapel, New York, Oporto, Philadelphia, Plymouth, Rangun, Rio de Janeiro, Rostow, San Francisco, Santos, Scil-

---

[24] Die Reisepassprotokolle sind im Archivbestand „332-8 Meldewesen" unter der Signatur A 24 verzeichnet.

[25] Einen Überblick bietet ein Archivalbericht von Otto Beneke: Zur Geschichte des Hamburgischen Konsulatswesens. Hamburg 1866.

ly-Inseln, St. Helena, Stettin, Syra, Tarent, Valdivia, Valparaiso, Vera Cruz, Vigo, Wisby, Ystad, Zante (Korfu). Hanseatische Gesandtschaften bzw. hamburgische Residenturen bestanden in Berlin, Frankfurt am Main, Kopenhagen, London, Madrid, Washington und Wien.

Welchen Anteil hatten jüdische Geschäftsleute und Touristen am Auslandsreiseverkehr der Einwohner Hamburgs? In den schon erwähnten, ab 1850 erhaltenen Reisepassprotokollen finden sich jüdische Passinhaber recht häufig. Die Protokolle zeigen, wer einen Pass erhielt, sagen aber nichts darüber, wie oft er benutzt wurde. Um eine genauere Vorstellung zu erhalten, wurde für diesen Wegweiser das Visaprotokoll des Hanseatischen Generalkonsulats in London von Februar 1849 bis April 1851 ausgewertet.[26] In dieser Zeit finden sich darin 96 Hamburger verzeichnet,[27] denen das Generalkonsulat ein Visum für die Reise nach Hamburg oder (in wenigen Fällen) nach anderen Orten erteilte. Von den 96 verzeichneten Hamburgern waren 32 Juden, d. h. exakt ein Drittel. Indessen lag der jüdische Bevölkerungsanteil in Hamburg damals nur bei vier bis fünf Prozent. Die Proportion macht ihre starke Beteiligung am Hamburger Reiseverkehr mit England sehr deutlich. Einige der 32 genannten Hamburger Juden begegnen im Londoner Visaprotokoll mehrfach und teilweise mit Informationen über weitere Reisen:

> *Philipp Calmann,* 30 Jahre alt, Kaufmann, Heimat: Hamburg, jetzt wohnhaft 332 Oxford Street, Reiseziel: Paris, Visum vom 24. Juli 1849
>
> *Albert Cohen,* 17 Jahre alt, Handlungsdiener, Heimat: Hamburg, Reiseziel: St. Etienne über Paris, Visum vom 22. Oktober 1850; derselbe mit Visum vom 24. Dezember 1850 für die Reise nach Hamburg über Calais, Köln, Leipzig und Berlin
>
> *Moritz Levy,* 28 Jahre alt, Musiklehrer und Tonkünstler, Heimat: Hamburg, Reiseziel: Paris, Visum vom 28. August 1850

---

26 132-6 Hanseatisches Generalkonsulat in London, 2 Bd. 1.

27 Mit wenigen Ausnahmen handelte es sich um hamburgische Staatsangehörige, im Übrigen um Hamburger Einwohner mit fremder Staatsangehörigkeit.

David Lippert, 42 Jahre alt, Kaufmann, Heimat: Hamburg, geboren in Friedland, Kaufmann, Reiseziel: Belgien, Visum vom 9.5.1849; derselbe mit Visum vom 8.12.1849 für die Reise nach Hamburg, mit Zusatz: Bürger zu Hamburg [d. h. er hatte inzwischen das Hamburger Bürgerrecht erworben.]

Marie Oppenheimer, 28 Jahre alt, Witwe, Heimat: Hamburg, in Begleitung von Kammerjungfer Charlotte Brett, Reiseziel: Hamburg, über Belgien und Frankreich, Visum von 21.9.1850

Bernhardine Pick, 53 Jahre alt, „with daughter and son and two maid servants", Heimat: Hamburg, Reiseziel: Hamburg über Belgien, Visum von 12.9.1849

Am Rande sei erwähnt, dass das Londoner Visaprotokoll auch einen leibhaftigen Hamburger Ehrenbürger verzeichnet: den damals sehr bekannten Kaufmann und Diplomaten Georg Michael Gramlich.

Die Quellen der Hamburger Auslandskonsulate, so splitterhaft sie auch erhalten sind, ermöglichen manchen interessanten Fund zur Biografie von Hamburger Juden im Ausland. Sie führen in Zeiten, in denen das Reisen bedeutend mehr Mut und Geduld erforderte als heute.

211-1 Reichshofrat

Dieser verhältnismäßig kleine Archivbestand enthält 388 Akten des obersten kaiserlichen Gerichts aus der Zeit von 1482 bis 1806 über Prozesse der Stadt Hamburg und hamburgischer Einwohner. Davon betreffen 20 Fälle jüdische Kläger bzw. Beklagte: Marcus Cosmann (1722), Marcus David (1719–1720), Abraham Dreyfuß (1720–1721), David Feidel (1804–1806), Joseph David da Fonseca (1777–1778), Moses Goldschmid (1725), Daniel Herz (1803–1805), Lefman Samson Herz (1803–1805), Magnus Heymann (1721), Marcus Hirschel (1721–1726), Israel (1714), Joseph und Simon Jessurun (1679), Joseph Simon Levi (1723–1724), Jeremias Liechtenstein (1638–

1639), Samuel Mainz (1703–1704), Nathan Moyses (1707–1709), Nathan (1708), Wolf Levi Popert (1803–1806), Raby Saalkind (1638–1639), Moyses Weißweiler (1721), Joseph Samuel Wertheimer (1802–1806).

211-2 Reichskammergericht

Der Bestand umfasst auf 90 Regalmetern über 1300 Hamburg betreffende Prozessakten des obersten deutschen Reichsgerichts aus der Zeit von 1497 bis 1806. Sie sind durch eine vierbändige Veröffentlichung mit einem Personen-, Orts- und Sachindex erschlossen.[28] Die Aktentitel weisen die Namen von rund 160 jüdischen Prozessbeteiligten auf. Vorwiegend ging es um privat- und strafrechtliche Auseinandersetzungen, in denen das Reichskammergericht als letzte Berufungsinstanz angerufen wurde. Der Sitz des Gerichts befand sich ursprünglich in Frankfurt am Main, dann in Worms, danach in Speyer und ab 1693 in Wetzlar. Die Prozesse zogen sich oft über viele Jahre hin und waren mit hohen Anwaltskosten verbunden. Generationen von Rechtsanwälten, Schreibern und Boten bot das Reichskammergericht eine einträgliche Existenz. Auch wer es „nur" mit Hamburger Gerichtsinstanzen zu tun hatte, benötigte viel Geld und Geduld; das Reichskammergericht aber übertraf alles, was an Prozessdauer und -kosten erduldet werden musste. Ganz im Gegensatz zur Gerichtsbarkeit der Altonaer Oberrabbiner, über deren Praxis der Hamburger Theologe Johann Carl Daniel Curio 1804 das Folgende schrieb:

> Dieses Gericht wird in dem Hause des Oberrabbiners wöchentlich zweimal, am Donnerstage und Sonntage vormittags gehalten, und man kann sagen, dass es, allgemein genommen, unsern christlichen Gerichtsstellen sehr zum Muster empfohlen werden könnte, sowohl in Ansehung der geringen Gerichts- und Prozesskosten, als auch wegen der kurzen Dauer der Prozesse, die hier nicht durch gewinnsüchtige

[28] Hans-Konrad Stein-Stegemann: Findbuch der Reichskammergerichtsakten im Staatsarchiv Hamburg. Teil 1–4 (Veröffentlichungen aus dem Staatsarchiv der Freien und Hansestadt Hamburg 13). Hamburg 1995.

> Advokaten verschleppt, sondern in der kürzesten Frist, nach dem Buchstaben des Gesetzes entschieden, nicht selten durch gütlichen Vergleich geendigt werden.[29]

Von familiengeschichtlichem Interesse sind weniger die Schriftsätze der oft ermüdenden prozessualen Verfahrensabläufe als vielmehr Aktenstücke, in denen die Persönlichkeit und privaten Verhältnisse von Prozessbeteiligten hervortreten. Ein Beispiel: Zwischen 1651 und 1662 stritten sich ein Beauftragter des Kaisers und der Rat der Stadt Hamburg in einer Grundstücksangelegenheit, an der Hamburger Sefarden beteiligt waren. Die Akte enthält einen Heiratsvertrag von Johann da Rocha Pinto vom Jahre 1631, eine Quittung über den empfangenen Brautschatz und Auszüge aus seinem Testament von 1648.[30] Von 1761 stammt das Testament von Lefmann Samson Herz, von 1763 die Quittung seiner Tochter Schöne, verheiratet mit Hirsch Moses Ries, über den Empfang Ihres Erbanteils.[31] Im Zusammenhang mit der Beschränkung des Wohnrechts von Juden auf bestimmte Hamburger Straßen stand ein von 1791 bis 1802 dauernder Reichskammergerichtsprozess, den Levin Jacob Fürst unter Berufung auf die Menschenrechte gegen missgünstige christliche Nachbarn am Schaarmarkt angestrengt hatte. Die Akte enthält unter anderem einen Kupferstich des Hamburger Stadtplans mit Kennzeichnung der Wohnungen von Juden in Hamburg.[32] Ab 1770 kämpfte der Familienvater Abraham Isaac zwei Jahre lang vor dem Reichskammergericht gegen den Hamburger Rat um die Herausgabe seiner 12-jährigen Tochter Hanna. Ihre getaufte Schwester Esther hatte sie angeblich entführt, und auf Beschluss des Rats sollte Hanna künftig von einer christlichen Familie erzogen werden, solange sie nicht freiwillig zu ihren Eltern zurückkehren wollte.[33] Dass der sefardische Kaufmann Juan Frances Brandon bereits 1662 virginischen Tabak einkaufte, kann aufgrund der weitgespannten Handelsbeziehungen portugiesischer

---

29 Peter Freimark und Franklin Kopitzsch (Hg.): Spuren der Vergangenheit sichtbar machen. Beiträge zur Geschichte der Juden in Hamburg. Hamburg 1991. S. 9.

30 211-2 Reichskammergericht, F 34.

31 211-2 Reichskammergericht, J 43.

32 211-2 Reichskammergericht, J 44.

33 211-2 Reichskammergericht, I 38.

Juden in Hamburg nicht überraschen.[34] Um 200 Ballen Pfeffer im Wert von 25 000 Reichstalern – damals eine immense Summe – ging es von 1627 bis 1631 in einem Prozess von Antonio Faleiro sowie Francisco und Nunes Dias Mendes de Brito.[35]

Die meisten Reichskammergerichtsprozesse, an denen Hamburger Juden beteiligt waren, betrafen weniger spektakuläre Angelegenheiten, sondern häufig Forderungen aus Kaufverträgen, Erbschaften und Wechseln. Weitaus bunter ist die Palette der Verfahren mit jüdischen Beteiligten vor hamburgischen Gerichten.

211-3 Oberappellationsgericht

Wer im 19. Jahrhundert in Hamburg erfolglos prozessiert hatte und auch vor dem Obergericht gescheitert war, konnte sein Recht beim Oberappellationsgericht suchen. Es wurde 1820 als „Oberappellationsgericht der vier Freien Städte Deutschlands" mit Sitz in Lübeck gegründet und diente als gemeinsames oberstes Gericht von Hamburg, Lübeck, Bremen und Frankfurt am Main. Nachdem Frankfurt am Main 1867 den Status als Freie Stadt verloren hatte und aus der Zuständigkeit des Gerichts ausgeschieden war, wurde es in „Oberappellationsgericht der Freien Hansestädte" umbenannt und trug später den Namen „Hanseatisches Oberappellationsgericht". 1879 schloss es als Folge der Reichsjustizreform seine Pforten.

Die Hamburger Akten dieses Gerichts umfassen 32 Regalmeter. Leider ist darin nur wenig zur Geschichte jüdischer Familien zu finden. Zwar sind in den Aktenrubren rund 250 Prozesse mit Beteiligung jüdischer Kläger und Beklagter festzustellen, doch enthalten die Prozessakten in der Regel weit weniger Beweisdokumente als die Akten der Vorinstanzen. Stattdessen hagelt es knochentrockene Schriftsätze zu Verfahrensfragen und Gutachten zur Rechtsauslegung. Die Zivilprozesse betrafen zumeist den Bereich des Handelsrechts; seltener ging es um Erbschaftsstreitigkeiten und

[34] 211-2 Reichskammergericht, B 20.

[35] 211-2 Reichskammergericht, F 2.

familienrechtliche Auseinandersetzungen. Da die Aktenüberlieferung der hamburgischen Vorinstanzen nur zum Teil erhalten ist, bieten die Prozessakten des Oberappellationsgerichts hin und wieder einen gewissen Ersatz und sollten nicht außer Acht gelassen werden. Die Benutzung dieses Archivbestandes ist einfach, da er durch eine Veröffentlichung mit einem Namensindex der Prozessparteien vorzüglich erschlossen ist.[36]

Die Zivilprozessakten nehmen den größten Umfang ein. Einige Beispiele: 1825 prozessierte Raphael Salomon namens seiner Ehefrau Gütche geb. Hertz gegen Marianne Hertz geb. Jaffe, Witwe von Simon Isaac Hertz alias Hildesheim, um „eine Forderung in Höhe von 10 000 Louisd'or aus der nach jüdischem Recht geschehenen Schuldverschreibung des Vaters für seine im Gegensatz zu ihren Brüdern nicht erbberechtigte Tochter".[37] Die Firma E. W. A. von Halle und Sohn wurde 1826 von einem Kaufmann in Breslau namens Meier Hirsch Berliner verklagt, weil 60 Zentner Zink infolge schlechter Wegverhältnisse und widrigen Wetters nicht pünktlich geliefert worden waren.[38]

Der Kaufmann B. S. Berendsohn wehrte sich 1845 gegen den Autor einer beleidigenden Druckschrift mit dem Titel „Herr Berendsohn und seine Unternehmungen im 19. Jahrhundert".[39] Um die Frachtkosten einer Ladung Rosinen und Feigen von Smyrna nach Hamburg stritt sich die Firma Louis Behrens & Söhne 1845 im Namen von David Pincherle, London.[40] Hartog Levie Pinto wurde 1851 verklagt, weil er es unterlassen hatte, den Seetransport einer Partie Steinkohlen zu versichern; das Schiff war untergegangen.[41] Ähnlich erging es 1855 der Firma Levy Behrens & Söhne, deren Ladung von 200 Säcken Kaffee auf dem Weg von Rio de Janeiro nach Hamburg mit dem Segelschiff „Ida" auf den Grund des Meeres sank.[42] Mit Unterhaltsforderungen von Malchen Ekiwa sah sich 1854 Samuel Salomon Renner kon-

---

[36] Klaus-Joachim Lorenzen-Schmidt (Bearb.): Gesamtinventar der Akten des Oberappellationsgerichts der vier Freien Städte Deutschlands. Bd. 1–3. Köln, Weimar, Wien 1996.

[37] 211-3 Oberappellationsgericht, H I 271 und H I 423.

[38] 211-3 Oberappellationsgericht, H I 349.

[39] 211-3 Oberappellationsgericht, H I 939.

[40] 211-3 Oberappellationsgericht, H I 1010.

[41] 211-3 Oberappellationsgericht, H I 1126.

[42] 211-3 Oberappellationsgericht, H I 1220.

frontiert.[43] Eduard Solmitz forderte 1869 Schadensersatz für die Überanstrengung eines von ihm verliehenen Reitpferdes.[44] Den Theaterleiter Bernhard Pohl, genannt Pollini, trafen 1875, 1877 und 1878 Klagen wegen Vertragsbruchs.[45] Sein Recht bei der höchsten Gerichtsinstanz suchte 1874 der Vorstand der Deutsch-Israelitischen Gemeinde in Hamburg gegen den Vorstand der Israelitischen Stiftungsschule in Hamburg durchzusetzen; es ging um die Befugnis des Gemeindevorstands zur Oberaufsicht über die Schule.[46] Aron Jacobius prozessierte 1878 gegen die Polizeibehörde, um das Verbot des Schächtens außerhalb des Deutsch-Israelitischen Synagogenverbandes aufheben zu lassen.[47]

Unter den wenigen Strafprozessakten finden sich solche über sogenannte Pressevergehen von Leopold Heckscher im Zusammenhang mit dessen Forderung nach einer demokratischen Stadtverfassung (1849–1850).[48] Salomon Bendix hatte sich 1861 wegen „gewerbsmäßiger Tätigkeit zur Befreiung anderer von der Kriegsdienstpflicht" zu verteidigen.[49] Ernster stand es um Itzig Chaim Jankielowitsch Kamenitzki, genannt Isaac Turski; die Anklage lautete auf Falschmünzerei im Wiederholungsfall.[50] Unter den Oberhandelsgerichtsprozessen des Oberappellationsgerichts finden sich knapp 50 mit jüdischen Klägern bzw. Beklagten.

---

[43] 211-3 Oberappellationsgericht, H I 1245.

[44] 211-3 Oberappellationsgericht, H I 1821.

[45] 211-3 Oberappellationsgericht, H I 2033, H I 2096, H I 2107 b, H I 2142.

[46] 211-3 Oberappellationsgericht, H I 2108.

[47] 211-3 Oberappellationsgericht, H I 12146.

[48] 211-3 Oberappellationsgericht, H II 15, H II 16.

[49] 211-3 Oberappellationsgericht, H II 23.

[50] 211-3 Oberappellationsgericht, H II 123.

211-4 Obergericht

Das Obergericht, Hamburgs Gericht zweiter Instanz, bestand vom Mittelalter bis 1879. Als Richter amtierten bis 1859 ausschließlich Ratsherren; das Prinzip der Gewaltenteilung wurde erst im Jahr danach realisiert. Bis dahin kam es gelegentlich vor, dass Recht sprechende Ratsherren Urteile in Angelegenheiten fällten, in die sie privat involviert waren. So auch im Fall eines Ratsherrn, der an einem 1823 gerichtlich erzwungenen Hausverkauf starkes Interesse hatte. Mutige Bürger ließen die Sache nicht auf sich beruhen, obwohl sie selbst nicht betroffen waren. Ein beliebtes Mittel des öffentlichen Protests waren gedruckte Dokumentationen, Schmähschriften, Glossen und satirische Gedichte. Die Drucke erschienen in der Regel anonym, denn wer die Obrigkeit beleidigte, konnte sich alsbald im Winserbaum, dem Stadtgefängnis, wiederfinden. Als Beispiele für anonyme Veröffentlichungen, in denen erzürnte Bürger ihrem Ärger über das Obergericht Luft machten, mögen zwei gedruckte Schmähschriften zum erwähnten Fall dienen.[51]

- Hamburger Rechtspflege im neunzehnten Jahrhundert oder zweiter Teil des gewalttätigen Hausverkaufes, ausgeführt durch das dortige Obergericht zu Gunsten eines Mitgliedes desselben.
  Gedruckt bei William Blake, London 1840.

- Das verhängnisvolle Haus
  [Ein Gedicht, in dem das Wort „Merk" stets fettgedruckt ist. Merck war der Name des der Rechtsbeugung beschuldigten Ratsherrn; Anm. d. Autors; der Text lautet:]

  Merk auf, mein Sohn! Ich will Dir heut erzählen,
  wie große Diebe ungerichtet stehlen.
  [...]

  Merk auf mein Sohn! Ich fühl's mit inner'm Knirschen,
  die großen Herrn verspeisen unsre Kirschen
  und werfen uns die Steine ins Gesicht.

---

[51] Staatsarchiv Hamburg, Bibliothek, A 427/009, Sammelband „Das verhängnisvolle Haus".

Drum flieh', will solche Brut Dich je verlocken,
genieß' in Ruh der Armut harte Brocken
und traue diesen Galgenvögeln nicht!

Das war starker Tobak. Als Verfasser wurde ein 28-jähriger Weinmakler namens Wilhelm Hocker ermittelt und in Haft genommen. Ungebrochen griff er am 3. September 1841 in seiner Zelle erneut zur Feder und veröffentlichte ein Gedicht mit dem Titel „Die Geheimnisse des Winserbaums".

Das Beispiel soll nicht dazu verleiten, das Obergericht als ein Gremium durch und durch korrupter Ratsherren zu betrachten. Dass im Fall von Interessenkonflikten Unregelmäßigkeiten vorkamen, ist als Folge der bis 1860 unterlassenen Gewaltenteilung allerdings nicht zu bestreiten. Immerhin konnten die obergerichtlichen Urteile beim Reichskammergericht und später beim Oberappellationsgericht angefochten werden, so dass die Macht der Recht sprechenden Ratsherren beschränkt war. Dennoch war das „höchstpreisliche Obergericht"– so war es in den Schriftsätzen der Prozessparteien zu titulieren – eine Instanz, der eine grundlegende Reform schon seit langer Zeit zu wünschen gewesen wäre.

Wie viele Akten zur Geschichte jüdischer Familien das Archivgut des Obergerichts enthält, ist schwer zu beurteilen, da es unzureichend erschlossen ist. Der Bestand umfasst 117 Regalmeter und 180 Mikrofilme vernichteter Akten und Protokolle aus der Zeit von 1575 bis 1888.

„Feuchtigkeit im Börsenkeller" war die Ursache dafür, dass zahlreiche Akten des Obergerichts für immer verloren gingen. Andere stark wassergeschädigte Akten wurden in großer Zahl mikroverfilmt und anschließend vernichtet; ein weiterer, von Schimmel befallener Teil wartet auf die Restaurierung.

Abbildung 3: Wilhelm Hocker (1812–1850), Weinmakler und Schriftsteller

Das Findbuch weist keine Aktentitel auf, sondern beschränkt sich auf Pauschalangaben wie „B I c 1, Prozessakten seit 1815, Lit. A Nr. 1–270", „B II a 11, Obergerichtliche Vergleiche in niedergerichtlichen Appellationssachen", „Appellationsakten, Serie I Lit. H Nr. 1–339". Unter der Rubrik „A I, Protokolle allgemeinen Inhalts", rangieren überraschenderweise die Urteilsbücher des Obergerichts von 1800 bis 1808. „Insinuationsprotokolle", „Kautionsprotokolle", „Referentenbücher in appellatorio", Protokolle der „citationes ad inrotulandum" – im Findbuch hagelt es nicht erläuterte antiquierte juristische Begriffe.

Ist es angesichts der mangelhaften Erschließung überhaupt sinnvoll, sich diesem Bestand auf der Suche nach Quellen zur Familiengeschichte jüdischer Hamburger zuzuwenden? Es hat Sinn, wenn man viel Zeit investieren kann und sich auf die alphabetischen Namenregister der erhaltenen Akten- und Protokollserien konzentriert, soweit sie vorhanden sind.

211-5 Niedergericht

Das Niedergericht, Hamburgs erste Gerichtsinstanz in Zivil- und Kriminalsachen, bestand vom 13. Jahrhundert bis 1879, als Amtsgerichte an seine Stelle traten. Das Schriftgut aus der Zeit vor 1815 ging im Hamburger Brand von 1842 mit wenigen Ausnahmen verloren. Erhalten blieben ca. 5500 Akten aus dem 19. Jahrhundert. Der 122 Regalmeter umfassende Bestand ist in 27 Sachgruppen gegliedert, von denen einige nun vorgestellt werden.

IV. Anstalten, wohltätige Stiftungen. Hilfskassen etc.

In dieser Gruppe geht es nicht nur um einzelne Stiftungen (Matthias Salomon Elsas Testament, 1817, Isaac Hartwig Legat, 1842, Oppenheimersche Stiftung für Freiwohnungen,1870, Isaac Moses Rubensche Stiftung für Bräute,1856, Daniel Salomon Wallichsche Stiftung,1860), sondern auch um Zwistigkeiten bekannter Theaterdirektoren aus jüdischen Familien (Pollini, Stadttheater, Maurice, Thalia-Theater, Wollheim, Central-Theater). Ihre Streitigkeiten mit Schauspielern endeten gelegentlich vor den Schranken des Niedergerichts (zum Beispiel Pollini contra Goldstaub wegen Engagements, 1876).

VI. Buchhandel und Presse

Um die „Oppenheimersche hebräische talmudische Bibliothek" ging es 1822. Leopold Heckscher (Redakteur des Blattes „Opponent", 1850), Dr. Daniel Hertz („Hamburger Nachrichten", 1859) und Isaac Salomon Meyer („Der Urwähler", 1867) hatten sich in „amtlichen Presseprozessen" zu verteidigen.

VII. Ehescheidungen

Für die Erteilung von „Scheidebriefen" war von alters her das Rabbinatsgericht in Altona zuständig, doch verlangte bereits das Hamburger „Judenreglement" von 1710, dass vorher ein weltliches Gericht die Scheidung ausgesprochen haben müsse. 1838 rief der Hamburger Senat diese Bestimmung in Erinnerung und beschloss, „dass in Zukunft gegen die Übertreter [...] unfehlbar mit Strafen werde verfahren werden".[52] In 85 der 1032 erhalten gebliebenen Scheidungsprozessakten des Niedergerichts sind die Trennungen jüdischer Ehen dokumentiert.

VIII. Eheversprechen, eventuelle Entschädigung, Aussteuer, Alimentation etc.

Vorhanden sind 72 Akten des Niedergerichts, fünf mit jüdischen Prozesspartnern.

IX. Fallissemente

Die Akten dieser Gruppe weisen Prozesse gegen zwölf jüdische Kaufleute auf, deren Firmen in Konkurs geraten waren.

X. Zur Geschichte von Firmen

Vier der 95 Prozessakten dieser Gruppe betreffen jüdische Firmeninhaber. Der Titel dieser Gruppe täuscht darüber hinweg, dass firmengeschichtliche Unterlagen auch in anderen Gruppen dieses Archivbestandes vorhanden sind.

XIII. Juden

Auch dieser Titel greift zu kurz, da Juden als Kläger oder Beklagte ebenso in den Prozessakten der meisten anderen Sachgruppen auftreten. Auf eine

---

52 Moses Martin Haarbleicher: Zwei Epochen aus der Geschichte der Deutsch-Israelitischen Gemeinde in Hamburg. Hamburg 1867. S. 158.

der 14 Akten dieser Gruppe wird im Folgenden näher eingegangen, denn sie zeigt exemplarisch, dass auch unscheinbare Fälle viel mehr als nur die Partikularinteressen der Kontrahenten dokumentieren können.

Im zweiten Stock des Vorderhauses der Synagoge 1. Elbstraße 21 wohnte seit 1861 mietfrei der Synagogendiener („Unterküster") Joseph Samuel Warisch. Nach neun Jahren verklagte ihn der Vorstand der Deutsch-Israelitischen Gemeinde in Hamburg auf die sofortige Räumung seiner Dienstwohnung, da er die Zahlung der nunmehr von ihm verlangten Miete abgelehnt hatte. Der Streit war eine unmittelbare Folge der Neuordnung, die als das bekannte „Hamburger Modell" in die Geschichte der Juden in Hamburg eingegangen ist.[53] In der 1872 erwachsenen Akte über den Fall des Synagogendieners Warisch wird plastisch beschrieben, worin das bis 1938 in Kraft gewesene „Hamburger Modell" bestanden hat. Der Vorstand der Deutsch-Israelitischen Gemeinde stellte den Sachverhalt wie folgt dar:[54]

> Bis zum Jahre 1864 inklusive ist die Deutsch-Israelitische Gemeinde zu Hamburg eine Kultusgemeinde gewesen, welche alle Israeliten in Hamburg (mit Ausnahme der portugiesischen Juden) in sich [in] der Art vereinigte, dass ein jeder Jude, der in Hamburg staatsangehörig werden wollte, diesem Gemeindeverband angehörig werden musste. Dagegen hatte die Gemeinde, und Ausdruck derselben war der Gemeindevorstand, für den Kultus, das Wohltätigkeits-, Unterrichts- und Begräbniswesen in der Gemeinde zu sorgen.
>
> Durch Rat- und Bürgerschluss, publiziert am 7. November 1864, ist dieses geändert worden. Der Zwang, der Gemeinde anzugehören, hörte für die Juden in Hamburg auf. Die Aktiva der Gemeinde sollten liquidiert [werden], und damit die beträchtlichen Schulden der Gemeinde bezahlt [und] im übrigen die Gemeindemitglieder noch zur Liquidation und Abtretung der Gemeindeschulden herangezogen werden [konnten], wurde bestimmt, dass von der Realisation der Gemeindeaktiva – behufs Liquidation der Gemeindeschulden – ausge-

53 Zur Geschichte des Hamburger Modells: Vgl. Ina Lorenz: Die Juden in Hamburg zur Zeit der Weimarer Republik (Hamburger Beiträge zur Geschichte der deutschen Juden 13). Hamburg 1987. Bd. 1. S. XXVII.

54 211-5 Niedergericht, 3065. Der hier zitierte Text wurde der heutigen Rechtschreibung angepasst.

schlossen sein sollten alle zu Kultus, Wohltätigkeits- und Unterrichtszwecken bestimmten Activa (§ 10 des Gesetzes). Für die Liquidation ist dann eine eigene Liquidationskommission gebildet [worden], mit einem Liquidationsvorstand an der Spitze.

Es wurden ferner Gemeindestatuten durch aus den Gemeindemitgliedern erwählten Repräsentanten in Gemeinschaft mit dem damaligen Gemeindevorstande verfasst und durch [den] Senat rite[55] publiziert. Diese Gemeindestatuten haben nun eine neue Gemeinde statuiert, welche lediglich den Zweck hat, für das Armen-, Schul- und Begräbniswesen innerhalb der Gemeinde zu sorgen; das Kultuswesen mit allem Kulturellen ist der Gemeinde genommen und bestimmt worden, dass die Fürsorge für den Kultus in der Gemeinde durch zwei eigene Kultusverbände, welche vollständig selbstständig und autonom dastehen und gleichberechtigt sind, [nämlich] den Synagogenverband (welcher durch seinen Vorstand hier in lite[56] ist) und den Tempelverband, geübt werden sollte.

Da nun die Gemeinde, welche ja früher den Kultus mit zu verwalten hatte, zwei Synagogen mit den betreffenden Räumlichkeiten in der Elbstraße (da, wo der Küster Warisch, um dessen Exmission es sich hier handelt, wohnt) und auf den Kohlhöfen besaß, so bestimmte das Gemeindestatut weiter, dass die Gemeinde ohne ihr Eigentumsrecht daran aufzugeben, die beiden Synagogen dem Synagogenverbande behufs Erfüllung der von diesem übernommenen kulturellen Zwecke zu überlassen hat. [...] Was nun die früheren Aktiva der Gemeinde betrifft, so sind die meisten derselben in Gemäßheit des Gesetzes vom 7ten November 1864 durch das Liquidationskollegium veräußert und realisiert worden, und ist dabei in richtiger Weise so wenig die jetzige Gemeinde und ihr Vorstand als Rechtsnachfolgerin der alten Gemeinde angesehen worden, dass das Liquidationskollegium Aktiva der alten Gemeinde ausdrücklich der neuen Gemeinde verkauft hat; so [zum Beispiel] das neben dem jetzt in Rede stehenden Gebäude belegene Haus, in welchem der Herr Oberrabbiner wohnt, welches die neue Gemeinde käuflich vom Liquidationskollegium er-

55 Lateinisch: ordnungsgemäß.

56 Lateinisch: prozessbeteiligt.

> worben hat. Es besaß die alte Gemeinde aber ferner Aktiva, welche nach § 10 des allegierten Gesetzes,[57] weil zu Kultus-, Wohltätigkeits- oder Unterrichtszwecken bestimmt, nicht realisiert werden durften; dahin gehören die Schulen, ferner die zu Kultuszwecken gehörenden Gebäude; die Synagoge auf den Kohlhöfen, das rituelle Badehaus in der Elbstraße und das die Synagoge enthaltende Gebäude in der Elbstraße. Letzteres, in welchem sich die Amtswohnung des Synagogenküsters Warisch befindet, besteht aus einem Vordergebäude, enthaltend den Vorhof zur Synagoge und darüber befindlichen zwei Etagen, welche erste Etage Versammlungslokale enthält, deren zweite der Beklagte Warisch bewohnt, und aus der mit dem Vordergebäude durch den Vorhof in Verbindung stehenden Synagoge.

Der Synagogenverband stellte sich auf die Seite des Synagogendieners Warisch:

> Der Gemeindevorstand hat [...] dem Synagogenverband [...] sämtliche Lokalitäten des fraglichen Grundstücks zu überlassen und ist nicht legitimiert, Miete für solche Räumlichkeiten zu beanspruchen, noch Beamte des Synagogenverbandes aus demselben zu exmittieren. [...] Zu der Ausübung des stenggläubigen jüdischen Kultus gehört es nämlich, dass der Küster, welcher die Tora und die zu Zeremonien dienenden Gerätschaften zu bewachen hat, in unmittelbarer Nähe der Synagoge wohnt und sich dort stets aufhält.

Wie der Prozess ausging, offenbart die Akte nicht, aber noch wissenswerter als das Ergebnis erscheinen die Argumente der Parteien in der Auseinandersetzung um das „Hamburger Modell".

XV. Kontrakte
In dieser Gruppe betreffen 13 der 130 Akten jüdische Prozessbeteiligte in Auseinandersetzungen um Verträge unterschiedlichster Art.

XVII. Mietesachen
Hinzuweisen ist nur auf eine 1821 angestrengte Klage gegen Nathan Lübeck.

---

57 Das heißt des angeführten Gesetzes. Vgl. Moses Martin Haarbleicher, wie Anm. 52, S. 158.

XVIII. Nachlasssachen

In dieser Sachgruppe betreffen 65 der ca. 2750 Akten jüdische Familien, darunter so bekannt gewordene wie Ballin, Beit, Bing, Dellevie, Emden, von Halle, Hertz, Popert und Renner.

XXII. Klagen gegen Staat und Behörden

In zwei der 69 Akten dieser Sachgruppe treten jüdische Prozessbeteiligte auf, darunter Albert Ballins Vater.

XXIV. Steuern: Erbschaftssteuer, Kriegssteuer etc.

Drei von 15 Akten behandeln jüdische Steuerpflichtige.

XXV. Todeserklärungen

In den Rubren der fast 1000 Akten sind 15 Träger jüdischer Familiennamen verzeichnet.

211-6 Präturen

Bis 1860 waren Hamburger Ratsherren nicht nur mit Regierungsgeschäften befasst, sondern als „Prätoren" auch in der Rechtsprechung aktiv. In den Präturen wurden Klagen mit relativ niedrigem Streitwert behandelt, doch ging es nicht immer nur um Bagatellen. Ob bei Ehescheidungen, Beleidigungsklagen, Schuldforderungen oder Grundstückssachen – der Prätor traf die Entscheidung. 1861 übernahmen rechtsgelehrte Richter des Niedergerichts diese Aufgabe, bis sich die Pforten der Präturen 1879 aufgrund der Einrichtung von Amtsgerichten schlossen. Wer in diesem Bestand eine komplette Überlieferung der Rechtsprechung in den Präturen erwartet, wird enttäuscht. Die hier vereinten Akten und Protokolle stammen fast ausschließlich aus der Zeit nach 1815. Älteres ist im Bestand „111-1 Senat" zu finden, während die Unterlagen der Präturen des Vorstadt- und Landgebiets den Beständen der Sachgruppe 4 (Gebietsverwaltung) zugeordnet sind.

Wie die Akten des Niedergerichts, sind auch die Akten der Präturen vor langer Zeit in Sachgruppen eingeordnet worden, deren Titel nicht immer überzeugen können. So findet sich unter der Gruppe „Kulturgeschichtliches“ eine Akte über eine Rempelei in der Börse, während Streitigkeiten um den Theaterdirektor Chérie Maurice in der Gruppe „Gewerbe und Industrie“ rangieren. Rund hundert Akten mit jüdischen Prozessbeteiligten enthält dieser Bestand. Darin sind zwar keine weltbewegenden Ereignisse überliefert, doch bieten sich oft interessante Einblicke in die Verhältnisse des 19. Jahrhunderts. In welchen Aktengruppen jüdische Prozessbeteiligte auftreten, wird nachfolgend beschrieben.

Ehekontrakte
Guttentag contra Leonora Meyer Leipziger, 1822

Ehescheidungen von Tisch und Bett
Aus der Zeit von 1822 bis 1878 stammen 36 Akten. Dabei wurden 26 Klagen von Ehefrauen angestrengt, zehn von Ehemännern.

Alimentationspflichten
Jacob Rosenberg contra seine Ehefrau Mariane Rosenberg, 1871–1875

Nachlasssachen
Um Benefizialnachlässe von Jacob Cohen und Heymann Isaac Heilbut ging es 1875–1882; die Brüder Joseph und Bernhard Getting stritten sich 1817 um ein Grundstück in der Marienstraße.

Schuldverhältnisse
Vorhanden sind 15 Akten, in denen jüdische Kläger ihr Recht suchten (S. J. Ballin, H. D. Dellevie, Louis Gans, Philipp Gans, Haarburger & Co. (zweimal), Dr. Daniel Hertz und Marcus Samson Hertz, Dr. F. W. Hirsch, A. J. Israel, Dr. Otto Israel, F. C. Kohn, J. F. C. Labakoffsky, M. Lazarus, Meyer Rosenberg).

Grundeigentum
In dieser Gruppe betreffen elf Akten Hamburger Juden: Meier Belgard, Abraham Abendana Belmonte und Salomon Abendana Belmonte, Enoch

Joseph Enoch, Max Koppel (zweimal), Jacob Hirsch Levy, Moritz Gustav Warburg (zweimal), S. A. Warburgs Witwe Betty Warburg geb. Rothschild.

Miet- und Pachtverträge
Diese waren Gegenstand der Klagen von E. Bieber, Gumprecht Moses, B. L. Rothschild und dessen Witwe.

Gewerbe und Industrie
Die Akten betreffen B. S. Berendsohn, Samuel Ephraim, Adele Kreiner geb. Nathan, Aron Israel, Chérie Maurice, J. A. Rosenberg, S. M. Selig.

Kirchen
Diese Gruppe enthält eine Akte über die 1861 vom Israelitischen Tempelverein erhobene Klage gegen Dr. J. H. Dellevie, wobei es um die Miete für eine Stelle im Tempel ging.

Kulturgeschichtliches
Der Titel dieser Gruppe lässt nicht unbedingt vermuten, dass darin eine Akte enthalten ist, in der es um eine nach jüdischem Erbrecht verweigerte Zahlung ging (Rudolph Lichtenstädt contra Maurice Nachmanns Witwe, 1870). Auch eine Akte über eine tätliche Auseinandersetzung in der Börse ist erstaunlicherweise in dieser Gruppe verzeichnet. Der 37-jährige Kaufmann Wilhelm Pollack hatte 1865 den Fauxpas begangen, die Börse zu betreten, obwohl er nach einer Insolvenz noch nicht mit allen Gläubigern ins Reine gekommen war. Das bedeutete den Bruch eines ungeschriebenes Gesetzes. Einer seiner Gläubiger erblickte ihn: „Schämen sie sich!" Er packte Pollack am Arm, schrie „Hinaus mit dem Kerl!" und drängte ihn, von anderen unterstützt, aus dem Gebäude. Wie es weiter ging, berichtete am übernächsten Tag die Zeitung „Reform": „Sehr spaßhaft aber war es, dass bei dem Geruder auch eine ganze Menge Dränger mit hinausgedrängt wurden, welche natürlich, um wieder in die Börse zu gelangen, ihre 4 Schillinge [Eintritt] bezahlen mussten. Der Mann mit der Büchse machte ein sehr vergnügtes Gesicht und sagte, so etwas sei ihm in seiner 40-jährigen Praxis noch nicht vorgekommen."[58]

---

[58] 211-6 Präturen, II P 128. – „Reform" vom 8.1.1865, S. 1.

Literarisches

Julius Stettenheim klagte 1866 ein Honorar vom Redakteur des „Freischütz“ ein, und Joseph Zadich verlangte 1841 vom Redakteur des „Erzählers“ Satisfaktion wegen eines beleidigenden Artikels.

Pfändungs- und Retentionsrecht

Vorhanden sind vier Akten mit jüdischen Prozesspartnern aus den 1870er Jahren (Dr. Hertz Cohn, J. H. Dellevie, Adolf Oppenheim, Isaac Simon).

Postwesen

Lazarus Samson Cohn verklagte das Norddeutsche Oberpostamt Hamburg von 1868 bis 1872 auf 100 Taler.

Schule und Pensionate

Johann Samuel Metz sollte 1832 ein Lokal in der Navigationsschule räumen.

Zahlung von Steuern und Abgaben

Das Erbschaftsamt ging 1874 gegen eine Testamentsvollstreckung von Dr. S. A. Belmonte vor.

Klagen gegen Verwaltungen oder richterliche Persönlichkeiten

Im selben Jahr verklagte Dr. Belmonte die Finanzdeputation; Hertz Cohn verlangte 1877 die Haftung des Exekutionsbüros für den Fehler eines Beamten; Isidor Fürst vertrat 1868 einen invaliden Pensionär gegen die zahlungsunwillige Finanzdeputation und Louis Gans begehrte 1871 vom Senat Akteneinsicht in einer Erbschaftssache.

222-3 Handelsgericht

1816, zu Beginn der vermeintlich guten alten Biedermeierzeit, wurde das Hamburger Handelsgericht gegründet. Schon 1750 hatte die Commerzdeputation ein solches Gericht für „ganz unentbehrlich“ gehalten, auch wenn den Hamburger Kaufleuten der Rechtsweg in Handelsstreitigkeiten damals bereits seit langer Zeit offen stand: Über Konkurssachen und Wechselproteste entschieden von alters her die Bürgermeister und Prätoren, in anderen streitigen Handelssachen waren das Nieder- und Obergericht zuständig, in „Seesachen" urteilte das Admiralitätsgericht.[59] Von der Konzentration der gesamten Rechtsmaterie auf ein einziges Gericht versprach sich die Commerzdeputation vor allem eine Abkürzung der Verfahren. Sie dauerten im 18. Jahrhundert zumeist länger als zwei Jahre, manchmal aber auch zehn Jahre und mehr. Ein 1780 begonnener Grundstücksprozess steckte 1809 noch immer in den Anfängen.[60]

Was der Commerzdeputation 1750 vorgeschwebt hatte, wurde erst in der Zeit der französischen Besatzung Hamburgs mit einem von Napoleon dekretierten „Commerz-Tribunal" realisiert. Nach dem Abzug der französischen Truppen begann die Diskussion um einen angemessenen Ersatz für das zwar als nützlich anerkannte, aber eben leider napoleonisch inaugurierte Commerz-Tribunal. Ein Jurist, der die Vorbehalte gegen seinen Berufsstand kannte, wollte an der Spitze des künftigen Handelsgerichts keinen Rechtsgelehrten sehen, „damit dem Gericht das ganze Zutrauen der Bürger bewahrt werde".[61] Der Vorschlag wurde verworfen und im Februar 1816 begann das Handelsgericht seine Arbeit mit einem Juristen an der Spitze. Als Männer der Praxis waren ihm neun Kaufleute beigeordnet.

In seiner bis 1879 dauernden Existenz hatte das Gericht über Mangel an Beschäftigung nicht zu klagen. Eine Statistik von 1864 zeigt, dass in jenem Jahr fast 5000 neue Fälle beim Handelsgericht anhängig waren, darunter 1562 Wechselsachen, 223 Frachtsachen und 1608 Klagen auf Bezahlung gelieferter Waren.[62]

Was bieten die Akten des Handelsgerichts der Familiengeschichtsforschung? Wer an den Lebensumständen eines jüdischen Kaufmanns interessiert ist, kann Gewinn daraus schöpfen. Vorausgesetzt, man hat das Glück, dass dieser Kaufmann das Pech hatte, vor dem Handelsgericht klagen zu müssen oder dort verklagt worden zu sein. Die Frage, *womit* gehandelt wurde, lässt sich zumeist weder durch die Adressbücher noch durch das

---

59 August Sutor: Die Errichtung des Handelsgerichts in Hamburg. Hamburg 1866, S. 2.

60 August Sutor, wie Anm. 59, S. 30.

61 August Sutor, wie Anm. 59, S. 28.

62 August Sutor, wie Anm. 59, S. 184.

1836 eingeführte Handelsregister beantworten, wohl aber aus den Handelsgerichtsakten. Besonders ergiebig sind die Unterlagen über „Fallissements" (Konkurse), weil darin die persönlichen Verhältnisse der zahlungsunfähig gewordenen Kaufleute dokumentiert sind und häufig auch von Verwandten und Geschäftspartnern die Rede ist.

Die Zahl der im 19. Jahrhundert in Konkurs gegangenen Hamburger Firmen war beträchtlich; zwischen 1816 und 1879 entstanden Handelsgerichtsakten in über 7000 Fällen von Insolvenz.[63] Das Gericht benannte die Ursachen jeweils im Schlussbericht: Unkenntnis in Handelsgeschäften, mangelhafte Buchführung, Lässigkeit, schlechte Konjunktur, geringes Geschäft, kein Umsatz, ungünstiger Kontrakt, unglückliche Zeitverhältnisse, Verluste im Außenhandel, verfehlte Grundstücksspekulation, Mangel an Betriebskapital, zu viel investiert, hohe Privatentnahmen, Krankheit, Insolvenz eines Kunden, Geschäft durch Brand zerstört und anderes mehr. Außerdem nahm das Gericht eine Klassifizierung der Schuldner vor; die Skala umfasste die Begriffe leichtsinnig, gutgläubig, unordentlich, boshaft und betrügerisch.

Für die zahlungsunfähig gewordenen Inhaber bedeuteten die Urteile nur in Ausnahmefällen das endgültige Aus. In der Mehrzahl der Fälle attestierte das Gericht lediglich Leichtsinn und sah von einer strafrechtlichen Ahndung ab; gegen betrügerische Bankrotteure wurden dagegen Haftstrafen von mehreren Wochen oder Monaten, in seltenen Fällen auch von mehreren Jahren verhängt. Einzelne Kaufleute empfanden die Erklärung ihrer Zahlungsfähigkeit als derartiges Unglück, dass sie sich das Leben nahmen.

Als Beispiel eines tragisch verlaufenen Falles sei das Verfahren gegen Emanuel Isaac Getting geschildert.[64] 1834 hatte er mit 20 Forderungen im Gesamtbetrag von 25 000 Mark zu kämpfen und sah keine Hoffnung mehr. Am 8. November 1834 schrieb er an das Handelsgericht:

> Als einziger Inhaber der Firma E. Getting & Comp. sehe ich mich wegen gänzlicher Hülfslosigkeit in die traurige Nothwendigkeit versetzt, meine Insolvenz zu erklären. Vor acht bis neun Jahren durch die abermalige Unterstützung der Familie meiner Frau in den Stand gesetzt,

[63] Findbuch 222-3 Handelsgericht, S. 32.

[64] 222-3 Handelsgericht, B 1 Nr. 1688.

> ein Ledergeschäft zu etablieren, durfte ich aus dem anfänglichen Fortgange desselben mit Grunde hoffen, dass ein günstiger Erfolg auch meine ferneren redlichen Bemühungen krönen werde. Aber bald traten widrige Conjuncturen ein, unerwartete Verluste blieben nicht aus und wiederholte Krankheiten ließen mir nur eine geschwächte Gesundheit zurück, bei welcher es mir mehr und mehr unmöglich ward, dem zunehmenden Verfall meiner Vermögensumstände Einhalt zu gebieten. Da nun auch meine Familie, die mir freilich früher so viele Beweise thätiger Theilnahme gegeben, fernere Unterstützung verweigert, so sehe ich mich bei dem übereilenden Andrange einzelner Gläubiger zu dem traurigen Schritte, den ich so gern vermieden hätte, genöthigt.

Das Schreiben endete mit der Bitte, „dass es einem wohllöblichen Handelsgerichte gefallen wolle, diese meine Insolvenzerklärung anzunehmen [und] zur Berichtigung meines Schuldenwesens eine hoch verehrliche Commission [von Konkursverwaltern] hochgeneigt zu verfügen".

Fünf Tage später attestierte der Arzt Dr. Ruben, dass Getting unfähig sei, das Bett zu verlassen und „jede Gemütsbewegung gänzlich vermeiden" müsse. Gettings Anwalt informierte das Handelsgericht über den Grund: Getting war aus dem Fenster eines ersten Stockwerks gesprungen; es sei fraglich, ob er am Leben bliebe.

Drei Wochen später, am 30. November 1834, hatte Getting ausgelitten. Er starb im Alter von 52 Jahren und hinterließ eine Frau und die minderjährigen Kinder Isaac, Helena und Bernhard. Das mit der Unterstützung der Familie seiner Frau aufgebaute Ledergeschäft existierte nicht mehr. Weshalb hatte sich die Familie geweigert, Getting erneut zu helfen? Der Grund lag vielleicht darin, dass er seinem Schwiegervater bereits 1824 alles, was er besaß, für 2000 Banco-Mark verkauft hatte, aber alles hatte behalten dürfen. Der damals geschlossene Kaufvertrag bezog sich „auf alles und jedes, was nur auf die entfernteste Weise zum Mobiliar gerechnet werden kann" und umfasste eine rote Ottomane ebenso wie Gettings Zylinder. Nach seinem Tod blieb der Witwe nichts anderes übrig, als die Erbschaft auszuschlagen.

Das Archivgut des Handelsgerichts wurde im Zweiten Weltkrieg durch Wasserschaden und in späterer Zeit durch Aussonderungsaktionen stark dezimiert. Ein großer Teil, darunter die Urteilsbücher und etliche der erwähnten Akten über Konkurse (die sogenannten Fallitakten), ist auf Mikrofilm erhalten. Besonders zu erwähnen sind Akten über die handelsgerichtliche Verwaltung des Vermögens von Firmen, die aufgrund der schweren Handelskrise von 1857 in Zahlungsschwierigkeiten geraten waren, darunter auch etliche Firmen jüdischer Inhaber. In kaum einem anderen Archivbestand sind derartig detaillierte Informationen über das Innenleben von Hamburger Firmen enthalten wie in den Akten des Handelsgerichts.

231-1 Hypothekenamt

Wer in Hamburg zwischen 1248 und 1900 ein Grundstück erwarb, veräußerte oder vererbte, ist in den 255 Regalmeter umfassenden Archivalien dieses Bestandes nachgewiesen. Grundstücke wurden vom 13. bis zum 20. Jahrhundert als „Erben" bezeichnet; die unseren heutigen Grundbüchern ähnlichen Register hießen folglich „Erbebücher". Für familiengeschichtliche Nachforschungen können sie recht hilfreich sein. Ihre Benutzung ist allerdings nicht unkompliziert, und wer das Findbuch dieses Bestandes zum ersten Mal öffnet, wird angesichts der verschiedenartigen Serien (Erbebücher, Rentebücher, Consensprotokolle, Annuitätenprotokolle etc.) und einer reich gefächerten regionalen Gliederung in Kirchspiele und Gebietsteile nicht auf Anhieb einen Einstieg finden. Man mag sich auch fragen, ob sich die Beschäftigung mit diesem Archivbestand überhaupt lohnt, da jüdische Einwohner in Hamburg erst aufgrund eines Rat- und Bürgerschlusses von 1842 als Eigentümer eines Grundstücks in das Erbebuch eingetragen werden konnten. Die Antwort lautet, dass es jüdische Grundeigentümer in Hamburg durchaus nicht erst seit 1842 gab. Stadtrecht hin, Stadtrecht her – der Rat machte nicht selten Ausnahmen. Am bekanntesten wurde der Fall des berühmten, auch von Christen konsultierten Arztes Rodrigo de Castro, der 1617 als Grundeigentümer unter eigenem Namen in das Erbebuch eingetragen wurde. In der Regel konnten Hamburgs Juden ein Grundstück vor 1842 nur dadurch erwerben, dass sie es auf die Namen befreundeter Christen einschreiben ließen. In diesen Fällen sind der christliche Mittelsmann und der jüdische Grundstückserwerber in den Erbebüchern namentlich aufgeführt. Wenn Häuser zum öffentlichen Verkauf standen, wurde vor der Abgabe von Geboten der folgende Text verlesen: „Sollte der Käufer ein Jude sein, so bleibt es dem Hochedlen Rate vorbehalten, den Kauf zu genehmigen oder umzustoßen."[65]

Ein Beispiel verdeutlicht, welche genealogischen Erkenntnisse die Erbebücher auch aus Zeiten vermitteln können, für die weder Geburts- noch Heiratsregister vorhanden sind:

> Isaac Pollack und Samuel Ephraim erwarben 1676 unter der Treuhandschaft von Matthias Kröger ein Grundstück in der Elbstraße. Als Isaac Pollack 1704 starb, fiel es (wiederum unter christlicher Treuhandschaft) an seine Ehefrau Zippora und seine Kinder Elias, Ester, Leffmann, Moyses, Maria, Elias, Rebecca und deren Ehemann Levi Weißweiler.[66]

Für die Suche empfiehlt es sich, zuerst die alphabetischen Register zu den Hauptbüchern heranzuziehen. Bei den Hauptbüchern handelt es sich um grundstücksweise angelegte Register, in denen die Namen der Eigentümer mit dem Zeitpunkt ihres Grunderwerbs in chronologischer Reihenfolge verzeichnet sind. Der Zeitpunkt des Grunderwerbs wurde nicht mit Tagesdaten angegeben, sondern mit einer nach Heiligentagen bemessenen Zeitangabe, zum Beispiel „post Quasimodogeniti".

Die so gewonnene Information – Name und Heiligentag – ermöglicht das Auffinden des Eintrags im chronologisch geführten Erbebuch. Die Einträge wurden bis in das 19. Jahrhundert hinein in lateinischer Sprache abgefasst – wenig kunstvoll und Jahrhunderte lang nach dem gleichem Schema.

Auf die in den Rentebüchern verzeichneten Kapitalbelastungen („Renten") sei an dieser Stelle nur kurz hingewiesen. Auch wer diese und andere Spezifika des Archivbestandes „231-1 Hypothekenamt" nutzen möchte, wird interessante Funde machen können.

---

65 Martin Moses Haarbleicher, wie Anm. 52, S. 149.

66 231-1 Hypothekenamt, VI 5 Bd. 5, Erbebuch St. Michaelis, S. 166, und VI 5 Bd. 8, S. 37.

231-3 Handelsregister

1836, im Jahr der Einführung des Handelsregisters, beschrieb ein Zeitgenosse Hamburg als Weltstadt, die mit London und Liverpool rivalisiere und Amsterdam bereits hinter sich gelassen habe.[67] Die wachsende Zahl der Firmen, darunter einige, die besser nicht gegründet worden wären, schuf auch Probleme. So war es manchmal äußerst schwierig, den tatsächlichen Inhaber eines Unternehmens festzustellen oder wenigstens einen Bevollmächtigten zu ermitteln; auch kam es vor, dass Firmennamen missbraucht wurden. Deshalb schien es ratsam, die Firmen mit den Namen ihrer Inhaber und Prokuristen in einem öffentlichen Register zu registrieren. Dafür hatte die Commerzdeputation schon seit Jahren plädiert; dem Rat war eine derart bürokratische und kostenträchtige Maßnahme jedoch lange verzichtbar erschienen. Die schließlich getroffene Regelung zur Einführung des Handelsregisters ließ dann auch Konsequenz vermissen. Sie trug den holprigen Namen „Verordnung wegen der bei Errichtung, Veränderung und Aufhebung von Handlungs-Societäten, Handlungs-Firmen, anonymen Gesellschaften und Procuren bei dem Handelsgerichte zu machenden Anzeigen“ und trat am 1. Januar 1836 in Kraft.[68] Nach dieser Verordnung waren alle ab 1836 gegründeten, nicht aber die 1835 bereits bestehenden Firmen zur Eintragung in das Handelsregister verpflichtet; von letzteren erwartete der Senat, dass sie es „zur Beförderung der Sache gern freiwillig tun werden“.[69] 1835 schon bestehende Firmen, die dazu nicht bereit waren, hatten die Eintragung 1866 nachzuholen (sofern sie dann noch existierten).[70] Paragraf 1 der genannten Verordnung vom 28. Dezember 1835 erklärte, worum es ging:

[67] Eduard Beurmann: Skizzen aus den Hansestädten. In: Henning Berkefeld: Hamburg in alten und neuen Reisebeschreibungen. Düsseldorf 1990. S. 178.

[68] Hamburgische Verordnungen, Bd. 14. S. 307–316.

[69] Publicandum vom 28.12.1835.

[70] Nach der Einführung des Allgemeinen Deutschen Handelsgesetzbuches am 1.5.1866 war jeder Kaufmann zur Eintragung in das Handelsregister verpflichtet.

> Alle von jetzt an ergehende[n] Circulare und briefliche[n] Mitteilungen hiesiger Handelshäuser, Fabrikanten und Detaillisten, welche [sich] auf Errichtung oder Aufhebung einer Handlungs-Societät oder Veränderung aller Art in den Societäts-Verhältnissen beziehen, müssen auf dem Handelsgericht deponiert werden.

Zirkulare – gedruckte Rundbriefe, mit denen Kaufleute wichtige Firmennachrichten wie die Gründung oder das Ende ihrer Unternehmen in der Geschäftswelt bekannt machten – und handgeschriebene Mitteilungen dienten als Grundlage für die Eintragung in das Firmenprotokoll (die Bezeichnung Handelsregister wurde erst 1905 eingeführt); anschließend nahm man die Dokumente zu den Akten. Als Beispiel folgt ein Zirkular vom 15. März 1842:

> Wir beehren uns hiermit die Anzeige zu machen, dass wir unterm heutigen Tage ein En-Gros-Geschäft von englischen und deutschen Manufactur-Waaren unter der Firma Beit & Söhne errichtet haben. Hinlängliche Mittel, verbunden mit den Kenntnissen, die sich unser Beit durch längeren Aufenthalt in England und unser Salomon durch mehrjährige Erfahrung in dem deutschen Fache gesammelt, setzen uns in den Stand, allen Anforderungen in beiden Branchen vollkommen Genüge zu leisten. Hinsichtlich unserer Solidität werden die Herren L. Behrens & Söhne, hieselbst, L. R. Beit & Co., hieselbst, A. J. Saalfeld & Co., hieselbst, [und] J. H. & G. F. Baur in Altona die Güte haben, nähere Auskunft zu ertheilen. Mit der Bitte, uns mit Ihrem Vertrauen gütigst beehren zu wollen [usw.].[71]

Sechs Jahre nach der Einführung des Handelsregisters wurde mit diesem Zirkular bereits die 1253. Firmenanmeldung vollzogen. Nicht selten enthalten die Registerbände, vor allem aber die dazugehörigen Akten, weit mehr als knappe Informationen über die Inhaber und Bevollmächtigten. Geschäftspartner und Verwandte treten auf, geschäftliche und persönliche Verhältnisse werden sichtbar, und manchmal tritt Überraschendes zutage. Ein Beispiel: Am 26. Oktober 1888 wurde der 43-jährige Ingenieur Alexis

71 231-3 Handelsregister, B 2450.

Bernstein unter Androhung einer Ordnungsstrafe aufgefordert, die Eintragung seiner Firma in das Handelsregister nachzuholen. Wer ihn angezeigt hatte, verrät die Akte nicht, wohl aber, dass er sich gerade mit der Einrichtung seiner Firma am Mühlenkamp, der „Elektrischen Fabrik von Alexander Bernstein", beschäftigte. Zuvor hatte er sieben Jahre lang das „Geschäft der elektrischen Beleuchtung" in London betrieben und war nun mitsamt seiner Fabrikeinrichtung nach Hamburg umgezogen, wo eine vergleichbare Firma nach seiner Feststellung noch nicht existierte.[72] Tatsächlich hatte die Anwendung der neuen Energie erst vor wenigen Jahren Einzug in Hamburg gehalten; das erste städtische Elektrizitätswerk nahm seinen Betrieb 1888 auf, im Jahr von Bernsteins Fabrikeröffnung. Ein neuer, vielversprechender Wirtschaftszweig tat sich auf, in den zu investieren sich zu lohnen versprach. Zur Vergrößerung der Kapitalbasis wandelte Alexis Bernstein seine Firma zwei Jahre später in eine Kommanditgesellschaft um. Als unbeschränkt haftenden Gesellschafter der Firma „Bernsteins Electricitätswerke KG" ließ er sich selbst in das Handelsregister eintragen; mit Einlagen von je 50 000 Mark beteiligten sich 16 renommierte Hamburger Unternehmer. 1894 wurde die Firma aus dem Handelsregister gelöscht, vermutlich im Zusammenhang mit der damaligen Gründung der Hamburgischen Electricitätswerke AG.[73]

Von genealogischer Aussagekraft sind vor allem Handelsregistereinträge aus Anlass des Todes von Firmeninhabern. In geschlossener Reihe treten die Erben mit ihren Wohnsitzen auf, in welcher Weltgegend sie auch lebten.

Bis 1879 wurde das Handelsregister beim Handelsgericht geführt, danach beim Landgericht und ab 1900 bei den Hamburger Amtsgerichten. Im hamburgischen Landgebiet nahmen die Amtsgerichte diese Aufgabe bereits ab 1879 wahr. Der Archivbestand „231-3 Handelsregister" weist folgende Hauptserien auf:

---

72 231-3 Handelsregister, B 14814.

73 231-3 Handelsregister, B 15013. An den Hamburgischen Elektricitätswerken – in Hamburg allgemein bekannt als HEW – war Alexis Bernstein nicht beteiligt. Möglicherweise hat er seine Firma unter dem Konkurrenzdruck der von zahlreichen Hamburger Wirtschaftsgrößen gegründeten und kapitalstärkeren HEW aufgeben müssen. Bestehen bleibt die Tatsache, dass Alexis Bernstein, geb. 20.9.1843 in Berlin, auf dem Gebiet der elektrischen Beleuchtung in Hamburg jahrelang Pionierarbeit geleistet hat.

- Firmenprotokoll für Einzelfirmen und Gesellschaften, 1836–1875
- Firmenregister für Einzelkaufleute, 1876–1904
- Gesellschaftsregister, 1876–1904
- Genossenschaftsregister, 1869–1904
- Prokurenprotokoll, 1836–1899
- Warenzeichenregister, 1875–1894
- Musterschutzregister, 1876–1904

Diese Serien sind komplett erhalten und durch überwiegend grob alphabetische Namenregister aus der damaligen Zeit erschlossen, so dass von einer blitzschnellen Suche nicht ausgegangen werden kann. Die Handelsregister*akten* wurden leider in großer Zahl vernichtet. An die Stelle der genannten Serien trat 1905 eine neue, bis heute fortdauernde Einteilung – das Handelsregister A, B, C und das Genossenschaftsregister. Die von 1905 bis in die 1960er Jahre geführten Bände und Akten bilden den Archivbestand „231-7 Amtsgericht Hamburg – Handels- und Genossenschaftsregister".

232-1 Vormundschaftsbehörde

Die Akten und Protokolle dieses über 300 Regalmeter umfassenden Archivbestandes zählen zu den ergiebigen familiengeschichtlichen Quellen des Staatsarchivs Hamburg.

In den Jahrhunderten vor der rechtlichen Gleichstellung von Mann und Frau bedeutete der Tod eines Familienvaters nicht nur den Verlust des Ernährers, sondern auch die Notwendigkeit, einen Vormund für die minderjährigen Kinder zu bestellen. Nur in Ausnahmefällen wurden Witwen zu Vormundinnen ihrer Kinder erklärt, bedurften sie zur eigenen rechtlichen Vertretung doch selbst eines männlichen Tutors. Manche Familienväter legten bereits in ihren Testamenten fest, wer im Falle ihres frühen Todes zum Vormund der Kinder bestellt werden sollte. In Altona sorgte das Rabbinatsgericht unter Mitwirkung des Jüdischen Gemeindevorstandes dafür, dass solchen Willenserklärungen dann auch Rechnung getragen wurde, und bestellte Vormünder nach eigenem Ermessen nur dann, wenn das Testament eines verstorbenen Familienvaters darüber nichts aussagte.[74] Anders in Hamburg: Hier war die weltliche Obrigkeit beteiligt, wenn es um die Bestellung von Vormündern für jüdische Kinder ging.[75] Dazu bestimmte Artikel 23 des „Reglements der Judenschaft in Hamburg so Portugiesischer als Hochteutscher Nation" von 1710 das Folgende:

> Imgleichen werden die Alten (d. h. Vorsteher) der Hochteutschen Nation hiemit authorisieret, wenn jemand verstirbet, der unmündige Kinder nachlasset, denen Unmündigen bei dem präsidierenden Herrn Bürgermeister gleich Tutores auszubitten, welche nebst ihnen, den Alten, die Aufsicht haben sollen, damit der Unmündigen Haabseeligkeit conserviret und sie umb das Ihrige nicht gebracht werden mögen.[76]

In der Praxis bedeutete dies Folgendes: Alsbald nach dem Tod ihres Mannes hatte eine jüdische Mutter minderjähriger Kinder mit ihrem eigenen Tutor und Vorstandsmitgliedern der Jüdischen Gemeinde im Rathaus zu erscheinen, um Vormünder für die Kinder bestellen zu lassen. Das älteste Ratsprotokoll jüdischer Vormundschaften setzt 1783 ein. Erstaunlicherweise dokumentiert es auch den Bürgerrechtserwerb von Mennoniten. Auch die Vereidigung eines amtlich beglaubigten jüdischen Übersetzers aus dem Hebräischen findet sich darin verzeichnet. Der Grund für diese merkwürdige Kombination mag darin gelegen haben, dass die jüdischen Vormünder und die mennonitischen Bürgerrechtserwerber andere Eide leisteten, als man sie in Hamburg gewohnt war. Die Juden schworen „bei dem wahren Gott Adonai", die Mennoniten „bei Mannen Wahrheit". Protokolliert wurden zur Hauptsache die Ernennungen und Entlassungen von Vormündern, daneben auch vorzeitige Volljährigkeitserklärungen wie im folgenden Fall:

> Iovis, den 25. Octobris 1792, erschien Abraham Israel Baruch, hiesiger Tabacks-Makler Portugiesisch-Jüdischer Nation, nebst seinem Sohn Elias Israel, letzterer 17 Jahr und 2 Monat alt, producirte ein schriftli-

---

74 Martin Moses Haarbleicher, wie Anm. 52, S. 27.

75 Heinz Mosche Graupe (Hg.): Die Statuten der drei Gemeinden Altona, Hamburg und Wandsbek, Teil I (Hamburger Beiträge zur Geschichte der deutschen Juden 3). Hamburg 1973. S. 257, Anm. 350.

76 Martin Moses Haarbleicher, wie Anm. 52, S. 8.

ches Zeugnis des Abraham Labatt, Emanuel Israel Brandon und Isaac Abendana Mendes als Ältesten der Portugiesischen Jüdischen Gemeinde allhier, dahin, dass gedachter Elias Israel Baruch, welcher bisher in seines Vaters Geschäften alle Aufrichtigkeit, Fleiß und Achtsamkeit bewiesen, dessen Aufführung auch gänzlich untadelhaft [ist], völlig im Stande sey, für sich selbst zu arbeiten und seinen eignen Geschäften vorzustehen und solche zu treiben; dass nicht weniger dieser Elias Israel Baruch nach jüdischen Gesetzen vorlängst aus seiner Minderjährigkeit getreten und majorenn [d. h. mündig] sey. Da nun der Comparent [der Antragsteller] Abraham Israel Baruch diesen seinen Sohn Elias Israel gerne annoch bei seinen Lebzeiten seinen Geschäften in der Tabacks-Makeley zu associiren wünsche und für denselben den Maklerstock zu erhalten sich Hoffnung machen könne, als bat derselbe, seinem vorbenannten Sohn veniam aetatis [die Volljährigkeitserklärung] zu ertheilen und denselben für majorenn zu erklären, damit derselbe solchergestalt in den Stand versetzt werde, sich um den Maklerstock zu bewerben.[77] Da nun der Vater selbst das Wohlverhalten seines Sohnes und dessen stets bewiesene Rechtschaffenheit und ihm geleistete treue Assistenz bezeugte, habe ich dessen Gesuche zu deferiren kein Bedenken getragen und dem Elias Israel Baruch die nachgesuchte veniam aetatis ertheilt.[78]

Zumeist aber ging es, wie schon gesagt, um die Übernahme einer Vormundschaft. Dazu ein Beispiel aus dem Vormundschaftsprotokoll von 1805:

Am 10. September erschien der Älteste der Altonaer Gemeinde [in Hamburg] Levin Hertz und sistirte zu Vormündern für des verstorbenen Jacob Moses Emanuel hinterlassene Kinder die beiden zur Altonaischen Gemeinde [in Hamburg] gehörigen Isaac Salomon Beit und Raphael Titzk, mit der Bitte, dieselben zu dieser Vormundschaft zuzulassen. Es haben hierauf diese beiden I. S. Beit und Raph. Titzk den Vormün-

---

77 Für die Zulassung zu diesem Beruf war die Makler-Deputation zuständig. Als sichtbares Zeichen ihrer Zulassung trugen die Makler einen besonderen Stock. Die Höchstzahl der portugiesisch-jüdischen Makler war damals auf 20 begrenzt. Vgl. Martin Moses Haarbleicher, wie Anm. 52, S. 31.

78 232-1 Vormundschaftsbehörde, A VI a 1, S. 17.

> der-Eid bei dem wahren Gott Adonai abgestattet und sind dieselben zu der Vormundschaft der fünf unmündigen Kinder des def.[uncti, d. h. verstorbenen] Jac. Mos. Emanuel von mir bestätiget worden. Die Namen der Kinder sind: Bella, 4 Jahre, Lipmann, 5 Jahre, Behrend, 13 Jahre, Salomon, 14 Jahre, und Moses, 15 Jahre alt.[79]

Der erste Band dieser Serie umfasst die Zeit von 1783 bis 1832. Das Namenverzeichnis umfasst eine stattliche Zahl damals in Hamburg lebender jüdischer Familien. Vertreten sind die Namen

> Aaron, Abensur, Abraham, Alexander, Baruch, Beit, Belmonte, Benedix, Benjamin, Bensa, Bergel, Bloch, Boas, Brummer, Butnem, Cohen, Cohn, Dehn, Delbanco, Dellevie, Dieseldorf, Egert, Eliassohn, Elsas, Emanuel, Emden, Fränckel, Friedländer, Fürst, Gerson, Getting, Glückstadt, Goldschmidt, Gottschalck, Haarbleicher, von Halle, Heilbut, Heine, Hertz, Hesse, Heymann, Hirsch, Isaac, Israel, Italiener, Jacob, Jeremias, Joachim, Joseph, Kuck, Lazarus, Leidesdorff, Levi, Levin, Levinsohn, Levisohn, Levy, Losser, Magnus, Mainzer, Martinez, May, Mencke, Meyer, Minden, Möller, Moses, Nachmann, Naumann, Oppenheim, Oppenheimer, Popert, von der Porten, Posen, Rendsburg, Renner, Ries, Rothschild, Ruben, Salomon, Samuel, Schlesinger, Schnaber, Simon, Spanier, Spiro, Strelitz, Tendler, Tentler, Warburg, Wilda, Wolff, Würtzburg, Zacharias.

Für genealogische Nachforschungen aus der Zeit vor dem Einsetzen der ab 1811 geführten Zivilstandsregister aus der Zeit der französischen Besatzung Hamburgs und der regulären Geburts-, Heirats- und Sterberegister der Jüdischen Gemeinden in Hamburg (1816) können die jüdischen Vormundschaftsregister besonders hilfreich sein. Sie zeigen den Tod des Familienvaters an und nennen auch dessen Ehefrau und Kinder mit Altersangaben. Aus den Einträgen über die Beendigung von Vormundschaften geht unter anderem hervor, welche Kinder lebten und welche Töchter inzwischen verheiratet waren.

---

79 232-1 Vormundschaftsbehörde, A VI a 1, S. 63.

Drei Protokolle jüdischer Vormundschaften sind erhalten: der bereits erwähnte Band aus der Zeit von 1783 bis 1847 (VI a I), ein Protokoll der männlichen Vormünder (1832–1847, VI a 2) und ein Protokoll der weiblichen Vormundinnen (1832–1849, VI a 3). Danach sind für den Nachweis jüdischer Vormundschaften die Protokolle der bis 1899 reichenden Hauptserie (A I a) und kleinere Protokollserien heranzuziehen, auf die an dieser Stelle nicht näher eingegangen wird.

Die Vormundschaftsakten geben Auskunft über die Mündel bis zum Eintritt der Volljährigkeit und sind als familiengeschichtliche Quelle sehr zu schätzen. Diese Akten setzen 1832 ein und sind bis zum Ende des 19. Jahrhunderts erhalten.

232-2 Erbschaftsamt, 232-3 Testamentsbehörden

Wer die Absicht hat, Näheres über einen Nachlass zu ermitteln, ist auf diese beiden Archivbestände von insgesamt 310 Regalmetern Umfang angewiesen. Die Suche verläuft oft etwas schwierig. Unterschiedliche Aktenserien kommen in Betracht, und die Namenregister stammen zumeist aus alter Zeit. Die Bestandsbezeichnung „Testamentsbehörden“ kann leicht missverstanden werden. Tatsächlich besteht dieser Bestand nicht aus genuinen Behördenakten, sondern aus einer Sammlung von Testamenten, während die behördlichen Nachlassakten im Bestand „Erbschaftsamt“ zu finden sind, aber gelegentlich auch Abschriften bzw. Auszüge von Testamenten aufweisen, die im Bestand „Testamentsbehörden“ nicht vorkommen. Deshalb ist es geraten, stets beide Archivbestände heranzuziehen.

Man sollte meinen, dass beide Archivbestände der jüdischen Familienforschung erst für die Zeit nach 1864 von Nutzen sein können, weil bis dahin das den Hamburger Juden im Reglement von 1710 eingeräumte autonome Erbrecht in Kraft war. Es war somit der behördlichen Zuständigkeit und staatlichen Gerichtsbarkeit entzogen und unterlag der Rechtsprechung des Altonaer Oberrabbinatsgerichts. Aus diesem Grund hatten hamburgische Behörden und Gerichte mit den Erbschaftsangelegenheiten jüdischer

Familien Hamburgs vor 1865 prinzipiell nichts zu tun.[80] Wer sich auf die Suche nach Dokumenten über einen Nachlass aus älterer Zeit macht, sollte deshalb zuerst den Archivbestand „522-1 Jüdische Gemeinden" nutzen. Jedoch findet man auch in den vor 1865 erwachsenen Archivalien der Bestände „232-2 Erbschaftsamt" und „232-3 Testamentsbehörden" eine stattliche Anzahl an Unterlagen über letztwillige Verfügungen und Nachlassregulierungen jüdischer Familien Hamburgs aus dem 19. Jahrhundert.

Womit sollte man beginnen? Wenn das Todesjahr eines Vorfahren bekannt ist, empfiehlt es sich, zuerst den Bestand „232-2 Erbschaftsamt" heranzuziehen und die dickleibigen „Diarien" zu benutzen – Protokolle über die Tätigkeit des Amtes in Erbschaftsangelegenheiten aus der Zeit von 1827 bis 1891.[81] Am Ende jeden Bandes ist ein Personenregister zu finden. Man erfährt aus den „Diarien", ob ein Testament des Verstorbenen vorhanden war, und kann es dann im Bestand „232-3 Testamentsbehörden" ausfindig machen. Darüber hinaus sind häufig weitere Informationen zu erhalten: Hinterbliebene treten auf oder werden gesucht, ein Nachlass wird inventarisiert, bewertet und verteilt. Wer auf diese Weise fündig geworden ist, hat es leicht, in die Protokollserie der „Repartitions- oder Verteilungsbücher" einzusteigen, um Einzelheiten zu erfahren (vorhanden von 1837 bis 1896, Signaturen: A 6 Bd. 1–48), oder kann gezielt in die Aktenserien des Erbschaftsamts einsteigen. Unterschieden werden die Hauptserien „Ältere Akten" (1566–1840, Signatur: D, leider recht unergiebig), „Serienakten" (1842–1904, Signatur: E, betrifft vorwiegend Nachlassverwaltungen) und „Dokumentenakten" (1842–1904, Signatur F). Das Personenregister zu den Dokumentenakten umfasst die Zeit von 1842 bis 1899 und enthält zum Teil auch Hinweise auf die Serienakten und die „Diarien" (Signatur: G 2 Bd. 1–39). Die Dokumenten- und Serienakten enthalten ab 1876 auch Auszüge aus den standesamtlichen Sterberegistern.

Wer im Bestand „232-3 Testamentsbehörden" oder „232-2 Erbschaftsamt" fündig wird, erhält einen Einblick in die wirtschaftlichen Verhältnisse der Verstorbenen und erfährt, welche Erbberechtigten es gab und wo sie sich aufhielten. Oft wurden in den letztwilligen Verfügungen von Juden

80 Das „Reglement der Judenschaft so Portugiesischer als Hochteutscher Nation" verfügte in Art. 22 des zweiten Abschnitts, dass die Juden „in Erbschaftssachen nach Inhalt der mosaischen Gesetze verfahren mögen".

81 232-2 Erbschaftsamt, A 8 Bd. 1–48.

wohltätige Einrichtungen bedacht, jüdische und häufig auch nicht jüdische. Die Testamente jüdischer Erblasser legen Zeugnis von der großen Vielfalt an Stiftungen und Vereinen ab, die für das jüdische Leben in Hamburg so charakteristisch war. Als Beispiel sei die letztwillige Verfügung des Hamburger Kaufmanns Joel Aron von Halle angeführt.[82] In seinem 1862 errichteten Testament bedachte er folgende Einrichtungen:

> Allgemeine Armenanstalt, Irren-, Heil- und Pflegeanstalt, Taubstummenanstalt, Blindenanstalt, Pestalozzi-Stift, Freimaurer-Krankenhaus, Makler-Krankenkasse, Armenanstalt der Deutsch-Israelitischen Gemeinde, Krankenhaus der Deutsch-Israelitischen Gemeinde, Israelitische Freischule, Verein zur Verteilung von Feuerung an israelitische Arme, Frauenverein zur Unterstützung israelitischer Wöchnerinnen, Verein junger israelitischer Armenfreunde zur Verteilung von Brot und Suppe, Weiblicher Krankenverein von 1849, Israelitischer Schillingsverein von 1825, Israelitische Mädchenschule von 1798, Verein zur Bekleidung armer Schulknaben der Talmud Tora, Stipendienverein für israelitische Studierende, Verein zur Beförderung nützlicher Gewerbe unter den Israeliten.

Als Alleinerbin des übrigen Vermögens setzte Joel Aron von Halle seine Gattin mit der Begründung ein, dass „meine liebe Ehefrau Reichel, genannt Friederike, Tochter meines seligen Bruders Samuel Aron von Halle, wegen der in unserem vieljährigen Ehestande nur bewiesenen Liebe und Anhänglichkeit mir immer lieber und werther geworden ist und sich dadurch den höchsten Anspruch auf meine Erkenntlichkeit erworben hat“.[83]

Nach kinderloser Ehe errichtete Reichel (Friederike) von Halle 1869 ihrerseits ein Testament und gedachte ihres verstorbenen Ehepartners darin auf folgende Weise:

> Ferner vermache ich der von mir zum Andenken meines verstorbenen Mannes und auf seinen Namen durch Constituierung eines Zinsgenusses an einem Capital von Banco-Mark 50 000 [...] begründeten J. A. von Hal-

[82] 232-3 Testamentsbehörden, Serie A, von Halle, Joel Aron.

[83] Wie Anm. 82, Paragraf 3 des Testaments.

> le-Stiftung, deren Zweck die Unterstützung verschämter Armer ohne Unterschied der Confession für die Zahlung der Miethe sein wird, außer dem Capital derjenigen Banco-Mark 50 000, deren Zinsen ich ihr bis jetzt nur zugewandt habe, noch die fernere Summe von Banco-Mark 100 000.[84]

Die Joel Aron von Hallesche Mieteunterstützungsstiftung besteht noch heute.[85]

Gelegentlich enthalten Testamente biografische Details, die sonst kaum zu ermitteln gewesen wären. So verfügte Samuel Aron von Halles Witwe Gella geb. Bein (1769–1851) 1835 das Folgende:

> Zuvörderst erkläre ich, dass mir mein Sohn erster Ehe, Isaac Nathan (jetzt Johann Nicolaus) Beit, um ihn den fatalen Folgen seiner Desertion aus den französischen Militairdiensten in dem Jahre 1810 zu entziehen, eine Ausgabe von Banco-Mark 2339 [...] verursacht hat, zu deren Bestreitung (die ich meinem Manne, seinem Stiefvater, nicht zumuthen konnte) ich den größten Theil meiner Juwelen damals verkauft habe, und welche Summe mein genannter Sohn auf diese Weise bereits von mir erhalten hat.

Offenbar hatte sich Gella von Halles Sohn taufen lassen und war 1810 aus der napoleonischen Armee geflüchtet. Seine Mutter half ihm damals aus eigenen Mitteln, vielleicht deshalb, weil ihr zweiter Ehemann Samuel Aron von Halle nicht allzu gut auf den jungen Mann zu sprechen war. Jetzt, zwei Jahre nach dem Tod ihres Mannes, vermachte Gella diesem Sohn noch eine „Brustnadel mit einem Solitair und Brillanten-Einfassung und die kleine Tabatiere von Prager Gold"; darüber hinaus verfügte sie die Teilung des übrigen Vermögens zwischen ihm und ihrem einzigen Kind aus zweiter Ehe.[86]

---

[84] 232-3 Testamentsbehörden, Serie A, von Halle, Friederike, Paragraf 10 des Testaments vom 21.7.1869.

[85] Anlässlich ihres 125. Jubiläums veranstaltete das Staatsarchiv 1993 eine Feierstunde, zu der mit Rolf von Hall aus New York auch ein Mitglied der Familie von Halle begrüßt werden konnte.

[86] 232-3 Testamentsbehörden, Serie A, von Halle, Gella.

331-3 Politische Polizei

Heute wie zu Kaisers Zeiten steckt die Kartei zu den Akten der Politischen Polizei in 97 schweren Fichtenholzkästen. Die rund 180 000 blauen, violetten und roten Karteikarten dienten im Kaiserreich zum Auffinden der Akten über Personen, Vereine und Ereignisse wie Wahlen, Streiks, Sprengstoffdiebstähle und weit weniger wichtige Sachen. Noch heute ist unter manchen Kastendeckeln eine Anweisung in großen Frakturlettern zu finden: „Das Herausnehmen der Registerblätter ist nicht gestattet. Wenn solches dennoch nothwendig wird, so hat der Betreffende sich an den zuständigen Registraturangestellten zu wenden, welcher das Weitere zu veranlassen hat."

Rote Karteikarten wurden für die am meisten gefürchteten Gegner der politischen Ordnung im Kaiserreich angelegt: die Anarchisten. Mehrere Alben mit den Porträts vermeintlicher und tatsächlicher Anhänger dieser radikalen Gruppe sind erhalten. Zornig, finster und abgehetzt nach eben erlebter Verhaftung schauten viele von ihnen in die Polizeikameras und sehen auf den Fotos tatsächlich so aus, wie es dem Klischee vom Erscheinungsbild zu allem entschlossener Unholde entspricht.

Unter den politischen Opponenten, für die sich die Hamburger politische Polizei interessierte, bildeten die Anarchisten nur eine winzige Minderheit. Die Hauptaufgabe der Geheimpolizisten bestand in der Aufdeckung der „gemeingefährlichen Bestrebungen der Sozialdemokratie". Den Auftrag lieferte das 1878 nach Attentaten auf Kaiser Wilhelm I. erlassene und bis 1890 in Kraft gebliebene Sozialistengesetz. Es ermächtigte die Polizei zur Auflösung aller sozialistisch orientierten Vereine, zur Beschlagnahmung ihrer Veröffentlichungen und zur Ausweisung ihrer Agitatoren.

Der Wegfall des Sozialistengesetzes tat den Aktivitäten der Politischen Polizei keinen Abbruch. Überwacht wurden Organisationen aller politischen Richtungen, doch nicht nur diese, sondern auch zahlreiche Vereine ganz unpolitischen Charakters. Die Beamten besuchten ihre Versammlungen, lasen die Vereinsjournale und nahmen sie hin und wieder zu den Akten. Sie durchforsteten regionale und überregionale Zeitungen, schnitten unzählige Artikel aus, schrieben Dossiers über Verdächtige und lieferten

Berichte über die Stimmung in der Arbeiterschaft.[87] Auf diese Weise entstand eine voluminöse Aktensammlung, die trotz umfangreicher Vernichtungen die Zeiten im Umfang von circa 370 Regalmetern überdauert hat. Sie liefert manches biografische Detail über Einwohner aus der Zeit von 1878 bis 1918, das sonst nicht zu erhalten ist. Denn die Politische Polizei erfasste nicht nur politische Aktivisten, sondern jedermann, der in ihr Fadenkreuz geriet, und das waren sehr viele Einwohner. Die besagte Kartei weist 86 Träger des Namens Levy auf, der Name Cohn erscheint darin 62 mal und Cohen ist 38 mal vertreten.

Folgende Aktenserien sind durch elektronische Verzeichnisse der Aktentitel komplett erschlossen:

BV Bürgervereine
G Grundeigentümervereine
KK Krankenkassen
KV Kriegervereine
S Sekretakten
V Versammlungsakten überwachter Vereine

Ergiebig für personengeschichtliche Nachforschungen ist aber vor allem die umfangreiche Serie S der Sekretakten, wichtig auch die kleinere Serie der SA-Akten (Sammelakten). Da die Suche nach biografischen Angaben vom Personennamen ausgeht, ist es stets geboten, die anfangs erwähnte aktenerschließende Kartei zu nutzen, da diese eine über den Aktentitel hinausgehende Erschließung von Personennamen in den Akten enthält.

Die Akten der Politischen Polizei zeugen von einem ungebremsten Sammeleifer der Geheimpolizisten. Wie die folgenden Beispiele zeigen, waren sie auch "genealogisch" aktiv:

> Hamburg, den 4. Februar 1892. Es erscheint der Kaufmann Louis Prenzlau, Comptoir Große Reichenstraße Nr. 17 I., Wohnung 2. Helenenstr. 14 II., und überreicht das Pflichtexemplar der Nr. 1 der neu erschienenen Druckschrift „Der deutsche Leder-Fabrikant" unter der

[87] Richard J. Evans (Hg.): Kneipengespräche im Kaiserreich. Die Stimmungsberichte der Hamburger Politischen Polizei 1892–1914. Reinbek 1989.

> Erklärung, dass er Eigenthümer der Zeitung sei. [...] Der Redacteur J. H. Pergamenter wohnt St. Pauli, Ecke Marktstr. und Glashüttenstraße.

Der Polizeibeamte Pfretzschner begann zu ermitteln und lieferte eine Woche später diesen Bericht ab:

> Louis Prenzlau (Import von Thran u. Gerbstoffen), Große Reichenstr. 17, 1., ist, wie er selbst erklärt, Eigenthümer der betreffenden Zeitung. Der als Redacteur aufgeführte Joseph H. Pergamenter (geb. 1845 zu Lischwitz bei Podersam, Böhmen), Marktstr. 20 a, parterre, wohnhaft, scheint nur eine vorgeschobene Person zu sein. Pergamenter ist Commis in dem Geschäft des Prenzlau, und da Pergamenter eine geborene Prenzlau geheiratet hat, so ist es wohl wahrscheinlich, dass die beiden in einem verwandtschaftlichen Verhältnis stehen. Der Geburtstag des Pergamenter konnte hierorts nicht ermittelt werden. Pergamenter ist seit October 78 hier gemeldet und seit 81 verheirathet. Über das Vorleben des Pergamenter hat der Unterz.[eichnete] weiter nichts in Erfahrung bringen können.[88]

Das war nicht gerade viel. Was der Polizist damals nicht in Erfahrung brachte, lässt sich heute wie folgt nachholen: Joseph Pergamenter, geboren am 2. März 1845 in Lischwitz (Böhmen) als Sohn von Israel und Juditha Pergamenter, verließ seine Heimat 1870, war 1871 und 1872 in Bremen als Angestellter des Auswanderer-Expedienten E. Kohn tätig, kehrte dann nach Böhmen zurück und lebte seit Oktober 1878 in Hamburg, wo ihn der Zeitungsverleger Dr. Belmonte als Privatsekretär einstellte.

Danach war Joseph Pergamenter in der Annoncen-Expedition von Adolf Steiner und in der Weingroßhandlung von S. Perez beschäftigt. 1884 eröffnete er ein Fettwarengeschäft, das er 1889 aufgab, weil ihm diese Beschäftigung nach eigenen Worten nicht zusagte. Seine Ehe mit Marianne Prenzlau (geb. 14. März 1854 in Altona), einer Schwester seines Arbeitgebers Louis Prenzlau, wurde am 18. Januar 1881 geschlossen.[89]

---

[88] 331-3 Politische Polizei, S 2883.

[89] 332-7 Staatsangehörigkeitsaufsicht, B III 67694, abgelehntes Naturalisationsgesuch von Joseph Pergamenter, 1902.

Wesentlich mehr Forschungsarbeit investierte die Politische Polizei im Fall des Nationalökonomen Prof. Dr. Ernst von Halle.[90] Der gebürtige Hamburger hatte sich 1897 in Berlin als Privatdozent habilitiert, trug den Beamtentitel „Wirklicher Admiralitätsrat“ und war mit der Leitung der wissenschaftlichen Vorarbeiten zur Reichsfinanzreform betraut worden. Unter der Überschrift „Ein Streit um das Wörtchen ‚von'“ meldete die „Neue Hamburger Zeitung“ am 15. August 1899 das Folgende:

> In konservativen Blättern ist ein amüsanter Streit darüber ausgebrochen, ob der Berliner Privatdozent Dr. von Halle zur Führung des Wörtchens „von“ als Adelstitel berechtigt sei. Dr. von Halle, ein geborener Hamburger, hieß ursprünglich Levy und hat vom hamburgischen Senat die Erlaubnis erhalten, den Namen seiner Mutter, von Halle, zu führen. In Hamburg weiß jedes Kind, dass der Name von Halle kein Adelsname ist, aber der fromme ‚Reichsbote' regt sich mächtig auf über den angeblich angemaßten Adelstitel des Herrn Dr. von Halle. Freilich hat seine Aufregung tieferen Grund. Er hätte nämlich lieber den Herrn von Wenckstern an der Stelle des Herrn von Halle gesehen.

„In Hamburg weiß jedes Kind, dass der Name von Halle kein Adelsname war“ – man sieht, wie bekannt diese alteingesessene jüdische Familie damals war. Das „von“ als bloße Herkunftsbezeichnung kam in mehreren bürgerlichen Familiennamen Norddeutschlands vor; nicht anders lag der Fall bei den von Halles: Ihr Familienname ging auf den Anfang des 18. Jahrhunderts aus Halle übergesiedelten Stammvater der Hamburger Linie, Abraham Jacob, zurück.[91]

Prof. Dr. Wilhelm Ernst Hermann von Halle, um den es hier geht, wurde am 17.1.1868 in Hamburg als Ernst Hermann Levy geboren. 1888 hatte er sich taufen lassen und 1894 einen Antrag auf Namensänderung gestellt. Sein Anwalt Dr. Albert Wolffson begründete das Gesuch wie folgt:

---

[90] 331-3 Politische Polizei, S 2629, Dr. Wilhelm Hermann Ernst Levy genannt von Halle.

[91] Hermann Joachim: Gutachtliche Äußerung in standesamtlichen Berichtigungssachen betreffend den Kaufmann Siegbert Halle. Hamburg 1918. S. 53.

Abbildung 4: Karteikasten der Politischen Polizei

> Selbstverständlich ist Herr Dr. Levy weit davon entfernt, seinerseits in der Führung des altjüdischen Namens Levy irgendwie etwas Anstößiges zu erblicken oder etwa zu glauben, dass er aus inneren Gründen irgendwelchen Anlass habe, seine Zugehörigkeit zu einer jüdischen Familie nicht erkennbar werden zu lassen. Es sind lediglich äußere Gründe, die Herrn Dr. Levy mit zwingender Gewalt den Wunsch aufdrängen, an Stelle des alt ererbten, aus der Heiligen Schrift herstammenden Familiennamens einen nicht specifisch jüdischen Namen anzunehmen.
>
> Herr Dr. Levy hat sich dem Studium der Nationalökonomie gewidmet. Er beschäftigt sich zur Zeit als Privatgelehrter ausschließlich mit wissenschaftlichen Arbeiten und beabsichtigt, als Lehrer der Staatswissenschaften an einer deutschen Universität thätig zu werden. In dieser Carriere würde er in dem außerhamburgischen Deutschland durch Führung eines spezifisch jüdischen Namens auf das Äußerste behindert werden. Es ist eine unbestrittene Thatsache, dass in einem großen Theile des außerhamburgischen Deutschlands bei der Bewerbung um eine staatliche Anstellung an einer Universität die Führung eines specifisch jüdischen Namens dem Bewerber ein Hindernis bereitet, dessen Überwindung gerade in der letzten Zeit immer schwieriger wird. [...] Herr Dr. Levy wünscht, statt des Namens Levy den Namen „von Halle" anzunehmen. Eine seiner Ascendentinnen väterlicherseits entstammte einer hier ansässigen jüdischen Familie dieses Namens.
>
> In Erkenntnis des Umstandes, dass sein Name in weiten Kreisen außerhalb Hamburgs ein Vorurtheil gegen ihn begründen würde, hat Herr Dr. Levy im Privatleben sich dieses Namens „von Halle" schon seit Beginn seiner wissenschaftlichen Thätigkeit bedient.[92]

Per Dekret vom 25.4.1894 genehmigte der Senat das Gesuch und gestand damit ein, dass es so und nicht anders an den deutschen Universitäten stand. Das antijüdische, neuerdings auch rassistisch begründete Ressentiment hatte seit einigen Jahren stark zugenommen und war in akademischen Kreisen verbreitet.

Am Rande sei bemerkt, dass die „Ascendentin väterlicherseits", deren Geburtsnamen Dr. Levy annahm, entgegen den Zeitungsberichten nicht seine

[92] 331-3 Politische Polizei, wie Anm. 90.

Mutter, sondern seine Großmutter Hitzel Levy geb. von Halle war – eine Nachfahrin des Hamburger Stammvaters der Familie von Halle in fünfter Generation.[93] Kaum war ihr Enkel im Juli 1899 zum außerordentlichen Professor der philosophischen Fakultät der Berliner Universität ernannt worden, als man versuchte, ihn zu Fall zu bringen. Unter der Überschrift „Amtliche Aufklärung" berichtete der antisemitische „Reichsbote" seinen Lesern das Folgende:

> In Bezug auf den neu ernannten Berliner Marineprofessor, genannt von Halle, unterliegt es keinem Zweifel mehr, dass dessen ursprünglicher Familienname Levy ist. [...] Die Öffentlichkeit verlangt dringend über diese Thatsache eine behördliche Aufklärung, denn unter allen bisher vorgefallenen Namensverschiebungen und Verdunkelungen jüdischer Abstammung ist die vorliegende doch eine von den verletzendsten.

Die „Berliner Volkszeitung" gab diesen Artikel mit einem sarkastischen Kommentar der Lächerlichkeit preis, nutzte aber die Gelegenheit zur Kritik am kaiserlichen Flottenbauprogramm, für das sich Prof. von Halle einsetzte:

> Es versteht sich von selbst, dass es für die Öffentlichkeit vollkommen Wurst ist, wie der Mann heißt, der an der Berliner Universität Flottenbegeisterung wecken soll, ob Levy oder Halle, oder von Halle oder Levy von Halle. Die Nationalen, die das für Flottenbegeisterungszwecke hergegebene Geld jüdischer Kommerzienräthe nicht auf seinen mosaischen Klang untersuchen, können unmöglich rabiat werden, wenn ein Mann jüdischer Abkunft die Flamme des Flottenenthusiasmus mindestens ebenso gut zu schüren versteht wie ein älterer Privatdozent von nicht-jüdischem Adel. Der weitere Verlauf dieses „nationalen" Sturmes im Glase Wasser kann lediglich die größte Heiterkeit erwecken.

[93] Hamburger Gesellschaft für jüdische Genealogie e.V., Genealogische Sammlung, Stammtafel von Halle.

Abbildung 5: Prof. Dr. Ernst von Halle (1868–1909)

Das Gegenteil trat ein, der „Fall" gedieh zur Affäre und beschäftigte Hamburger und Berliner Journalisten monatelang. Eine Strafanzeige gegen den Professor wegen widerrechtlicher Führung des Adelstitels hatte keinen Erfolg – wie das „Hamburger Fremdenblatt" im November 1899 befand, waren seine Gegner „in ihrem antisemitischen Eifer diesmal auf den Holzweg gerathen".

Das „Deutsche Blatt" sprach hingegen von einem Beispiel „für die dem gesunden deutschen Volksempfinden ins Gesicht schlagende Art und Weise, in der die Frage der jüdischen Namensänderungen von den Behörden behandelt worden ist". Die Hasskampagne fruchtete nicht; im Juli 1900 erhielt der „Flottenprofessor" den Kronenorden für seinen Einsatz um die Verstärkung der deutschen Marine und wurde einige Jahre später auch noch zum Honorarprofessor der Technischen Hochschule Berlin ernannt. Als er 1909 aus dem Reichsschatzamt ausschied, nannten ihn die „Deutsch-Sozialen Blätter" den „Marinelevy".

Alle Hamburger Akten über die Namensänderungsanträge von Juden wurden in der NS Zeit aus der Behördenregistratur entfernt und, vermutlich 1943, vernichtet. Abschriften aus der Namensänderungsakte von Prof. Dr. Ernst von Halle haben die NS-Zeit in der Akte der Politischen Polizei überdauert. Dieser Archivbestand birgt manche Überraschung.[94]

332-1 I Wedde I

„Die Wedde", eine 1865 aufgelöste Behörde mit polizeilichen Funktionen, war in Hamburg jahrhundertelang ein bekannter Begriff. Wer heiraten wollte, musste sich zunächst an den Weddeschreiber wenden. Hatte alles seine Richtigkeit, stellte er einen Erlaubnisschein aus, den „Wedde-Zettul". Ohne diesen Schein war es den Geistlichen aller Konfessionen verboten, ein

[94] Rainer Hering: Das Sozialistengesetz und der Überwachungsstaat. Die Politische Polizei in Hamburg. In: Heidi Beutin u. a. (Hg.), 125 Jahre Sozialistengesetz. Frankfurt am Main 2004, S. 87–97. – Klaus Weinbauer u. a. (Bearb.): Inventar zur Geschichte der deutschen Arbeiterbewegung in den staatlichen Archiven der Bundesrepublik Deutschland. Reihe C, Bd. 2 Teil 1: Staatsarchiv Hamburg. Berlin 1992, S. 157–220.

Brautpaar zu trauen. Neben dieser Funktion oblagen der Weddebehörde weitere Aufgaben, die für familiengeschichtliche Nachforschungen von nicht geringem Interesse sind.

Der Archivbestand „332-1 I Wedde I" umfasst 8,3 Regalmeter Akten und Protokolle aus der Zeit von 1577 bis 1811. Was das Wort „Wedde" bedeutet, steht nicht fest. Naheliegend, aber linguistisch unwahrscheinlich ist eine Verwandtschaft mit dem englischen „wedding" (Hochzeit). Senatssyndikus Johann Klefeker, ein früher Kommentator der hamburgischen Gesetze und Verordnungen (und Meister barocker Schachtel- und Bandwurmsätze), hat es seinen Lesern 1773 genau zu erklären versucht:

> Wedde, wie wir es nach unserer Mund-Art in Hamburg gemeiniglich sagen, oder Wette, wie es insgemein ausgedrückt wird, bedeutet unter andern, so wie es in dem ähnlichen Verstande und Verbindung mit dem Worte Policey anzusehen ist, a) so viel, als ein Vergehen büßen, wetten, vergelten und dem Erkenntnisse des Richters dadurch ein Genüge thun, b) der in denjenigen Policey-Sachen, c) welche besonders a) den Nahrungs-Zustand, b) die sittliche Zucht und c) eine gute Ordnung und Anständigkeit im gemeinen Wesen und bürgerlichen Umgang betreffen, nach den Gesetzen und Verfassungen Recht zu geben und Recht nehmen zu lassen ist eingesetzt und dazu mit obrigkeitlicher Gewalt und Autorität ist versehen worden.[95]

Schlichter ausgedrückt, oblagen dieser Behörde markt- und gewerbepolizeiliche Aufgaben. Auch für die Überwachung der Hochzeits-, Beerdigungs- und Kleiderverordnungen war sie zuständig und kümmerte sich darum, dass alle neuen Bewohner Hamburgs (die so genannten „Fremden") ihren Einwohnerstatus regelten, indem sie sich der Stadt als Bürger oder Schutzverwandte verpflichteten. Über den Status der Juden berichtete Klefeker 1766 das Folgende:

---

95 Johann Klefeker: Sammlung der hamburgischen Gesetze und Verfassungen in bürger- und kirchlichen, auch Cammer-, Handlungs- und übrigen Policey-Angelegenheiten samt historischen Einleitungen. Bd. 12. Hamburg 1773. S. 401 f. – Der Text ist hier von lateinischen Floskeln befreit.

> Man pflegt auch die in der Stadt wohnenden jüdischen Familien nicht anders als Schutzverwandte zu nennen. Allein sie sind doch eigentlich wohl zu einer besondern Gattung von Einwohnern zu rechnen, die zwar nur mittelst Handschlages, aber doch zu solchen Prästationen [d. h. Abgaben] sich verbindlich machen, welche den hauptsächlichsten Pflichten der Bürger und Einwohner ähnlich sind. Es sind aber nicht nur deutsche, sondern auch portugiesische Juden bey uns, und diesen wie jenen ist von Jahren zu Jahren auf besondere Artikel und Contracte die Wohnung gestattet und ferner nachgesehen worden.[96]

Früher, so Klefeker an anderer Stelle, hätten „nebst bemittelten [Juden] viele schlechte sich mit eingeschlichen", weshalb auf die Ausweisung der Juden „das Absehen gerichtet war. Es haben jedoch die Ursachen, sie beizubehalten, immer überwogen".[97] Arme Juden galten für Klefeker als „schlechte" Juden, und eine Mitschuld an den antijüdischen Tumulten und Übergriffen wies er ganz einfach auch den Juden zu:

> Je mehr sich übrigens die hochdeutsche Judenschaft in der Stadt ausgebreitet, je öfterer ist die obrigkeitliche Vorsorge für eine gute Policey und für ein anständiges Betragen, zu neuen Anordnungen und Befehlen an dieselben erwecket worden. Nicht nur ein angebohrner ausnehmender Haß zwischen dem Pöbel der Christen und der Juden, und zumalen ungezogenen Jungens und Kindern, welchen die Eltern oder auch nur umstehende Zuschauer und Anhörer, gemeiniglich von beyden Seiten, alsofort beytreten, hat auf den Gassen und auch wohl in den Häusern solche Schlägereien und Überfälle sehr oft verursachet, dabey es fast zum Aufstande und zum Tumult gekommen. Die Gewohnheit der Juden, zumalen an ihren Sabbath-Tagen, haufenweise in den Gassen, woselbst sie ihre Schulen haben, sich zu versammeln; die Mühe, welche man gehabt hat, an der Christen Sonn- und Feyer-Tagen sie zu Hause und zur Stille zu halten, auch keine Feilschaften in und außer Hause zu treiben, die Ausschweifung ihrer Lebensart durch Hervorthuung in der Kleidung und äußerlicher Üppigkeit, in-

---

96 Klefeker, wie Anm. 95, Bd. 2. Hamburg 1766. S. 313.

97 Klefeker, wie Anm. 95, S. 314.

> sonderheit aber auch von liederlichen Weibes-Personen und dergleichen, vornehmlich aber auch die in der Auswählung der Örter, wo sie sich zu ihrem Gottesdienste versammeln, bey sonst unschuldiger Absicht nicht immer beobachtete Vorsichtigkeit und die Händel mit einem fremden Ober-Rabbiner, zu dem sie sich halten, da man ihnen in der Stadt die Ansetzung derselben [sic!] nicht vergönnet, sind eins nach dem andern der Gegenstand der obrigkeitlichen Verfügungen zur Ruhe und Ordnung gewesen.[98]

Offensichtlich stand Johann Klefeker 1766 noch ganz auf dem Boden des Judenreglements von 1710, das den Hamburger Einwohnern jüdischen Glaubens zwar obrigkeitlichen Schutz versprach, ihnen jedoch zahlreiche diskriminierende Einschränkungen und Verbote auferlegte. Dennoch zählt das „Hamburg-Lexikon" Klefeker zu den „wirksamsten Förderern der Aufklärung in Hamburg"...[99]

Den als „Weddeherren" amtierenden Senatoren oblag nicht zuletzt „die Direction über das ganze Polizey-Wesen der Judenschaft, in Treibung ihres erlaubten oder nicht erlaubten Gewerbes und in allem Übrigen, was ohne Nachtheil der christlichen Bürger und Einwohner ihnen entweder gestattet werden kann oder untersaget und verboten ist".[100]

Demnach werden im Laufe der Zeit mehrere Protokollbände entstanden sein, die Einzelheiten über den Umgang der Weddebehörde mit den jüdischen Einwohnern Hamburgs verzeichneten. Leider ist jedoch nur noch ein einziges „Protocollum der bey der Wedde vorkommenden Juden-Sachen" von 1786 bis 1799 vorhanden.[101] Es behandelt 23 Vorkommnisse aus der Zeit von 1786 bis 1799, bei denen der Weddeherr zu schlichten oder zu strafen hatte. In sieben Fällen ging es um die Eintreibung von Abgaben an die jüdischen Gemeinden, sechsmal spielten Trauungen eine Rolle, viermal war über Beleidigungen und körperliche Auseinandersetzungen zwischen jüdischen Einwohnern zu entscheiden. Je einmal urteilte der Weddeherr über den Erwerb der Gemeindemitgliedschaft, den Ungehorsam eines Synagogendieners, einen Streit um eine Synagogenstelle, die Erweiterung eines

---

98 Klefeker, wie Anm. 95, S. 316–317.

99 Franklin Kopitzsch und Daniel Tilgner (Hg.): Hamburg-Lexikon. Hamburg 1998. S. 273.

100 Klefeker, wie Anm. 95, S. 443.

101 332-1 I Wedde I, 24.

Synagogenbaus, einen privaten Gottesdienst und das Bleiberecht eines Fremden, der gestanden hatte, „dass er hier kein Brod verdienen könnte" und versprach, „nie wieder nach Hamburg zu kommen".[102]

Die Quellen der für alle Hochzeiten in der Stadt zuständig gewesenen Weddebehörde sind als Ersatz für die vernichteten Traubücher der jüdischen Gemeinden hilfreich. Die von der Wedde geführten Hochzeitenbücher dokumentieren die jüdischen Eheschließungen in Hamburg von 1750 bis 1810 – soweit sich nicht einzelne Brautleute verbotenerweise von einem Rabbiner außerhalb der Stadt heimlich trauen ließen. Wer sich für Letzteres entschied, umging die Pflicht, das Einverständnis der jüdischen Gemeinde und der Weddebehörde zur Trauung einzuholen und sparte damit beträchtliche Gebühren. Der folgende Fall zeigt, dass ein solcher Schritt sehr unangenehme Folgen haben konnte. Im Frühjahr 1795 war ein Mitglied der Altonaer Jüdischen Gemeinde in Hamburg, Jacob Meyer David, „erwischt" worden. Seine Frau, eine Tochter des angesehenen Gemeindemitglieds Heymann Juda, griff zur Feder und schrieb am 30. März 1796 an den Weddeherrn:

> Wir haben uns außerhalb der Stadt, da wir als junge Leute zu den großen Kosten keine Anstalt zu machen wußten, copuliren lassen; die reciproque Liebe, welche wir gegen einander und noch haben, wurde zu Thätigkeit, und ich, die Mitunterzeichnete, hatte nur wenige Zeit zu meiner Entbindung mehr übrig, und besser ist es doch, dass ein unschuldiges Kind in der Ehe gebohren [wird] als nach seinen Großjahren des Vorwurfs: „Du bist ein Huhren-Kind!" sich ausgesetzt zu sehen; und zu den großen Kosten Anstalt zu nehmen, war uns schlechterdings nicht möglich.

Ein guter Anfang, der den Weddeherrn und die Vorsteher der Jüdischen Gemeinde wohl noch milde hätte stimmen können. Doch dann ging die junge Frau zum Angriff über:

> Wir sind, da wir uns außerhalb der Stadt copuliren lassen [haben], citiret und sollen deswegen hochobrigkeitlich auf[grund] der Angaben der Ältesten [der Jüdischen Gemeinde] zur Bestrafung gezogen wer-

---

102 332-1 | Wedde I, wie Anm. 101, S. 12.

> den. Dieses war insoferne, wann die Gesetze [nun einmal] da sind, Recht, allein wir können auch eine ganze Reihe von dergleichen [Fällen] aufstellen; wir wollen aber nur 3 Persohnen, nämlich des altonaischen [Jüdischen Gemeinde-]Ältesten seiner Frauen Schwester, dann deren Tochter anführen, diese haben sich beyde außerhalb der Stadt copuliren lassen, sind von den Ältesten nicht angegeben, auch nicht bestraft worden; ferner des Ältesten Hertz sein gewesener Bedienter und dessen Frau, beyde Fremde, sind außerhalb der Stadt copuliret, nicht angegeben [und] auch nicht bestraft worden. Warum mögen die wohl nicht gefordert sein? Berufen sich die Ältesten also auf Recht und wollen sie solches gegen uns allein anwendbar gemacht wissen, so müssen auch alle übrigen, welche von ihnen noch nicht angegeben, sich zu eben dasselbe [sic!] fügen, was uns etwa treffen könnte.

Die Strafe folgte am nächsten Tag: Das junge Paar wurde zu einem Arrest von viermal 24 Stunden bei Wasser und Brot und zur Nachzahlung der Gebühren innerhalb eines halben Jahres verurteilt.[103] Die Sühne erscheint aus heutiger Sicht übermäßig hart; dabei hätte es noch weit schlimmer kommen können, nämlich zum Befehl, die Stadt zu verlassen.

Die rigorose Ahndung heimlicher Trauungen jüdischer Brautleute entsprach nicht nur behördlicher „Ordnungsliebe", sondern wurde auch strikt von den jüdischen Gemeindeältesten verlangt. Ihre starre Haltung wird verständlicher, wenn man die Gründe betrachtet. Als 1783 die heimliche Trauung eines völlig mittellosen Bräutigams in einem Wirtshaus außerhalb des Dammtors ruchbar wurde, lief das Fass über und sieben Älteste der „Hamburger Hochdeutschen Judengemeinde" wandten sich an den Senat:

> Wenn nun solchergestalt die Stadt noch immer mehr mit Betteljuden angefüllet wird, welche nicht nur zu den gemeinen Ausgaben [der Jüdischen Gemeinde] nichts contribuiren, sondern noch überdem der [...] so sehr geschwächten jüdischen Armen-Cassa zur Last kommen, mithin die hiesige Judenschaft unmöglich länger bestehen, noch [den] mit der Stadt accordirten Schoß [die Abgabe für das Aufenthaltsrecht] erlegen kann [und] wofern nicht diesem einreißenden

[103] 332-1 I Wedde I, wie Anm. 101.

> Missbrauch der heimlichen Kopulationen durch wirksame Mittel vorgebeuget wird, wozu aber eine bloße Geldstrafe nicht zureichend ist, [...] so können wir nicht Umgang nehmen, unsere [...]Bitte an Ew. Magnificenzen [...] dahin zu erlassen, hochdieselben wollen dem besagten Salomon Meyer nebst seinem itzigen Eheweibe wegen ihres Vergehens die Räumung der Stadt und deren Gebiete innerhalb zweymal 24 Stunden bey Strafe des Zuchthauses anzubefehlen, nicht zu verweigern.[104]

Der Bitte wurde entsprochen und in den Synagogen eine entsprechende Bekanntmachung verlesen. Für die harte Haltung der jüdischen Gemeindeältesten gab es einen weiteren, unausgesprochenen Grund. Sie hatten darauf zu achten, dass die Zahl mittelloser Einwanderer nicht allzu stark anwuchs und das Bleiberecht der jüdischen Einwohner Hamburgs damit insgesamt in Frage gestellt werden könnte. Um Klefekers Wort zu wiederholen: „Die Ursachen, sie beizubehalten", mussten stets überwiegen.

Als „Hochzeitspolizei" hatte die Wedde darauf zu achten, dass die Eltern der Brautleute der Verbindung zustimmten und die Verlobten nicht eng miteinander verwandt waren (eine Dispensation durch den Senat war möglich). Geprüft wurde außerdem, ob ein Ehehindernis aus religiösen Gründen bestand – Zivilehen zwischen Juden und Christen unter Beibehaltung ihrer Konfessionen konnten in Hamburg erst ab 1851 geschlossen werden.[105] Wenn sich herausstellte, dass die Braut oder der Bräutigam bereits anderweitig verlobt waren, mussten sie ihre Hoffnung auf eine Heiratserlaubnis der Weddebehörde sofort begraben; die rechtliche Bedeutung der Verlobung als bindendes Eheversprechen schwand erst im 20. Jahrhundert.

Die Hochzeitsgebühr der Wedde richtete sich nach der von den Gemeindeältesten attestierten Einkommensklasse des Bräutigams.

---

[104] 111-1 Senat, Cl. VII Lit. Hf Nr. 5 Vol. 1 d 6.

[105] Provisorische Verordnung, die Ehen zwischen Christen und Juden betreffend, beliebt durch Rath- und Bürgerschluss am 25.9.1851, publiziert den 24.10.1851.

Aus den Jahren 1766 bis 1769 sind mehrere solcher Atteste erhalten.[106] Etliche formularmäßige Konsense des Weddeherrn zur Eheschließung von Juden von 1800, 1806 und 1807 haben die Zeiten ebenfalls überdauert.[107]

Drei Einkommensklassen jüdischer Bräutigame wurden unterschieden. Wer arm war, wurde der dritten Klasse zugerechnet; in der zweiten Klasse rangierte der Mittelstand, in der ersten die Vermögenden. In den Hochzeitenprotokollen der Wedde finden sich die Bräutigame schlicht als Juden erster, zweiter oder dritter Klasse verzeichnet, was bei Forschern schon zu Missverständnissen geführt hat.

Die Hochzeitenprotokolle der Wedde bedeuten einen großen Schatz, weil darin von 1750 bis 1810 fast alle jüdischen Eheschließungen Hamburgs dokumentiert sind.[108] Die folgenden Beispiele zeigen, dass die Form der Eintragung in 60 Jahren nahezu unverändert blieb:

> Veneris, die 11mo Februarii anno 1752. Levin Jonas Levi, ein hiesiger jüdischer Einwohner, mit J[un]gfr.[au] Rebecca, Isaac Moses Tentels Tochter, [getraut] am Mittwochen, den 16ten Februarius, in dem jüdischen Hochzeit-Hause in der Mühlen-Straße, mit 4 Musicanten. Er wohnet bey bemeltem [d. h. erwähntem] seinem Schwieger-Vater Isaac Moses Tentel in der Mühlen-Straße mit ein. Eine Franco-Hochzeit.[109]
>
> Mittwochen, den 3. Januar 1810. Simon Isaac Heilbut, Jude 3te[r] Classe, [Mitglied der] Altonaer Gemein[d]e, mit J[un]gfr.[au] Ester, des Isaac Schiff Tochter, [getraut] am Mittwochen, den 17. Jan[ua]r in der Schlachter-Geselschaft, wohnt 3te Marcktstr., oben No. 174. Ohne Mus.[icanten].[110]

---

106 311-1 I Kämmerei I, 217.

107 332-1 I Wedde I, 33.

108 332-1 I Wedde I, 28 Bd. 18–109. Lücken bestehen für die Jahre 1808 und 1809.

109 332-1 I Wedde I, 28 Bd. 20, S. 20. Zur Einteilung der Hochzeiten in ganze und halbe Hochzeiten, Gastgebote, Fremdentrauungen, Franco-Hochzeiten etc. vgl. Hildegard von Marchtaler: Arm und Reich, genealogisch gesehen. In: Zeitschrift für Niederdeutsche Familienkunde 48, Heft 4 (1973). S. 123–131.

110 332-1 I Wedde I, 28 Bd. 105, S. 1 a.

Die Hochzeitenbücher der Wedde sind getrennt nach Bräutigamen und Bräuten durch phonetische Namenregister erschlossen.[111]

Die eingangs erwähnte Rolle der Wedde als Polizei für den „Nahrungszustand" bezog sich nicht etwa auf Lebensmittelkontrollen, sondern auf den Einwohnerstatus, der geregelt sein musste, um in Hamburg einem Broterwerb nachgehen zu können. Das mit allen Rechten und Pflichten verbundene Bürgerrecht blieb den jüdischen Einwohnern Hamburgs bis 1849 verwehrt. Bis dahin wurde ihre staatsangehörigkeitsrechtliche Zugehörigkeit zum Hamburger Staat durch die Mitgliedschaft in einer der jüdischen Gemeinden Hamburgs begründet. Für eingesessene Familien bestand darin kein Problem; die Nachkommen erwarben das Bleiberecht mit der Geburt. Neu zugezogene jüdische Einwohner hatten sich dagegen mit der Stadt zu „veraccordieren", d. h. einen staatsangehörigkeitsrechtlichen Vertrag mit der Obrigkeit zu schließen. Wohlhabende Einwanderer „veraccordierte" die Deputation zur Annahme der fremden Einwohner, für die übrigen war die Wedde zuständig. Mit einer einmaligen Zahlung war es nicht getan; zusätzlich zum „Eintrittsgeld" musste der „Fremdenschoss" jährlich neu entrichtet werden. Das Geld floss in die Kämmereikasse. In den Rechnungsbüchern der Kämmerei und der Wedde sind uns die Namen der damaligen Neu-Hamburger überliefert. Dafür stehen folgende Namenregister zur Verfügung:

332-1 I Wedde I, 18, Die Fremden in den Rechnungsbüchern der Wedde und Kämmerei von 1600 bis 1700. Auf S. 220 beginnt ein neuer Index, in dem vor allem sefardische Juden verzeichnet sind.

332-1 I Wedde I, 19, Schutzverwandte 1698 bis 1750. Auf S. 411 findet sich eine Liste „Judenhochzeiten in den Wedde-Rechnungen"; genannt sind darin sefardische Juden zwischen 1701 und 1708.

332-1 I Wedde I, 20 Bd. 1 und 2, Schutzverwandte 1751 bis 1796

741-2 Genealogische Sammlungen, 28, Fremdenschoss 1701–1774. Verzeichnet sind unter anderem Zahlungen hochdeutscher Juden.

---

111 332-1 I Wedde I, 30 Bd. 1–8 und 31 Bd. 1–12.

Abbildung 6: Johann Klefeker (1698–1775)

311-1 Kämmerei I, 225 Bd. 3, Fremdenschoss 1775–1811. Verzeichnet sind Zahlungen portugiesischer und hochdeutscher Juden.

Unerschlossenes Listenmaterial der in Hamburg aufgenommenen portugiesischen und hochdeutschen Juden aus dem 17. und 18. Jahrhundert enthält der Archivbestand „111-1 Senat“, insbesondere in der Gruppe CL VII Lit. Hf Nr. 5. Besonders reichhaltig ist die Akte Cl. VII Lit. Hf Nr. 5 Vol. 1 d 1. Eine Liste der 1695 im Fremdenkontrakt stehenden Personen findet sich außerdem in der Akte 111-1 Senat, Cl. VII Lit. Cc Nr. 2 Vol. 1 Fasc. 1; eine Liste der schosspflichtigen Juden des Jahres 1741 enthält die Akte 111-1 Senat, Cl. VII Lit. Db Nr. 20 Vol. 11.

332-1 II Wedde II

Dieser Archivbestand umfasst die Zeit von 1815 bis zur Abschaffung der Weddebehörde im Jahr 1865. Die Teilung des Weddearchivs in zwei Einzelbestände geht auf eine Zäsur infolge der Einverleibung Hamburgs in das napoleonische Kaiserreich zurück. Ab 1811 galt hier die französische Verfassung; die Verwaltung wurde nach französischem Muster umgestaltet und die Wedde abgeschafft. Nach dem Abzug der französischen Truppen beeilten sich die Stadtväter, die „gute alte Ordnung“ wiederherzustellen. Eine Reihe fortschrittlicher Neuerungen der napoleonischen Herrschaft, darunter das Zivilstandswesen und der Zugang der jüdischen Einwohner zum gleichberechtigten Einwohnerrecht, wurde aufgehoben. Die Wedde nahm ihre Arbeit als „Hochzeitspolizei“ wieder auf und war wie früher für die Angelegenheiten der jüdischen Gemeinden zuständig.

Drei der elf Sachgruppen des Archivbestands „Wedde II“ kommen für Forschungen zur Geschichte jüdischer Familien in Betracht: Heiratswesen, Bürger- und Heimatrecht, Angelegenheiten der jüdischen Gemeinden.

Heiratswesen

Die Erlaubnisse zur „Proklamation“ (Ankündigung der Trauungen in den Kirchen und Synagogen des Stadtgebiets, das Aufgebot) und zur „Kopulation" (Trauung) von Angehörigen aller Konfessionen füllen 192 Protokollbände aus der Zeit von 1815 bis 1865. Sie enthalten weit mehr Details als die vor 1811 geführten Hochzeitenbücher der Wedde. Genannt sind die Eltern der Brautleute (vor 1811 wurde nur der Vater der Braut verzeichnet), der Beruf des Bräutigams, die Dauer der Anwesenheit von Braut und Bräutigam in Hamburg, vorherige Ehen und die Zahl der daraus hervorgegangenen minderjährigen Kinder. Das Hamburger Vorstadt- und Landgebiet ist in diese Serie nicht einbezogen. Wer in den Protokollen für das Stadtgebiet nicht fündig wird, sollte zur Sicherheit auf die gleichartigen Serien in den Beständen der Patronate und Landherrenschaften zurückgreifen.[112]

Vor 1851 wurden die Trauungen in Hamburg ausschließlich von Rabbinern und Pastoren vollzogen, wobei eine eheliche Verbindung von Brautleuten ungleicher Konfession („Mischehe") nicht in Frage kam. Wenn keine Bereitschaft bestand, die Konfession des Partners anzunehmen, blieb dem Paar nur ein Leben in „wilder Ehe" oder die Trennung. Eine Trauung im Ausland hatte in Hamburg keine Rechtsgültigkeit. Andernorts ging es liberaler zu: In England, Frankreich und einigen deutschen Staaten war die Trauung von Juden und Christen zur damaligen Zeit längst erlaubt.[113]

Das Revolutionsjahr 1848 läutete die Wende ein. Die Hamburger Reformdeputation forderte, Zivilehen zwischen Angehörigen der jüdischen und christlichen Religion künftig zuzulassen, und setzte sich für staatliche Register anstelle der bisherigen Kirchenbücher ein.[114] Die Entscheidung schien gefallen, als sich die Frankfurter Nationalversammlung am 27. Dezember 1848 auf ein Gesetz über die Grundrechte der Deutschen einigte. Paragraf 16 lautete lapidar: „Die Religionsverschiedenheit ist kein bürgerliches Ehehindernis." Diesem Grundsatz mochten die Hamburger Gesetzgeber jedoch erst 1851 Rechtskraft geben. Schon im Jahr davor wurden, wie

---

[112] 411-1 Patronat St. Georg, 411- 2 Patronat St. Pauli, 412-1 Landherrenschaft Hamm und Horn, 412-3 Landherrenschaft der Geestlande, 413-1 Landherrenschaft Bill- und Ochsenwerder, 413-2 Landherrenschaft der Marschlande.

[113] Rechtsanwalt Georg Anckelmann teilte dem Senat im April 1850 mit, dass die Zivilehe zwischen Christen und Juden in Mecklenburg seit 1812 und in Weimar seit 1823 erlaubt sei (111-1 Senat, Cl. VII Lit. Lb Nr. 12 Vol. 7 Fasc. 1, Quadr. 10, S. 6).

[114] Moses Martin Haarbleicher, wie Anm. 52, S. 323.

der Chronist Moses Martin Haarbleicher berichtete, „einige hiesige Mischehen vom Pastor zu Wandsbek copulirt".[115]

Ab 1849 erreichten den Rat Gesuche von heiratswilligen Paaren ungleicher Konfession, die sich auf die 1848 verkündeten Grundrechte beriefen und die Erlaubnis zur Heirat forderten.[116] Ihre Klagen und Argumente zeigen unverstellt, was das Heiratsverbot bedeutete. *Sie* waren die Betroffenen, nicht die Verfasser der zahlreichen juristischen Gutachten zur Frage der „Mischehen", mit denen die Akten gefüllt sind. Der Kunstmaler Johann Christian Förster und seine Braut Johanna Ezechel brachten es in ihrem Gesuch an den Rat vom 2. Juli 1849 auf den Punkt:

> Ich, der Bräutigam, bin in der christlichen, ich, die Braut, bin in der jüdischen Religion geboren und erzogen, und wir beide gehören nicht zu den Anhängern der modernen Glücklichmacher, die mit democratischen Schlagwörtern jegliche Religion wie mit einem Pinselstrich aus dem Leben zu vertilgen geneigt sind. Wir hängen vielmehr an Religion und achten nicht bloß resp.[ective] die unsrige, sondern auch die des andern von uns. Gerade aus diesem Grunde scheuen wir es auch, dass, um unsere beschlossene Ehe zu vollziehen, einer von uns seine Religion verlasse und zu der des andern von uns übertrete.[117]

Der Rat blieb unnachgiebig. Erst die „Provisorische Verordnung, die Ehen zwischen Christen und Juden betreffend" vom 24. Oktober 1851 beseitigte das jahrhundertealte Heiratsverbot.[118] Geistliche wurden für die Trauung von Verlobten ungleicher Konfession nicht länger benötigt, das Brautpaar hatte es nur noch mit dem Weddebeamten zu tun. An die Stelle der Proklamation in den Gotteshäusern trat die Bekanntmachung der Wedde in einem öffentlichen Blatt. Am Tag der Eheschließung erschien das Brautpaar im Weddebüro, erklärte seinen Willen zur Heirat und gab bekannt, in welcher Religion die Kinder erzogen werden sollten. Der Beamte nahm dar-

---

115 Moses Martin Haarbleicher, wie Anm. 52, S. 354.

116 111-1 Senat, Cl. VII Lit. Lb Nr. 12 Vol. 7, Fasc. 1 und 2.

117 111-1 Senat, Cl. VII Lit. Lb Nr. 12 Vol. 7 Fasc. 1.

118 111-1 Senat, Cl. VII Lit. Lb Nr. 12 Vol. 7 Fasc. 2.

über ein Protokoll auf und bestätigte die Eheschließung. Wenn sich Nachwuchs einstellte, war die Geburt weder der Jüdischen Gemeinde noch der Kirchengemeinde anzuzeigen, sondern dem Weddebeamten.[119]

Wie erging es den Ehepaaren ohne gemeinsame Konfession, die sich bereits vor dem Erlass des Gesetzes von 1851 außerhalb Hamburgs hatten trauen lassen, auch wenn die Heirat in Hamburg keine Rechtskraft besaß? Sie konnten die Verbindung nachträglich vom Weddebeamten als gültige Ehe bestätigen lassen. Dreizehn Ehepaare machten davon Gebrauch. In den darüber vorhandenen Aufzeichnungen des Weddeschreibers begegnen wir zwei der schon erwähnten Wandsbeker Trauungen wieder, von denen Haarbleicher berichtet hatte. Das damalige Gretna Green war jedoch nicht Wandsbek, sondern die englische Hafenstadt Hull. Zehn der dreizehn Ehepaare hatten sich dort trauen lassen. Ein Paar hatte die Stadt Dover am Ärmelkanal bevorzugt.[120]

Die Weddeprotokolle über die in Hamburg geschlossenen Ehen von Brautpaaren jüdischer und christlicher Religion sowie über die Geburten ihrer Kinder sind erhalten. Sie wurden von Ende 1851 bis zum Sommer 1861 geführt.[121] Innerhalb dieser Zeit registrierte der Weddeschreiber 100 Ehen von Juden mit Christinnen bzw. von Jüdinnen mit Christen. Das Trauregister der Deutsch-Israelitischen Gemeinde in Hamburg weist im selben Zeitraum 837 Eheschließungen von Gemeindemitgliedern auf. In den 100 „Mischehen" gehörten 59 Ehemänner und 41 Ehefrauen der jüdischen Konfession an. Für eine Erziehung der Kinder im jüdischen Glauben erklärten sich 21 der 100 Ehepaare. Die Zahlen zeigen, dass mit dem Gesetz vom 24. Oktober 1851 eine beträchtliche Einbuße im Wachstum der Hamburger Jüdischen Gemeinde verbunden war.

Die 1851 erlassene „Provisorische Verordnung, die Ehen zwischen Christen und Juden betreffend" wurde 1861 ohne substanzielle Änderun-

---

119 Provisorische Verordnung, die Ehen zwischen Christen und Juden betreffend vom 24.10.1851, Paragrafen 3, 4, 6 und 7. Soweit der Verfasser ermitteln konnte, wurden die Eintragungen der Geburten ab 1862 wieder in den Registern der Kirchen bzw. der Jüdischen Gemeinde vorgenommen (je nach der Entscheidung der Eltern über die Religion des Kindes).

120 332-2 II Wedde II, 30 Bd. 2.

121 332-1 II Wedde II, 30, Protokoll über Eheschließungen zwischen Christen und Juden aufgrund der Verordnung vom 24.10.1851, Bd. 1: In Hamburg geschlossene Ehen, mit Namenregister, Bd. 2: Auswärts geschlossene, von der Wedde bestätigte Ehen. – 332-1 II Wedde II, 32, Geburtsregister für Kinder aus Ehen zwischen Christen und Juden.

gen durch ein „Gesetz über Eheschließung und Geburtsregister" ersetzt. Die „Mischehen" registrierte der Weddeschreiber seitdem in einem Protokoll der Zivilehen, das bis 1865 geführt wurde.[122] 1866 trat das Zivilstandsamt an die Stelle der Weddebehörde; ihre jahrhundertelange Rolle als „Hochzeitspolizei" war damit beendet.

Bürger- und Heimatrecht, Angelegenheiten der jüdischen Gemeinden

Die von der Weddebehörde geführten Protokolle und Personenakten über den Erwerb des Bürgerrechts sowie die Schutzverwandten- und Heimatscheinprotokolle sind in diesem Archivbestand nicht zu finden, sondern wurden aus praktischen Gründen in den künstlich eingerichteten Bestand „332-7 Staatsangehörigkeitsaufsicht" eingegliedert. Der Bestand „332-1 II Wedde II" enthält dessen ungeachtet einige Sachakten und Sonderprotokolle zum Thema Bürger- und Heimatrecht, die für die jüdische Familienforschung von Interesse sind, nämlich

- eine Liste von 1124 Personen, die in der Franzosenzeit einen Niederlassungsschein von der Mairie Hamburg erhielten, darunter zahlreiche jüdische Einwohner,[123]
- ein Mitgliederverzeichnis der Portugiesisch Jüdischen Gemeinde von 1830,[124]
- Zulässigkeitsatteste der Deutsch-Israelitischen und der Portugiesisch-Jüdischen Gemeinde über die Aufnahme als Gemeindemitglied aufgrund des „Regulativs in Betreff der Zulassung fremder Israeliten in Hamburg" vom 23.1.1854, mit der Rubrik für die Erklärung der Annahme eines festen Familiennamens, 1854–1865;[125] erschlossen durch ein alphabetisches Verzeichnis,[126]
- und das Weddeprotokoll betr. Namenserklärungen der Juden bei Erwerbung des Bürgerrechts, 1849–1854.[127]

[122] 332-1 II Wedde II, 34. Siehe auch das Eheregister der Wedde von 1851–1865 mit Auszügen aus dem Weddeprotokoll über Eheschließungen zwischen Christen und Juden von 1851–1861 (332-1 II Wedde II, 37).

[123] 332-1 II Wedde II, 40.

[124] 332-1 II Wedde II, 100.

[125] 332-1 II Wedde II, 101.

[126] 332-1 II Wedde II, 101 a.

[127] 332-1 II Wedde II, 106 a.

Abschließend ein Wort zum letztgenannten Protokoll über die beim Erwerb des Bürgerrechts geforderten Namenserklärungen. Im Unterschied zu anderen deutschen Staaten hat es eine staatliche Verordnung zur Führung fester Familiennamen vor 1849 in Hamburg nicht gegeben. Sie wurde offensichtlich nicht für nötig befunden, weil feste Familiennamen schon vor 1800 gang und gäbe waren und in den ersten Jahrzehnten des 19. Jahrhunderts von fast allen jüdischen Familien Hamburgs geführt wurden. Erst als es 1849 um die Zulassung der Juden zum Bürgerrecht ging, kümmerte sich der Senat um die Ausnahmen. Eine Kommission wurde eingesetzt und in der „Provisorischen Verordnung behufs Ausführung des § 16 der Grundrechte des deutschen Volkes in Bezug auf die Israeliten" vom 23. Februar 1854 das Folgende bestimmt:

> Diejenigen Juden, welche das Bürger-, Landbürger- oder Schutzbürgerrecht gewinnen wollen, müssen feste Vor- und Familiennamen annehmen oder die bisherigen beibehalten zu wollen erklären. Diese dürfen nicht verändert werden und geht der Familienname unverändert auf die Descendenten über.

Das letzte Wort zu diesem Kapitel soll Moses Martin Haarbleicher erhalten, der die Situation aus eigener Anschauung genauestens kannte:

> Die 1849 eingesetzte Commission für die Familiennamen hatte sich bloß mit denjenigen Hiesigen zu beschäftigen, die bei der Aufnahme als selbständige Gemeindemitglieder eine Änderung ihres Namens beabsichtigten. Solche Änderungen wurden aber nur in seltenen Fällen und aus dringenden Gründen gestattet, und bei Vornamen nur dann, wenn der Eintretende nachwies, eine von den gewöhnlichen Umänderungen jüdischer Namen in andere (z. B. Löb in Ludwig) von Jugend an bei allen Gelegenheiten geführt zu haben. Auch ward gewöhnlich gestattet, dass man den Vornamen seines Vaters als zweiten Vornamen feststellte, was bei dem Gebrauch, jüdischen Kindern nur einen Vornamen zu erteilen, nützlich schien.[128]

[128] Moses Martin Haarbleicher, wie Anm. 52, S. 382.

332-2 Generalregister 1816–1866

Der acht Regalmeter umfassende Bestand verdankt seinen Namen alphabetischen Registern zu jedem Jahrgang der von 1816 bis 1866 an das Stadtarchiv abgelieferten Duplikate der Geburts-, Heirats- und Sterberegister aller Religionsgemeinschaften. Das Generalregister erschließt außerdem „Sonderregister": die Geburtsregister des Allgemeinen Krankenhauses[129] und des Waisenhauses,[130] das Geburtsregister der Weddebehörde (1851–1866),[131] das Register der Landherrenschaft der Geestlande für Zivilehen (1861–1866)[132] sowie im Stadtarchiv geführte Protokolle über Geburten (1847–1878)[133] und Sterbefälle (1823–1879) von Hamburgern im Ausland.[134]

Der Begriff „Generalregister" hat nicht selten zu Missverständnissen geführt. Er bezeichnet nichts anderes als Namenregister, die im Stadtarchiv jahrgangsweise angefertigt wurden, um die Suche in den an rund 30 verschiedenen Stellen Hamburgs geführten Geburts-, Heirats- und Sterberegistern zu erleichtern. Dafür bestand vor allem in Personenstands-, Staatsangehörigkeits- und Erbschaftsangelegenheiten ein Bedarf.

Allerdings – anders als es der Name dieses Archivbestandes erwarten lässt –, enthält er nicht nur Namenregister, sondern auch zahlreiche der durch sie erschlossenen Geburts-, Heirats- und Sterberegister, darunter auch solche der Portugiesisch-Jüdischen Gemeinde in Hamburg.[135] Die Masse der durch das Generalregister erschlossenen Personenstandsregister ist jedoch nicht in diesem Bestand enthalten, sondern in den Beständen der Religionsgemeinschaften zu finden. So gehören auch die Register der Deutsch-Israelitischen Gemeinde in Hamburg aus der Zeit von 1816 bis 1866 nicht hierher, sondern zum Bestand „522-1 Jüdische Gemeinden".

---

[129] 332-2 Generalregister 181 6–1866, I b 1.

[130] 332-2 Generalregister 181 6–1866, I b 20.

[131] 332-2 Generalregister 181 6–1866, I c 1.

[132] 332-2 Generalregister 1816–1866, II c 1.

[133] 332-2 Generalregister 1816–1866, I c 2.

[134] 332-2 Generalregister 1816–1866, III c 1.

[135] Heiratsregister 1816–1865 siehe 332-2 Generalregister 1816–1866, II b 8; Sterberegister 1815–1865 siehe 332-2 Generalregister 1816–1866, III b 15.

Um die Gründe für die etwas konfuse Situation zu verstehen, hilft ein Blick auf die Entwicklung des hamburgischen Personenstandswesens vom Ende des 18. Jahrhunderts bis 1866, dem Jahr der Einführung des staatlichen Zivilstandsregisters.

Vor 1782 war es allen Religionsgemeinschaften Hamburgs selbst überlassen, ob und wie sie die Geburten, Heiraten und Sterbefälle ihrer Gemeindemitglieder registrierten. Daraus ergaben sich zunehmend Probleme. Mit dem Wachsen der Einwohnerzahl machten sich falsche und fehlende Eintragungen in den Kirchenbüchern der zahlreichen evangelisch-lutherischen Gemeinden immer stärker bemerkbar, was vor allem in Erbschaftsangelegenheiten fatale Folgen zeitigen konnte. Für die religiösen Minderheiten stellte sich das Problem dank ihrer überschaubaren Mitgliederzahl weniger dringend. Auch die Verantwortlichen der jüdischen Gemeinden Hamburgs sahen für eine ausgefeilte Personenstandsregisterführung lange Zeit keinen Bedarf.

Die Debatte um eine Verbesserung der Verhältnisse setzte 1779 mit einem weitschweifigen Gutachten ein, das vermutlich von einem Ratsmitglied stammte und wie folgt begann:

> Die Register, welche heutigen Tages in allen wohl eingerichteten Staaten über die Gebohrnen, über die Verstorbenen und über die Ehen gehalten werden, [...] gehören zu den nützlichsten und rühmlichsten Anstalten, welche in neuern Zeiten zum allgemeinen Besten gemacht sind. Sie enthalten die Archive der Beweisthümer, durch welche den entferntesten Nachkommen rechtmäßige Erbschaften gesichert und die sonst so dunkeln Streitigkeiten über die Grade der Verwandtschaft ohne proceßualische Weitläufigkeit in ein holdes Licht gesetzet und unwidersprechlich entschieden werden. Die Erfahrung lehrt es auch, mit wie großen und fast unübersteiglichen Schwierigkeiten die Beweise der entfernten Erbfolgen verknüpft sind, sobald Kirchenbücher fehlen oder mangelhaft sind.

Beispiele von Geschädigten, die ihr Erbrecht infolge solcher Mängel hatten aufgeben müssen, seien unschwer zu finden. In Zukunft bedürfe es einer einheitlichen Registerführung in allen Kirchspielen nach einem festen Schema, das dazu zwinge, die Personalien der Beteiligten genau und vollständig einzutragen. Der bisherige Zustand sei untragbar:

> So wird z.[um] E.[xempel] in den Taufbüchern sehr oft bloß der Vater genannt, der Mutter aber mit keiner Sylbe gedacht, gleich als ob dem Kinde und dessen Nachkommen die Abstammung von der mütterlichen Seite nicht ebenso wichtig werden könne als die von der väterlichen.[136]

Die Debatte zog sich drei Jahre lang hin und endete mit einem Mandat, das den Hauptforderungen zur verbesserten Registerführung entsprach und am 30. September 1782 mit einem eindringlichen Appell verkündet wurde. Werde das Mandat nicht beachtet, so könne den Nachkommen „wohl gar deren ganze zeitliche Glückseligkeit dadurch gestöret werden".[137]

Im Rat wurde darüber diskutiert, ob das Mandat auch für Juden, Reformierte, Mennoniten und Katholiken gelten sollte. Wegen der „sich im Voraus zeigenden Schwierigkeiten" wurde beschlossen, „lieber nicht damit anzufangen".[138] Das ist für die Forschungen unserer Tage bedauerlich, denn es blieb noch eine ganze Weile bei der äußerst knappen Form der Registrierung von Personenstandsfällen in den Hamburger jüdischen Gemeinden. Eine Wende zum Besseren brachte erst das Jahr 1811. Hamburg gehörte damals zum napoleonischen Kaiserreich und war dem auf vielen Gebieten fortschrittlichen französischen Recht unterworfen. Dazu zählte auch die Einführung des Zivilstandswesens. Alle Geburten, Heiraten und Sterbefälle in Hamburg wurden seitdem von einer staatlichen Behörde, der Mairie Hambourg, registriert.[139] Die am 20.7.1811 erlassene „Instruction für die Mairies über die Art, die Protocolle zu halten, welche dazu bestimmt sind, den Civilstand ihrer Gemeinden zu beurkunden", war ein modern anmutendes Zeugnis fortschrittlicher französischer Rechtsetzung. Unter anderem wurde darin eine Regel verordnet, die auch nach der Einführung

---

136 111-1 Senat, Cl. VII Lit. He Nr. 2 Vol. 4 Fasc. 2, Quadr. 2.

137 111-1 Senat, Cl. VII Lit. He Nr. 2 Vol. 4 Fasc. 2, Quadr. 34.

138 111-1 Senat, Cl. VII Lit. He Nr. 2 Vol. 4 Fasc. 2, Quadr. 37.

139 Die Geburts-, Heirats- und Sterberegister der Mairie wurden von 1811 bis 1815 geführt und sind im Archivbestand „112-3 Mairie Hamburg" komplett erhalten.

der Standesämter galt: Von jedem Geburts-, Heirats- und Sterberegister war zur Sicherheit ein Duplikat anzufertigen.[140]

Mit der Einführung des Zivilstandsregisters wurde das Personenstandswesen in Hamburg säkularisiert; auf geistliche Amtshandlungen konnten die Einwohner fortan verzichten. Von der neuen Freiheit wurde insbesondere bei Eheschließungen Gebrauch gemacht. Der Entzug des Monopols zur Trauung und zur Registrierung der Geburten, Heiraten und Sterbefälle bedeutete für die Geistlichen und ihre Schreiber einen beträchtlichen Einnahmeverlust. Dieser Aspekt spielte eine wichtige Rolle, als nach dem Ende der französischen Besatzung in Hamburg über die Beibehaltung des aufgezwungenen Zivilstandswesens diskutiert wurde. Die Debatte verlief außerordentlich kontrovers und wurde von einigen Wortführern mit scharfer Klinge geführt. Zu den Befürwortern der Fortsetzung des Zivilstandssystems gehörte der Ratsherr Johann Friedrich Bartels. Das „Hamburg-Lexikon" zählt ihn zu den herausragenden Repräsentanten der restaurativen Politik, doch für seine Haltung in der Frage der Beibehaltung des Zivilstandsregisters gilt das genaue Gegenteil.[141]

In seiner 1815 veröffentlichten Streitschrift setzte er sich vehement mit einer Publikation des Pastors Stuhlmann auseinander, der die Abschaffung des Zivilstandsregisters propagierte. Ein Zivilstandsregister, so Bartels, sei vor der Franzosenzeit nur deshalb nicht eingeführt worden, „weil man den Predigern, Oberküstern und Kirchenbedienten nicht gern die Einnahme entziehen wollte, die sie aus der Führung der Kirchenbücher zogen". Über Pastor Stuhlmann bemerkte Bartels, „dass er gern die Zeiten der Finsternis und Intoleranz zurückrufen möchte, indem er es gar nicht dulden kann, dass Juden und Christen in den Civil-Registern verträglich neben einander stehen".[142] Ein anonymer Parteigänger des Ratsherrn Bartels (vielleicht auch er selbst) bezeichnete Stuhlmann im „Hamburgischen Unterhaltungsblatt" als einen Mann „von seltener Arroganz mit einem Talent zur Wortverdrehung".[143]

---

140 111-1 Senat, Cl. VII Lit. He Nr. 2 Vol. 4 Fasc. 4, Quadr. 11.

141 Franklin Kopitzsch und Daniel Tilgner (Hg.): Hamburg-Lexikon. Hamburg 1998. S. 52.

142 Johann Friedrich Bartels: Entwurf zu einem Gesetze über die Civilstands-Register und deren Beybehaltung. Hamburg 1815. S. 4 f.

143 Hamburgisches Unterhaltungsblatt, Nr. 55 vom 6.3.18 15. S. 509 f.

Pastor Rentzel forderte die Abschaffung des Zivilstandsregisters auch wegen der langen Wartezeiten:

> Welche Zeit geht dem Vater des neugeborenen Kindes und den Zeugen mit diesem Civil-Etat verloren! Ich weiß, dass Leute auf 8 Uhr bestellt gewesen, zu rechter Zeit gekommen und erst um halb elf Uhr expediert worden sind. Welcher Zeitverlust! Und zwar für *drey* Personen!"

Außerdem beklagte Rentzel die Praxis der Gebührenerhebung im Zivilstandsbüro. Die Einnahmen seien dermaßen hoch, „dass es mich gar nicht wundern soll, wenn die dortigen Schreiber bald Equipagen halten oder Gärten haben".[144]

Ein auf Ausgleich bedachter Bürger fragte in einem Zeitungsartikel, „ob es nicht vielleicht ein Mittel sey, die Gegner der Civilstands-Register [...] auszusöhnen, wenn [...] ein mäßiges Salair aus der Gebühren Casse den Oberküstern und Kirchenknechten auf ihre Lebenszeit, gegen Entsagung des angeblichen Rechts auf die Kirchenbücher, gegeben werden solle".[145]

Die Debatte endete mit dem Erlass der „Neuen Verordnung, die Einrichtung der Geburts-, Trau- und Totenregister betreffend" vom 16. November 1815. Im Interesse der einheitlichen Registerführung waren die Eintragungen in Büchern mit vorgedruckten Rubriken vorzunehmen. Zu jedem Personenstandsfall mussten ausführliche Angaben gemacht werden. Aus heutiger Sicht ist lediglich zu bedauern, dass in den Heirats- und Sterberegistern an Stelle von Geburtsdaten nur Altersangaben einzutragen waren. Am 1. Januar 1816 trat die neue Verordnung in Kraft. Der Schluss des Regelwerks lautete:

> In Absicht der Israeliten, da sie bisher überall keine öffentlichen Geburts-, Trau- und Totenregister geführt, soll zu dem Behuf ein öffentlicher Beamter jüdischer Religion, der solchen obigen Vorschriften gemäß und gegen eine von jedem Akt ihm von den Declaranten zu

144 111-1 Senat, Cl. VII Lit. He Nr. 2 Vol. 4 Fasc. 4, Quadr. 12. Das Schreiben ist undatiert.

145 Privilegirte wöchentliche gemeinnützige Nachrichten von und für Hamburg, Nr. 55 vom 6.3.1815. S. 3.

erlegende Gebühr in deutscher Sprache führe, obrigkeitlich bestellet und förmlich beeidigt werden.

„Öffentliche“ Geburts-, Trau- und Sterberegister, von denen hier die Rede war, hatten auch die Christen nicht geführt. Der Unterschied bestand nur darin, dass die evangelisch-lutherischen Kirchenbuchschreiber an die Vorschriften des erwähnen Mandats vom 30.9.1782 gebunden waren, während in den Gemeinden der Juden, Reformierten, Mennoniten und Katholiken nach eigenem Gusto verfahren wurde.

Zum „öffentlichen Beamten jüdischer Religion“, dem die Registerführung der Deutsch-Israelitischen Gemeinde in Hamburg oblag, wurde Heymann Sander May bestellt. 1827 folgte ihm sein Sohn Zebi Hirsch May im Amt.[146] Nach der Erinnerung seiner Enkelin Dora Kaufmann legte Zebi Hirsch May „größtes Gewicht darauf, dass er Staatsbeamter sei“.[147] Als er 1877 auf ein fünfzigjähriges Berufsjubiläum zurückblicken konnte, machte der Sekretär der Deutsch-Israelitischen Gemeinde in Hamburg dem Senat davon Mitteilung. Der Senatssekretär und Archivar Dr. Otto Beneke erhielt den Auftrag zu prüfen, welche Form der Ehrung für den Jubilar angebracht sei. Beneke befand – im Gegensatz zum vorstehend zitierten Wortlaut der Verordnung von 1816 – , Zebi Hirsch May sei kein Staatsbeamter, sondern lediglich „ein israelitischer Gemeindebeamter“; der Senat könne der Festfeier deshalb „füglich fern bleiben“. Immerhin empfahl Beneke, den Jubilar mit dem Geschenk einer Denkmünze zu ehren. Der Senat mochte sich weder dazu noch zu einer Gratulation durchringen. Zebi Hirsch May erhielt lediglich ein Glückwunschschreiben der „Senatskommission für den israelitischen Kultus“. Die Kommission wünschte ihm, den Abend seines Lebens in ungetrübtem Wohlsein zu genießen, „solange es dem Allmächtigen gefällt“. Einige Monate später trug man Zebi Hirsch May zu Grabe.[148]

---

[146] Von Heymann Sander May und Zebi Hirsch May hat der Verfasser in der Zeitschrift „Maajan – Die Quelle“ mehrfach berichtet: 43 (1997), S. 1061–1064; 44 (1997), S. 1115–1119; 45 (1997), S. 1164–1167; 46 (1998), S. 1222–1225.

[147] Maajan – Die Quelle. 43 (1997). S. 1063.

[148] 111-1 Senat, Cl. VII Lit. Lb Nr. 18 Vol. 7 b Fasc. 1 Inv. 4.

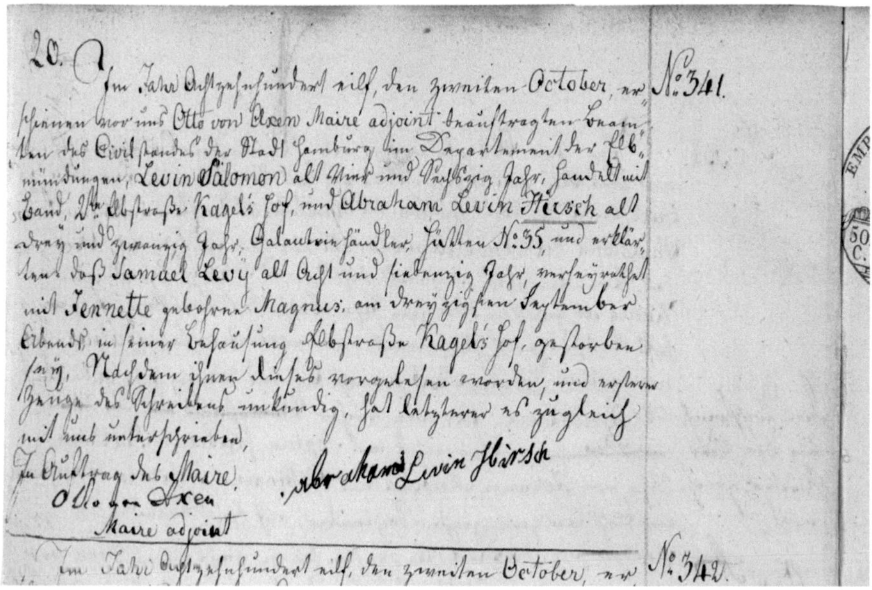

Abbildung 7: Eintrag im Sterberegister der Mairie Hamburg über den Tod von Samuel Levy am 30. September 1811

Eine perfekte Registerführung wurde mit der „Neuen Verordnung, die Einrichtung der Geburts-, Trau- und Totenregister betreffend“ vom 16. November 1815 in Hamburg nicht erreicht. 1823 wurde beklagt, dass „die Namen oft ganz verkehrt geschrieben werden, dass oft Namen ausgelassen werden“, und dass die Eltern „sich oft ganz verschieden lautende Namen gäben“.[149] Der Titel einer Senatsakte über die Anfertigung der alphabetischen Generalregister durch Archivbeamte trägt den Zusatz: „Unfälle dabei“. Die Unfälle bezogen sich nicht auf verunglückte Archivare, sondern auf Säumigkeiten einzelner Gemeinden bei der Ablieferung der Registerduplikate nach dem Ende jeden Jahres. Die Deutsch-Israelitische Gemeinde musste nie, die Portugiesisch-Jüdische Gemeinde andauernd an die Abgabepflicht erinnert werden. Sie wurde darin nur noch von der Englisch-Bischöflichen Gemeinde übertroffen. Fehler schlichen sich nicht nur in die Geburts-, Heirats- und Sterberegister aller Konfessionen ein, sondern auch in das vom Stadtarchiv zu erstellende jährliche Namenregister. Ein Mitarbeiter des Archivs bekannte 1859, dass er dabei „leider nicht die gehörige Festigkeit und Aufmerksamkeit bewiesen“ habe. Er bat, die Fehler gütigst zu entschuldigen, da „dieses Register meine erste schriftliche Arbeit dieser Art ist“.[150]

Die Ära des Generalregisters, in der alle Religionsgemeinschaften dem Stadtarchiv alljährlich ein Duplikat ihrer Geburts-, Heirats- und Sterberegister auszuhändigen hatten, endete 1866 mit der Einführung des Zivilstandsregisters.[151] Einige Gemeinden setzten die alte Praxis noch einige Jahre lang freiwillig fort.

---

[149] 111-1 Senat, Cl. VII Lit. He Nr. 2 Vol. 4 Fasc. 2, Quadr. 9.

[150] 111-1 Senat, Lit. Ab Nr. 4 Vol. 4 l Fasc. 4 a, Quadr. 84. – Siehe auch Jürgen Sielemann: Registratorenprobleme im 19. Jahrhundert. In: Maajan – Die Quelle 110 (2014). S. 4411–4415.

[151] Gesetz betreffend Zivilstandsregister und Eheschließungen vom 17.11.1865.

332-3 Zivilstandsaufsicht

Das „Gesetz betreffend Zivilstandsregister und Eheschließung" vom 17. November 1865 beendete das Monopol der Religionsgemeinschaften in der Führung der Personenstandsregister. Anknüpfend an die Ära der von 1811 bis 1815 von der Mairie Hamburg geführten Zivilstandsregister[152] übernahm nun der Staat diese Aufgabe durch vereidigte Beamte. Seit dieser Zeit zeichnen sich die Geburts-, Heirats- und Sterberegister durch ein hohes Maß an Sorgfalt und Zuverlässigkeit aus. Das dafür eingerichtete Zivilstandsamt erfüllte seine Aufgabe bis zur Einführung der hamburgischen Standesämter im Jahr 1876.

Die Geburts-, Heirats- und Sterberegister der Deutsch-Israelitischen Gemeinde aus der Zeit nach 1867/1868 sind nicht erhalten, so dass für die spätere Zeit auf die Register des Zivilstandsamts als Ersatzquelle zurückgegriffen werden muss. Ein großer Teil der zur Eheschließung vorgelegten Dokumente, u.a. solche mit Einzelheiten über Kinder aus vorangegangenen Ehen, ist auf Mikrofilmen erhalten.[153]

Die Erschließung und Verwahrung der Zivilstandsregister regelte das Gesetz wie folgt:

> Die Register werden mit dem Ende jedes Jahres abgeschlossen. Das Originalregister verbleibt im Verwahrsam des Registerführers und hat letzterer eine von ihm beglaubigte getreue Abschrift des Registers durch Vermittelung seiner vorgesetzten Behörde im nächsten Januarmonat an das Civilstandsamt zum Zweck der Anfertigung eines General-Registers einzuliefern. Vom Civilstandsamt sind zwei Exemplare des General-Registers anzufertigen, von denen das eine im Verwahrsam jener Behörde und das zweite nebst Abschriften sämtlicher Special-Register an das Stadtarchiv abzuliefern ist.[154]

[152] Vgl. Anm. 139.

[153] 741-4 Fotoarchiv, Filme K 631-K 178. Die im Zivilstandsregister aufgeführten jüdischen Trauungen von 1866 bis 1875 hat Hannelore Göttling-Jakoby in der Serie „Aus den Eheregistern des Zivilstandsamts Hamburg" veröffentlicht. In: Maajan – Die Quelle 82–96 (2007–2010).

[154] Paragraf 3 des Gesetzes betreffend Zivilstandsregister und Eheschließungen vom 17.11.1865.

Besondere Aufmerksamkeit verdienen auch die alphabetischen Verzeichnisse auswärts geschlossener Ehen, in denen in Hamburg Kinder geboren wurden.[155]

Das besagte „General-Register“ – ein streng alphabetischer Jahresindex für den gesamten Zeitraum von 1866 bis 1875 – erschließt auch die „Special-Register“, darunter zwei Bände „Anzeigen über auswärtige Sterbefälle, die hier nicht beurkundet sind, vorwiegend Schiffssterbefälle“.[156] Um Zeit und Tinte zu sparen, wurden im „Generalregister“ nicht die vollen Jahreszahlen angegeben, sondern jeweils nur deren letzte Ziffern. So steht 6 für 1866, 7 für 1867, 8 für 1868 usw. Da jede Endziffer zwischen 1866 und 1875 nur einmal vorkommt, ging diese Rechnung auf; man muss sie nur kennen. Eine weitere Rationalisierung im alphabetischen Index gelang den Beamten dadurch, dass sie die Register der Landherrenschaften, der Vorstadt St. Pauli, des Amts Bergedorf und der Walddörfer mit Siglen bezeichneten (zum Beispiel A für Allermöhe, P für St. Pauli, Bgt für Bergstedt). Das Findbuch zu diesem Bestand enthält ein Verzeichnis der Siglen und weitere Benutzungshinweise.

332-5 Standesämter

Als elementare Quelle der Familienforschung stehen die älteren Geburts- Heirats- und Sterberegister der Standesämter erst seit wenigen Jahren zur allgemeinen Verfügung. Im althamburgischen Gebiet wurden diese Register ab 1876 geführt, in den 1937 eingemeindeten preußischen Stadtkreisen und Gemeinden bereits ab 1874.

Auch die ältesten Bände befanden sich bis 2009 noch nicht in einem klimatisierten Archiv, sondern im Gewahrsam der Standesämter, und waren der genealogischen und biografischen Forschung aufgrund der rigorosen Auskunfts- und Benutzungsbeschränkungen des Personenstandsgesetzes von 1957 in toto entzogen. Das Gesetz gestattete den Zugang zu den Perso-

---

155 332-3 Zivilstandsaufsicht, D 137–139.

156 332-3 Zivilstandsaufsicht, F 3 Bd. 1 und 2.

nenstandsbüchern, wenn ein rechtlicher Zweck (zum Beispiel eine Erbenermittlung) verfolgt wurde, und erlaubte es in solchen Fällen, dass Auskünfte und Urkunden erteilt wurden. Ansonsten war das Recht zur Einsichtnahme und zum Erhalt von Auskünften und Urkunden auf Personen beschränkt, auf die sich der Eintrag bezog, sowie auf deren Ehegatten, Vorfahren und Nachkommen.[157] Forschungen über Verwandte der Seitenlinien wurden dadurch unmöglich gemacht.

Auch für Historiker, Heimatforscher, Journalisten und andere Interessenten, die zwar einen berechtigten, aber keinen rechtlichen Zweck verfolgten, waren die Personenstandsregister der Standesämter unzugänglich. Das Alter der Einträge spielte keine Rolle – ein Sterberegistereintrag von 1876 war ebenso tabu wie eine Heirat von 1910. Von der Sinnhaftigkeit dieser Regelung waren im Laufe der Jahre auch immer weniger Standesbeamte überzeugt, so dass gelegentlich von „Ausnahmen" zu hören war. Ein Ende dieser misslichen Situation schien schon 1997 bevorzustehen, als eine Bund-Länder-Arbeitsgruppe zur Novellierung des Personenstandsgesetzes die Arbeit aufnahm und einen Entwurf vorlegte, der den Interessen der Historiker und Familienforscher weitgehend entsprach. Erfreut meldete der Autor dieses Wegweisers damals in einer Veröffentlichung „das Ende eines Forschungshindernisses",[158] doch sollte es noch volle zwölf Jahre dauern, bis das Personenstandsrechtsreformgesetz in Kraft trat.

Bis dahin hatten abgewiesene Forscher vergeblich versucht, den Zugang zu standesamtlichen Quellen gerichtlich zu erzwingen; der berüchtigte Paragraf 61 des Personenstandsgesetzes von 1957 ließ nach Ansicht der Richter jedoch keine liberale Auslegung zu. Es steht außer Frage, dass die missliche Verzögerung der Reform der genealogischen und biografischen Forschung

---

[157] Personenstandsgesetz vom 8.8.1957, BGBl. I, S. 1125. Der notorische Paragraf 61 verursachte ein halbes Jahrhundert lang eine fatale Behinderung der Forschung.

[158] Jürgen Sielemann: Zur Novellierung des deutschen Personenstandsgesetzes. In: Maajan – Die Quelle 43. (1997). S. 1060–1061. – Eine Bund-Länder-Arbeitsgruppe hatte einen Entwurf vorgelegt, der eine Neufassung von Paragraf 61 des Personenstandsgesetzes vorsah. Nach dem Entwurf sollte es zur Nutzung der Personenstandsbücher künftig genügen, dem Standesbeamten ein *berechtigtes* (und nicht, wie bis dahin ein *rechtliches*) Interesse glaubhaft zu machen. Das Recht auf Auskunft aus den Büchern bezog sich nach der Vorstellung der Arbeitsgruppe auf Einträge über Verstorbene, deren Tod mindestens 30 Jahre zurücklag; wäre das Todesdatum unbekannt, müssten seit der Geburt mindestens 120 Jahre vergangen sein. Mit der Verabschiedung der Novellierung im Bundestag wurde damals für das Jahr 1998 gerechnet.

großen Schaden zugefügt hat. Zahllose Rechercheure mussten in der Vergangenheit viel Zeit und Kraft aufwenden, um benötigte Personenstandsdaten aus anderweitigen Quellen zu eruieren. Oft war dies unmöglich.

Der für alle Beteiligten höchst unerfreuliche Zustand endete mit dem Inkrafttreten des Gesetzes zur Reform des Personenstandsrechts (PStRG) am 1. Januar 2009.[159] Zu den Schwerpunkten der Reform gehörten die Neuordnung der Benutzung der Personenstandsregister, die Begrenzung ihrer Fortführung und die Abgabe der älteren Register an die Archive. Diese drei Komplexe sind miteinander verknüpft und werden im Folgenden vorgestellt.

Unter der „Fortführung der Personenstandsregister" sind nicht nur Berichtigungen zu verstehen, sondern auch Hinweise, die den Einträgen beinotiert werden und so den Zusammenhang zwischen Beurkundungen über dieselbe Person, deren Ehegatten, Eltern und Kinder herstellen (zum Beispiel ein Hinweis im Geburtenregister auf einen Eintrag im Sterberegister). Nach dem neuen Gesetz (Paragraf 5 Abs. 5) endet die Fortführung der Personenstandsregister in den Standesämtern nach dem Ablauf bestimmter Fristen. Sie betragen für das Eheregister 80 Jahre nach der Trauung, für das Geburtenregister 110 Jahre nach der Geburt und für das Sterberegister 30 Jahre nach dem Tod der Betroffenen (Paragraf 5 Abs. 5 PStRG). Dieselben Fristen gelten für die Pflicht zur Aufbewahrung der Sammelakten (Dokumente zu den Beurkundungen, z. B. die Aufgebotsakten zum Heiratsregister). Nach dem Ablauf dieser Fristen müssen die Personenstandsregister, deren Duplikate (Sicherungsregister) und die Sammelakten zu den Registereinträgen den zuständigen öffentlichen Archiven zur Übernahme angeboten werden (Paragraf 7 Abs. 3 PStRG). Für die Benutzung dieser Quellen gelten danach die Archivgesetze der deutschen Länder (Paragraf 61 Abs. 2 PStRG). Die im Hamburgischen Archivgesetz festgelegten Schutzfristen für personenbezogenes Schriftgut enden 10 Jahre nach dem Tod bzw. 90 Jahre nach der Geburt der Betroffenen, wenn das Todesjahr nicht oder nur mit unvertretbarem Aufwand festzustellen ist.[160]

---

159 Personenstandsgesetz (PStRG) vom 19.2.2007, BGBl. 2007 I, S. 122.

160 Sind weder Todesjahr noch Geburtsjahr mit vertretbarem Aufwand festzustellen, endet die Schutzfrist für personenbezogenes Archivgut 60 Jahre nach seiner endgültigen Entstehung (Paragraf 5 des Hamburgischen Archivgesetzes vom 16.7.2005. HmbGVBl. 1991, S. 7).

Ab 2009 bot die Benutzung der Geburtsregister vor 1899, der Heiratsregister vor 1929 und der Sterberegister vor 1979 im Staatsarchiv kein Problem. Seitdem wachsen dem Staatsarchiv jährlich die Personenstandsregister des nächstfolgenden Jahrgangs zu. Für die Sammelakten besteht im Unterschied zu den Personenstandsregistern keine dauernde Aufbewahrungspflicht.[161] Sie enthalten oft personen- und familiengeschichtlich relevante Angaben, die über den Inhalt der Personenstandsregister hinausgehen. Das Staatsarchiv Hamburg hat sich dafür entschieden, die Sammelakten nur in Auswahl zu übernehmen.[162]

Im Lesesaal stehen die erschließenden Namenregister für die Suche zur Verfügung. Das Findbuch zu diesem Archivbestand ist auch online zu benutzen.[163]

Um einen gesuchten Eintrag zu finden, müssen zunächst die Namenregister zu den Geburts-, Heirats- und Sterbebüchern herangezogen werden, um darin die Bezeichnung des entsprechenden Standesamts, den Jahrgang und die Registernummer des Eintrags festzustellen. Mit diesen Angaben kann dem Findbuch zum Bestand „332-5 Standesämter" die Bestellsignatur des gewünschten Bandes entnommen werden. Ein Beispiel: Gesucht werde der Sterberegistereintrag von Albert Ballin.

Das Namenregister zu den Hamburger Sterbefällen von 1918 weist aus, dass Albert Ballins Tod vom Standesamt 3 unter der Registernummer 767 registriert wurde. Das Findbuch zeigt, dass das entsprechende Sterberegister die Signatur 8047 trägt. Auf dem Bestellzettel ist somit einzutragen: Bestandsnummer: 332-5, Signatur der Archivguteinheit: 8047, das Jahr 1918, die Registernummer 767.

Für die Suche nach einem Personenstandsfall aus der Zeit vor 1937 ist entscheidend, ob dieser sich auf damals hamburgischem oder preußischem Gebiet (Altona, Wandsbek Harburg mit einigen Randgemeinden) ereignete. Die Hamburger, Altonaer und Harburger Adressbücher und Einwohnermelderegister können dazu verhelfen, den Wohnsitz des Betreffenden und die Bezeichnung des für diesen Wohnort zuständig gewesenen Standesamts zu ermitteln. Wird dabei eine Adresse auf *althamburgischem* Gebiet

---

161 Personenstandsgesetz, wie Anm. 159, Paragraf 7 Abs. 2.

162 Das Bewertungsmodell „Sammelakten zu den Personenstandsbüchern" ist im Internet veröffentlicht: http://www.hamburg.de/contentblob/2691460/data/bewertung-sammelakten, pdf.

163 Vgl. http://www.hamburg.de/kulturbehoerde/332-5-standesaemter.

festgestellt, ist die Suche nach einem Geburts-, Heirats- oder Sterbefall einfach, denn für die Zeit ab 1876 stehen streng alphabetische, standesamtsübergreifende Namenregister zur Verfügung – das sogenannte Generalregister. Es bezieht ab 1937 auch das von Hamburg eingemeindete preußische Gebiet mit ein.

Ereignete sich ein gesuchter Personenstandsfall vor 1937 aber auf preußischem Gebiet, so helfen nur die einzelnen Namenregister der ehemals preußischen Standesämter weiter. Ein übergreifender alphabetischer Index zu den Personenstandsbüchern der preußischen Standesämter aus der Zeit vor 1937 ist nicht vorhanden.

Mit einem fiktiven Beispiel sollen die einzelnen Schritte der Suche nach Personenstandsfällen in den *ehemals preußischen* Gebietsteilen Hamburgs im Folgenden demonstriert werden. Gesucht seien die Geburts-, Heirats- und Sterbebucheinträge eines Ende des 19. Jahrhunderts geborenen Blankeneser Einwohners X. Dem Verzeichnis der Standesamtsbezeichnungen ist zu entnehmen, dass in Blankenese von 1874 bis 1927 das „Standesamt Blankenese“ bestand. Dann wurde es in „Standesamt Altona-Blankenese“ umbenannt und trug von 1938 bis zu seiner 1975 erfolgten Auflösung den Namen „Standesamt Hamburg-Blankenese“. Fortan wurden die Blankeneser Personenstandsfälle vom „Standesamt Hamburg-Altona“ registriert. Diese Angaben ermöglichen die nächsten Schritte. Im Namenregister zu den Geburtenregistern des „Standesamt Blankenese“ von 1897 finden wir X mit der Registernummer 54 verzeichnet. Das Findbuch zeigt uns die Bestellsignatur des betreffenden Geburtsregisters an: 6145. Auf der Suche nach der Heirat von X werden wir im Namenregister des „Standesamts Altona-Blankenese“ von 1928 fündig; es verweist auf die Registernummer 24. Das Findbuch gibt die Bestellsignatur des entsprechenden Heiratsregisterbandes an: 5760.

Da X nach 1936 starb, sind nicht länger die Namenregister aus der preußischen Zeit zur Ermittlung des Sterbebucheintrags zu bemühen, sondern die Bände des ab 1937 das hamburgische Gesamtgebiet umfassenden oben erwähnten „Generalregisters“. Wir stellen darin fest, dass X im Sterberegister des Standesamts Hamburg-Altona von 1977 unter der Registernummer 3659 eingetragen ist und ermitteln im Findbuch die Bestellsignatur 5574. Sie ist auf dem Bestellzettel (wie stets bei der Bestellung von standesamtlichen Personenstandsbüchern) zusammen mit dem Jahr und der Registernummer anzugeben.

Das auch im Internet verfügbare Findbuch zum Bestand „332-5 Standesämter" enthält eine anschauliche Beschreibung der Quellen und Erläuterungen, die es trotz der Komplexität des mehr als 1400 Regalmeter umfassenden Bestandes verhältnismäßig leicht ermöglicht, fündig zu werden.

Zum Schluss sei noch einmal von Albert Ballin die Rede. Im eingangs erwähnten Eintrag über seinen Tod im Sterbebuch des Standesamts 3 ist zu lesen, dass er der lutherischen Konfession angehörte. Bei genauem Hinsehen findet sich am oberen Rand eine Berichtigung: „richtig: mosaischer [Religion]". Die Glaubenszugehörigkeit des populären Generaldirektors der Hamburg-Amerika-Linie, der bis zu seinem Tod der Deutsch-Israelitischen Gemeinde in Hamburg als Mitglied angehörte,[164] war offenbar nicht allen bekannt.

332-7 Staatsangehörigkeitsaufsicht

Der Bestand umfasst 597 Regalmeter aus der Zeit von 1596 bis 1972 und weist reichhaltiges Quellenmaterial zur Geschichte und Genealogie jüdischer Familien Hamburgs im 19. und 20. Jahrhundert auf. Anders als es der Bestandsname vermuten lässt, handelt es sich nicht um das Schriftgut einer Aufsichtsbehörde, die sich mit Richtlinien für nachgeordnete Stellen, Kontrollen und strittigen Einzelfällen beschäftigte – derartiges Aktenmaterial ist in anderen Archivbeständen enthalten.[165] Der Bestand „332-7 Staatsangehörigkeitsaufsicht" besteht ausschließlich aus Personenaktenserien und Protokollen zum Nachweis des Einzelfalls. Sie betreffen das Bürgerrecht, die Schutzverwandtschaft, das Heimatrecht, die hamburgische und die deutsche Staatsangehörigkeit. Altona, Wandsbek und Harburg sind (mit

[164] 522-1 Jüdische Gemeinden, 992 b, Kultussteuerkarte von Albert Ballin.

[165] Als Aufsichtsbehörden auf dem Gebiet der Staatsangehörigkeit waren im Laufe der Jahrhunderte der Senat, das Zivilstandsamt, die Aufsichtsbehörde für die Standesämter, das Rechtsamt und die Behörde für Inneres zuständig.

Ausnahme einer 1894 einsetzenden Serie von Staatsangehörigkeitsattesten und Akten über den Erwerb und Verlust der preußischen Staatsangehörigkeit)[166] in diesen Bestand nicht einbezogen.

Die unterschiedlichen Formen der rechtlichen Zugehörigkeit zum Hamburger Staat und der Umstand, dass zu diesem Komplex gehörende Quellen auch in anderen Archivbeständen zu finden sind, können die Suche nach familiengeschichtlichen Dokumenten beträchtlich erschweren. Der folgende Überblick soll die Nachforschungen erleichtern.

Wie die lange Laufzeit dieses umfangreichen Archivbestandes schon anzeigt, dokumentiert er auch ganz anderes als den Erwerb der Staatsangehörigkeit, denn dieser Begriff wurde erst in der zweiten Hälfte des 19. Jahrhunderts eingeführt.[167] Davor bezeichnete man die rechtliche Zugehörigkeit der Einwohner zum hamburgischen Staat allgemein mit dem Wort „Nexus" (lateinisch: Verbindung). Wer in den hamburgischen Nexus eintrat, machte sich der Stadt „angehörig" oder, wie man auch sagte, „verwandt".

In jedem deutschen Einzelstaat bestand jahrhundertelang ein eigener Nexus, so auch im Stadtstaat Hamburg. Man war im rechtlichen Sinne Preuße, Bayer, Thüringer, Hamburger usw., wobei eine Zugehörigkeit zu zwei Staaten ausgeschlossen war. Wer von einem deutschen Staat in den anderen umzog und seinen alten Nexus behielt, wurde als Fremder behandelt und durfte die staatsbürgerlichen Rechte in seinem neuen Wohnort nicht in Anspruch nehmen.[168] Deshalb bemühten sich die Neuankömmlinge in der Regel darum, die rechtliche Zugehörigkeit zum neuen Heimatstaat zu erwirken. 1934 wurde die Staatsangehörigkeit der deutschen Länder ab-

---

[166] 332-7 Staatsangehörigkeitsaufsicht, B VII a. – Die hier fehlenden Akten über den Erwerb der preußischen Staatsangehörigeit im nachmals von Hamburg eingemeindeten preußischen Gebiet verwahrt das Landesarchiv Schleswig-Holstein.

[167] In den hamburgischen Rechtsnormen begegnet dieser Begriff erstmals im Gesetz betreffend die Staatsangehörigkeit und das Bürgerrecht vom 7.11.1864. Das Gesetz des Norddeutschen Bundes über die Erwerbung und den Verlust der Bundes- und Staatsangehörigkeit vom 1.6.1870 wurde 1871 in das Reichsrecht übernommen. Siehe dazu Walter F. Schleser: Die deutsche Staatsangehörigkeit. Frankfurt am Main [3]1976. S. 43 f.

[168] Friedrich Kortkampf: Gesetze und Verordnungen über Heimaths- und Staatsbürgerrecht im Deutschen Reiche. Berlin 1874. S. III.

geschafft; föderative Eigenheiten waren den Nationalsozialisten ein Dorn im Auge.[169] Nach dem Ende ihrer Herrschaft blieb es dabei.

Wer in den hamburgischen Nexus eintrat, übernahm Rechte und Pflichten – abgestuft nach der Qualität der Nexusform. Zu den Pflichten gehörte es, das Stadtrecht zu respektieren, Steuern zu zahlen, Umsturzversuche zu melden[170] und im Bedarfsfall für die Stadt zu den Waffen zu greifen. Als Gegenleistung wurden das Bleiberecht, berufsständische Privilegien, ein (allerdings recht karges) politisches Mitwirkungsrecht sowie der Schutz vor Übergriffen in und außerhalb Hamburgs gewährt. Sei es, dass ein Hamburger in Regensburg verhaftet wurde oder im Mittelmeer in die Hände von Piraten fiel – der Rat und Hamburgs diplomatische Vertretungen in Europa und Übersee waren zur Hilfe verpflichtet. Wer sich der Stadt durch den Eintritt in den hamburgischen Nexus nicht „verwandt" gemacht hatte, konnte sich im Fall der Not nur an den Landesherrn seines früheren Wohnorts wenden.

Für die jüdischen Einwohner Hamburgs galten besondere Nexusregelungen (abgesehen von einem Intermezzo während der napoleonischen Herrschaft), bis ihnen ab 1849 der Erwerb des Hamburger Bürgerrechts offen stand. Von Einschränkungen waren lange Zeit auch die Angehörigen anderer religiöser Minderheiten betroffen; wer nicht der evangelisch-lutherischen Hausreligion angehörte, besaß weniger Rechte.

[169] Verordnung über die deutsche Staatsangehörigkeit vom 5.2.1934.

[170] Im Text des Hamburger Bürgereids hieß es noch im späten 19. Jahrhundert: „Ich will auch keinen Aufstand wider diesen Rath und diese Stadt machen, und wenn ich etwas erfahre, das wider diesen Rath und diese Stadt wäre, so will ich das getreulich anzeigen." Im niederdeutschen Text des offenbar erstmals 1483 normierten Bürgereids klang es so: „[Ick will] ock nenen Upsaet wedder düssem Rhade und düsser Stadt maken mit Worden edder Werken, und effte ick wat erfahre, dat wedder düssem Rhade und düsser Stadt were, dat ick dat getruwlik will vormelden." Vgl. Hans W. Lehr: Das Bürgerrecht im hamburgischen Staate. Hamburg 1919. S. 14.

No.				
1	Joel Salomon	Marchand	Altona	210000 Ml
2	Sein lediger Sohn	dito	dito	50000
3	Doctor Simon		dito	
4	Elias Oppheimer	dito	dito	300000
5	Heyman Moses	dito	Hamburg	6000
6	Hinrich Nathan	dito	Wandsbeck	10000
7	Arend Nathan	dito	Altona	4000
8	Moses Levi sein lediger Sohn	dito	dito	3000
9	Nathan Heilbudt sein lediger Sohn	dito	dito	6000
10	Heyman Schlapp	Hausirer	Wandsbeck	500
11	Jacob Staudt	dito	dito	Advenant
12	Arend Philip	dito	dito	dito
13	Joseph Hanns Wittwe	dito	dito	dito
14	Jacob Schriever	dito	Altona	dito
15	Moses Jacob Buer	dito	Hamburg	dito
16	Philip Jacob Buer	dito	dito	dito
17	Jost Hildesheim	dito	Altona	dito
18	Jacob Heyman Levi	dito	dito	dito
19	Moses Goldschmidt	Marchand	Hamburg	60000
20	Und sein Sohn	dito	dito	20000
21	Isaac Seligmann	dito	Wandsbeck	3000
22	Moses Jochim	Hausirer	dito	1500
23	David Moses	dito	Altona	1000
24.25	Abraham Samuels Wittwe und ihr Sohn	dito	dito	1000
26	Israel Marx	Marchand	dito	3000
27	Moses Abraham Cohn	dito	Hamburg	4000
28	Ephraim Samuel		Altona	adven:
29	Marx Samuel	Marchand	dito	4000
30	Isaac David sein Frau	dito	dito	2000
31	Moses Ruben	dito	dito	6000
32	Moses Salomon	dito	Hamb:	3000
33.34.35	Axel Jochim mit sein Frau und Sohn	Hausirer	Wandsbeck	1000
36	Axel Papenheim	Marchand	Altona	60000
37	Isaac Jacob Hertz	dito	Wandsbeck	1000
38	Abraham Meyer	dito	Altona	6000
39	Levin Isaac Wallach	dito	dito	1000
40	Leser Schriver	Hausirer	dito	adven:
41	Isaac Abraham Cohn	dito	Hamb:	3000
42	Levin Schaap	Marchand	Altona	10000
43	Abraham Kieritz	Hausirer	Hamb:	adven:
44	Elkano Berlin	dito	Wandsbeck	dito
45	Meyer Joseph	dito	Altona	dito
46	Moses Glasers Wittwe	dito	dito	dito
47	Benedix Goldsticker	dito	dito	1500
48	Salomon Schiessor	dito	Wandsbeck	1000
49	Meyer Samuel	dito	Hamb:	adven:
50	Samson Levin	dito	Altona	dito

Abbildung 8: Steueraufsatz von 1725

Kontrakte zur Begründung des Aufenthaltsrechts

Im 17. und 18. Jahrhundert begründeten förmliche Kontrakte das Aufenthaltsrecht der sefardischen Juden. Im Fall der aschkenasischen Juden wurden zunächst Regelungen mit einzelnen Personen getroffen, dann auch Kontrakte für die Gesamtheit abgeschlossen.[171] Die Kontrakte sind in der Literatur zum hamburgischen Staatsangehörigkeitsrecht verschiedentlich erwähnt worden, allerdings ohne Nennung der davon betroffenen Personen.[172] In den zugrunde liegenden Archivalien finden sich dagegen auch die Namen einzelner Gemeindemitglieder und komplette Listen der Haushaltungsvorstände. Sie sind nicht im Bestand „332-7 Staatsangehörigkeitsaufsicht" zu finden, sondern in den Beständen „111-1 Senat" und „311-1 I Kämmerei I" enthalten.[173]

---

[171] Heinz Mosche Graupe, der unvergessene erste Leiter des Instituts für die Geschichte der deutschen Juden, sprach in diesem Zusammenhang etwas missverständlich von „Privatabmachungen mit der Kämmereibehörde" – immerhin handelte es sich um behördliche Aufenthaltskonzessionen, nicht um privatrechtliche Abkommen. Siehe Heinz Mosche Graupe (Hg.): Die Statuten der drei Gemeinden Altona, Hamburg und Wandsbek, Teil 1. Hamburg 1973. S. 19 und 25.

[172] Moses Martin Haarbleicher, wie Anm. 52. – Max Grunwald: Hamburgs deutsche Juden bis zur Auflösung der Dreigemeinden 1811. Hamburg 1904. – Bruno Tannenwald: Die rechtlichen Verhältnisse der Juden in Hamburg. Hamburg 1911. – Ausführlicher: Isaac S. Schwabacher: Geschichte und rechtliche Gestaltung der Portugiesisch-Jüdischen und der Deutsch-Israelitischen Gemeinde zu Hamburg. Hamburg 1914. – Am ausführlichsten: Hartwig Levy: Die Entwicklung der Rechtsstellung der Hamburger Juden. Hamburg 1933. – Hans W. Lehr (wie Anm. 170, S. 18) teilt irrtümlich mit, dass die Juden vom Fremdenkontrakt ausgeschlossen waren. Für die jüngere Zeit bietet Lehrs Arbeit, in der den staatsangehörigkeitsrechtlichen Verhältnissen der Juden viel Raum gewidmet ist, einen zuverlässigen Überblick.

[173] 111-1 Senat, Cl. VII Lit. Hf Nr. 5 Vol. 3a Fasc. 3, Rolla der portugiesischen Nation, 1612. – Senat, Cl. VII Lit. Hf Nr. 5 Vol. 1 b Fasc. 5, Listen der hochdeutschen Juden, 1716–1719. Ein darin enthaltener Steueraufsatz von 1716 ist abgedruckt bei Max Grunwald, wie Anm. 172, S. 189–191. – 111-1 Senat, Cl. VII Lit. Hf Nr. 5 Vol. 1 d 1, Steueraufsatz der hochdeutschen Juden in Hamburg, Altona und Wandsbek, 1725 abgedruckt bei Max Grunwald, wie Anm. 172, S. 190–203. – 111-1 Senat, Cl. VII Lit. Hf. Nr. 5 Vol. 2 a, Namenliste der Wandsbeker Juden, 1734. – 111-1 Senat, Cl. VII Lit. Db Nr. 20 Vol. 11, Verzeichnis der Mitglieder der jüdischen Gemeinden in Hamburg, Altona und Wandsbek, 1741. – 111-1 Senat, Cl. VII Lit. Hf Nr. 5 Vol. 3 a Fasc. 7, Listen der portugiesischen und hochdeutschen Juden, die von 1767 bis 1770 aus Hamburg fortgezogen sind. – Senat, Cl. VII Lit. Db Nr. 20 Vol. 1 Fasc. 3, Bl. 7 und 9, Listen der portugiesischen Juden im Fremdenkontrakt, 1799 und 1801. – 311-1 I Kämmerei I, 214 Bd. 2–80, Fremden- oder Schutzgeld-Einnahmen der Kämmerei von den bei der Wedde akkordierten Fremden, 1609–1811, erschlossen für die Zeit bis 1700 durch das Namenregister im Bestand 332-1 I Wedde I, 18, mit Ergänzungen aus den Unterlagen der Weddebehörde. Dokumentiert sind darin Zahlungen von etlichen

Gleichberechtigung durch das Einwohnerrecht

Das „Reglement der Judenschafft in Hamburg so Portugiesischer als Hochteutscher Nation“ von 1710 versprach den jüdischen Einwohnern zwar „allen obrigkeitlichen Schutz und zulängliche Hilffe in ihren Gerechtsamen gegen jedermänniglich“, sagte jedoch kein Wort über ihr Aufenthaltsrecht und bestand im Übrigen aus einem Katalog diskriminierender Einschränkungen. Hundert Jahre vergingen, bis die „Zeit der Finsternis“[174] unterbrochen wurde. „Gott waltet im Himmel, auf Erden Napoleon!“ schrieb der Dichter Schalom Cohen, als der französische Kaiser auf dem Gipfel der Macht stand und die staatsbürgerliche Gleichberechtigung der Juden auch in Hamburg eingeführt wurde.[175] An die Stelle des exklusiven Bürgerrechts trat das allen Konfessionen zugängliche Einwohnerrecht. Moses Martin Haarbleicher blickte auf das Ereignis zurück:

> Die Juden standen da, verwandelt in Bürger des mächtigen Reichs. Offen lag die Welt vor ihnen, und jede Stufe, die Fleiß, Talent und Glück erreichen konnten – und was war diesen Potenzen in jener Zeit unerreichbar? – war eben so wohl für sie vorhanden als für die übrigen Mitbürger; die Zeit der Erniedrigung war (zeitweilig!) vorüber wie ein böser Traum.[176]

An anderer Stelle urteilte Haarbleicher differenzierter:

> Wenn wir nun zuvörderst die Gesetze betrachten, unter denen die hamburgischen Juden seit den reichlich 150 Jahren ihres Aufenthaltes […] gelebt hatten und dabei den Geist jener Zeiten berücksichtigen, so können wir nicht umhin, über deren relative Freisinnigkeit, eine

portugiesischen, selten von hochdeutschen Juden. Die Fortsetzung bildet das Verzeichnis „Fremdenschoss nach den Kämmereirechnungen 1701–1774“, 741-2 Genealogische Sammlungen, 28; darin überwiegt die Zahl der hochdeutschen Juden die der portugiesischen Juden. Den Anschluss bildet das Personenregister zu den Fremdenschossbüchern der Kämmerei 1775–1811, 311-1 I Kämmerei I, 225 Bd. 3.

174 Ein Wort von Albert Ballins Vater Samuel Joel Ballin , siehe Maajan – Die Quelle 60 (2001), S. 1862.

175 Moses Martin Haarbleicher, wie Anm. 52, S. 78.

176 Moses Martin Haarbleicher, wie Anm. 52, S. 94.

> Frucht des mächtigsten Hebels aller Civilisation, des Handels, zu erstaunen. [...] Freilich blieben noch Einschränkungen genug, die unserem jetzigen Gefühl so ungerecht als unerträglich erscheinen.[177]

Ursächlich für die von Haarbleicher attestierte Freisinnigkeit war der oft befolgte Grundsatz: „Keine Regel ohne Ausnahme." Obwohl das Eigentum an Grund und Boden vor 1842 den Besitz des den Juden vorenthaltenen Bürgerrechts voraussetzte, weisen die städtischen Grundbücher bereits im 18. Jahrhundert zahlreiche jüdische Grundstücksbesitzer aus – nicht nur solche, deren Immobilien *ad fideles manus* auf den Namen eines christlichen Treuhänders eingetragen wurden, sondern auch manche, die das Grundeigentum im eigenen Namen erwarben.[178]

Die Serie der Protokolle, in denen die jüdischen Erwerber sowohl des Einwohnerrechts in der Zeit der napoleonischen Herrschaft als auch des Bürgerrechts ab 1849 verzeichnet sind, beginnt 1811 und ist ein Teil der bis 1919 reichenden Gesamtserie der Bürgerprotokolle (Signatur: A I f 1 bis A I f 277). Sie bestehen aus Fragebögen zur Person und sollten zu allererst herangezogen werden, wenn es bei den Nachforschungen um den Erwerb des Einwohnerrechts in der Franzosenzeit und des Bürgerrechts ab 1849 geht. Die Serie der Bürgerbücher (Signatur A I a) – Matrikel ohne biografische Details – kann dagegen vernachlässigt werden.

[177] Moses Martin Haarbleicher, wie Anm. 52, S. 1–2.

[178] 111-1 Senat, Cl. VII Lit. Lb Nr. 18 Vol. 2 c 3. Darin: Listen der jüdischen Grundbesitzer, getrennt nach Kirchspielen, aus den 1760er Jahren. Die für Juden bestehenden Beschränkungen beim Grundstückserwerb wurden durch den Rat- und Bürgerschluss vom 1.12.1842 aufgehoben.

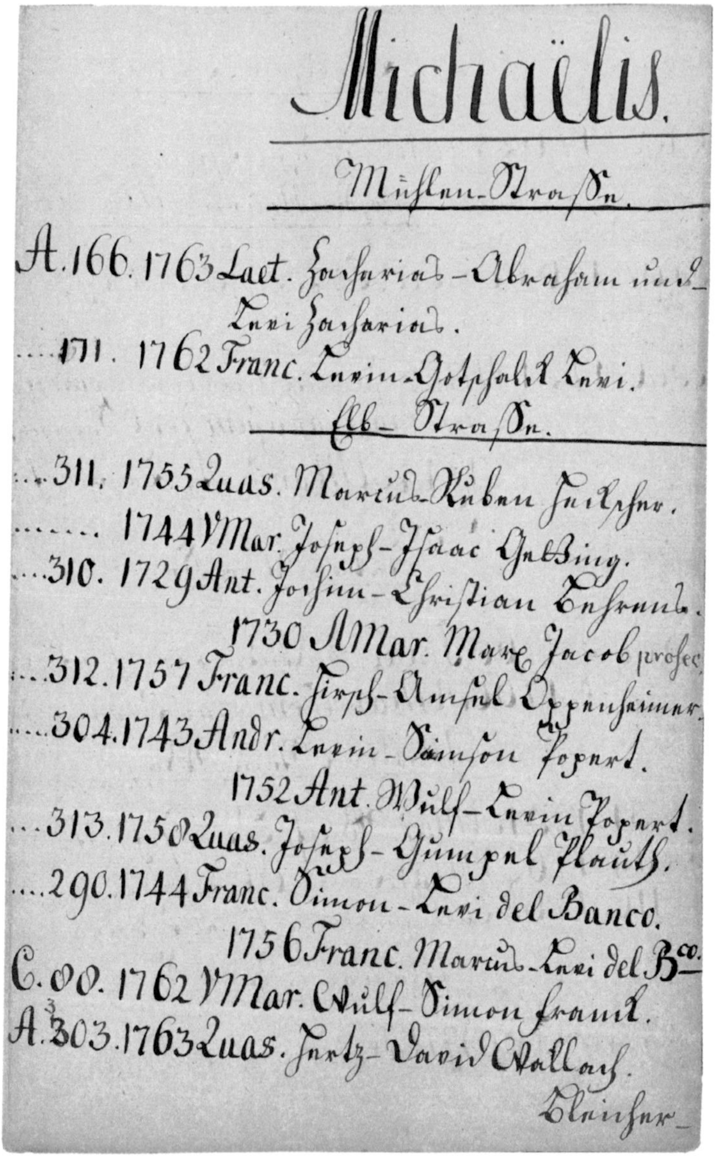

Abbildung 9: Liste der jüdischen Grundeigentümer im Kirchspiel St. Michaelis

Der Erwerb des Hamburger Bürgerrechts

Mit der ab 1849 bestehenden Möglichkeit, das Hamburger Bürgerrecht zu erwerben, war der wichtigste Schritt zur staatsbürgerlichen Gleichstellung der Juden in Hamburg vollzogen. Die Rechtsgrundlage, Artikel 1 der „Provisorischen Verordnung behufs Ausführung des § 16 der Grundrechte des deutschen Volks in Bezug auf die Israeliten“ vom 23. Februar 1849, lautete:

> Juden, welche sich bei der Wedde als Mitglieder der hiesigen Portugiesischen oder Deutsch-Israelitischen Gemeinde oder als Söhne eines Mitglieds einer dieser Gemeinden durch ein Attest der Vorsteher ausweisen, können das Bürger- und Landbürgerrecht sowie, wenn sie sich sonst dazu eignen, das Schutzbürgerrecht erwerben.[179]

Am 14. März 1849 leisteten die ersten Juden den Hamburger Bürgereid. Hunderte folgten bis zum Jahresende und im nächsten Jahr.[180] Danach stand der Erwerb des Bürgerrechts fast immer im Zusammenhang mit einer bevorstehenden Heirat, was die Suche nach dem Datum einer Trauung erleichtern kann.

Die streng alphabetischen *Namenverzeichnisse* zu den Bürgerbüchern und Bürgerprotokollen werden „Bürgerregister“ genannt (Signatur: A I e) und stehen auch im Lesesaal zur Verfügung. Sie enthalten außer den Namen die Geburtsdaten, die Geburtsorte und die Daten der Vereidigung als Hamburger Bürger. Die dazu angegebenen Ziffern sind Signaturbestandteile für die Bestellung der von 1829 bis 1864 komplett erhaltenen *Akten* über den Erwerb des Hamburger Bürgerrechts (Serie B I a). Ein Beispiel: Im Namenverzeichnis zu den Bürgerbüchern und -protokollen für den Zeitraum von 1845 bis 1875 finden wir verzeichnet, dass Heimann Noa Oettinger am 20. April 1855 das Hamburger Bürgerrecht unter der Registernummer 470 erwarb. Die dazu gehörende Akte hat die Bestellsignatur B I a 1855 Nr. 470. Die Akten zum Erwerb des Bürgerrechts enthalten stets ein Duplikat des Fragebogens im Bürgerprotokoll, nicht selten auch Geburtsurkunden, Arbeitgeberzeugnisse und Bescheinigungen des Bürgermilitärs.

---

179 Moses Martin Haarbleicher, wie Anm. 52, S. 342.

180 Moses Martin Haarbleicher, wie Anm. 52, S. 347.

Die Mitgliedschaft in einer der jüdischen Gemeinden Hamburgs als zwingende Voraussetzung für die dauernde Niederlassung von Juden in Hamburg und für den Erwerb des Hamburger Bürgerrechts wurde erst durch das „Gesetz betreffend die Verhältnisse der hiesigen Israeliten vom 7. November 1864" aufgehoben.[181] Die jahrhundertelange rechtliche Sonderstellung der Hamburger Juden war damit beendet.

Das Protokoll der Namenserklärungen der Hamburger Juden anlässlich des Bürgerrechtserwerbs 1849–1854

Zum besseren Verständnis der namensrechtlichen Regelungen ist eine kurze Rückblende auf das Revolutionsjahr 1848 hilfreich, als demokratisch gesinnte Einwohner auch in Hamburg nach politischen Reformen riefen. Nach vergleichsweise gemäßigten Straßenunruhen – nur die Fensterscheiben an den Häusern einiger Ratsherren zerbrachen – wurde am 13. März eine Deputation zur Beratung von Reformvorschlägen eingesetzt. Zu den aufmerksamen Beobachtern der Entwicklung gehörten zwei Angestellte der Deutsch-Israelitischen Gemeinde in Hamburg: Moses Martin Haarbleicher, der Sekretär, und Zebi Hirsch May, der Registrator.[182] Mit den Forderungen nach einer gerechteren politischen Ordnung verbanden sie die Hoffnung auf eine baldige rechtliche Gleichstellung der Juden in Hamburg. Im Mai 1848 sorgten sich Haarbleicher und May um ein Problem, das nach ihrer

[181] Paragraf 1: „Die für die Israeliten bestehende Zwangspflicht zum Eintritte und zum Verbleibe in den Verbänden der hiesigen Deutsch-Israelitischen und Portugiesisch-Jüdischen Gemeinde ist aufgehoben. Die Gemeinde-Mitgliedschaft ist mithin für die Israeliten künftig eine freiwillige." Paragraph 2: „Die Erwerbung der hiesigen Staatsangehörigkeit und des Bürgerrechts findet für die Israeliten unabhängig von ihren Verhältnissen zur Gemeinde statt."

[182] Moses Martin Haarbleicher (1797–1869), 1840 als Sekretär der Deutsch-Israelitischen Gemeinde in Hamburg angestellt, wurde vor allem als Autor des 1867 erschienenen Werks „Zwei Epochen aus der Geschichte der Deutsch-Israelitischen Gemeinde in Hamburg" bekannt. Vgl. Jürgen Sielemann: Moses Martin Haarbleicher. In: Institut für die Geschichte der deutschen Juden (Hg.): Das Jüdische Hamburg. Ein historisches Nachschlagewerk. Hamburg 2006. S. 101. – Zu Zebi Hirsch May (1801–1878) siehe Dora Kaufmann: Heymann Sander May und Zebi Hirsch May, Registratoren der Deutsch-Israelitischen Gemeinde in Hamburg. Posthum veröffentlicht in: Maajan – Die Quelle 43 (1997). S. 1061–1064; 44 (1997). S. 1115–1119; 45 (1998). S. 1164–1167; 46 (1998). S. 1222–1223.

Ansicht nicht von der Obrigkeit, sondern besser von der Jüdischen Gemeinde selbst gelöst werden sollte – die „Regulierung der Familiennamen".

Noch immer gab es damals in Hamburg jüdische Einwohner ohne feste, für die Nachkommen verbindliche Familiennamen. Zusätzlich zum eigenen Rufnamen führten sie lediglich den Rufnamen des Vaters. Andernorts, zum Beispiel in Preußen, Frankreich und Polen, war die jüdische Bevölkerung bereits vor Jahrzehnten gesetzlich verpflichtet worden, feste und vererbliche Familiennamen anzunehmen. Im Unterschied dazu hatten sich die meisten Hamburger Juden nicht gezwungenermaßen, sondern aus eigenem Entschluss entschieden, feste Familiennamen zu führen – und dies schon im 18. Jahrhundert. Doch traf dies nicht für alle zu, und darum ging es Haarbleicher und May. Am 4. Mai 1848 wandten sich beide mit folgendem Schreiben an den Vorstand der Deutsch-Israelitischen Gemeinde in Hamburg:

> An das hochlöbliche Vorsteherkollegium der Deutsch-Israelitischen Gemeinde
>
> Vorläufiger Antrag abseiten des Registrators May und des Secretairs Haarbleicher wegen Regulierung der Familiennamen
>
> Hochgeehrtes Vorsteher-Collegium!
>
> Die ergebenst Unterzeichneten finden sich durch die gegenwärtigen Zeitumstände veranlaßt, Ihre Aufmerksamkeit auf den folgenden Gegenstand zu lenken.
>
> Die Unordnung in den Familiennamen der Juden ist als ein arger Uebelstand schon eben so lange anerkannt, als die Juden Deutschlands überhaupt an bürgerlicher Ordnung einen vergrößerten Antheil nehmen, und schon seit mehr als 40 Jahren sind Maaßregeln zur Abhülfe ergriffen. Ganz in unserer Nähe, im Königreich Westphalen, geschah dies damals durch Einführung des französischen Gesetzes, welches neben der Aufgabe, sich solche Namen anzueignen, zugleich verbot, Kalender- und sonstige Vornamen, sowie auch die Namen bekannter

Familien dazu zu benutzen.[183] Ein ähnliches Verfahren ist in mehreren deutschen Staaten, namentlich in Oesterreich und ebenso im Königreich Polen befolgt worden.

Wäre Hamburg etwas länger französisch geblieben,[184] so wäre der Uebelstand, mit welchem wir so ziemlich vereinzelt stehen, längst beseitigt; allein seit jener Zeit bei uns fortwährende Provisorien und der zurückziehende Einfluß der noch völlig mittelalterlichen Altonaischen Gemeinde hat es nicht dazu kommen lassen. Ueberdies war wohl mit Recht anzunehmen, dass es sich in Zeit einer Generation von selbst mache.

Das ist nun freilich, nach Ablauf von 36 Jahren, erfolgt, aber nicht ganz und auch nicht ohne schädliche Willkür und Unordnung. Alles, was zum Handel, auf allen seinen Stufen, gehört, bedarf einer Art von Firma und hat auch eine; aber unter der oberen Klasse, unter geschäftlosen Wittwen u. dergl. ist wohl der vierte Theil noch ohne ordentlichen Namen, und selbst unter den Handelsleuten, ja Kaufmännern, gibt es viele, die den Unterschied zwischen einer nach Belieben zu wechselnden Firma und einem ordentlichen Stamm-Namen nicht kennen oder nicht beachten. Durch diese Namen-Verwirrung wird unsere Armenverwaltung ebenfalls nicht wenig erschwert.

Wir stehen hoffentlich an der Pforte wesentlicher Verbesserungen unserer Zustände, ein regeres bürgerliches Bewußtsein ist bereits in alle Classen unserer jüdischen Bevölkerung eingedrungen und so dürfte denn der Augenblick gekommen sein, das Uebel auf einmal und auf immer zu beseitigen. Die Unterzeichneten glauben nicht, hochgeehrte Herren, Ihnen die Gründe vorlegen zu müssen, die dafür sprechen, daß diese Veranstaltung freiwillig von uns getroffen werde, ohne die Anordnungen eines etwanigen Emancipations-Gesetzes abzuwarten. Denn erfolgt ein solches Gesetz von hamburgischer Seite allein, so schreibt man uns jene Maasregel vor und wir haben kein Verdienst dabei, obwohl wir Juden gerade diejenigen sind, die den Nachtheil am meisten empfinden; kommt das Gesetz aber als ein

[183] Nachdem die Juden in Frankreich seit 1808 verpflichtet waren, feste Familiennamen zu führen, wurde diese Regelung auch auf das von Napoleon geschaffene, von 1807 bis 1813 bestehende Königreich Westfalen ausgedehnt.

[184] Die 1806 begonnene französische Besatzung Hamburgs endete im Mai 1814.

runder Beschluß von Frankfurt,[185] so vernachläßigt man vielleicht dergleichen Nebensachen und die Sache bleibt beim Alten. Kommt aber gar nichts, so haben wir jedenfalls den Beweis geliefert, dass wir wirkliche Uebelstände gern beseitigen, wenn wir gleich nicht in die Theorieen eingehen, die uns die bürgerlichen Rechte erst durch Concessionen erkaufen lassen wollen.

Indem die Unterzeichneten Sie, hochgeehrte Herren, nunmehr ersuchen, zuförderst ein Mitglied Ihres Collegiums zu commitiren, damit sie unter dessen Leitung und Aufsicht die betreffende Arb[eit] vornehmen, vermeiden sie es, um nicht schon jetzt Anlaß zu weitläufigen Discussionen zu geben, auf den zu verfolgenden Weg näher einzugehen, welcher wohl mit einem Aufruf von Ihrer Seite anheben und mit einem öffentlichen General-Proklama schließen würde. Sie vermeiden es ebenfalls, Ihnen die mannichfaltigen Gattungen und Abstufungen des bestehenden unordentlichen Zustandes schon jetzt darzulegen, da dies wohl mehr in einen demnächst bei näherer Erörterung abzustattenden Bericht gehört, und sehen Ihrem vorläufigen Eingehen in die Sache baldigst entgegen.

Wir verharren, hochzuverehrende Herren, eines hochlöblichen Vorsteher-Collegii ganz ergebene

M. M. Haarbleicher, Secr.[etair]

Z. H. May, Registrator[186]

Der Vorstand der Deutsch-Israelitischen Gemeinde handelte. Das Konzept seines Schreibens an den Rat beschreibt die Situation sehr deutlich:

Seit vielen Jahren ist es der Wunsch aller, die den Angelegenheiten der Israeliten ihre Aufmerksamkeit und ihre Thätigkeit widmen, den Unordnungen, welche durch die Unregelmäßigkeiten in den Namen vie-

---

[185] Am 18.5.1848 wurde die deutsche Nationalversammlung in Frankfurt am Main mit dem Ziel der Kodifizierung einer Reichsverfassung eröffnet.

[186] 522-1 Jüdische Gemeinden, 260 i, Akte betr. die Annahme fester Familiennamen, 1848–1849 (= 741-4 Fotoarchiv, Sa 1051). Die Interpunktion wurde der heutigen Form angepasst.

ler Juden entstehen, ein Ziel zu setzen; Unordnungen, welche theils in dem gänzlichen Mangel eigentlicher Familiennamen, theils in der willkührlichen Abänderung unmoderner Vornamen bestehen, und die namentlich bei der Benennung von weiblichen Individuen oft zu ganz unleidlichen Verwirrungen führen.

Wenn nun gleich, wie es den unterzeichneten Vorstehern bekannt ist, seit dem Beginn dieses Jahrhunderts der allergrößte Theil dieses Uebelstandes beseitigt ist und die meisten Familien ordentliche Familiennamen führen, so ist doch der zurückgebliebene Theil, den wir höchstens auf etwa einem [sic!] Sechstheil der Gesammtheit schätzen, noch zahlreich genug, um den eingangs erwähnten Wunsch nicht für hinlänglich erledigt zu erklären, und die Vorsteher halten den gegenwärtigen Moment zur vollständigen Regulierung des Gegenstandes um deswillen für einen besonders geeigneten, weil gerade jetzt die Mitglieder unserer Gemeinde mehr als zugeneigt und vorbereitet sind, sich einer bürgerlichen Ordnung völlig anzureihen, die auch ihrerseits mehr als früherhin für sie sorgen und sie beschützen wird.

Doch ist dieser Gegenstand ohne allen Zweifel bereits mehrfach zu Ew. Erwägung gekommen, und wir wollen daher mit weiterer Auseinandersetzung umso weniger belästigen, als Ew. gewiß ebenfalls von der Nützlichkeit einer Wandelschaffung überzeugt sind.

Was nun die Ausführung betrifft, so glauben wir, solche am einfachsten zu bewirken, wenn wir bei unserer Gemeindeverwaltung ein besonderes Protokoll eröffnen, in das unsere in dem fraglichen Fall befindlichen Gemeindeglieder ihre Erklärungen und Namensannahmen oder respective -abänderungen nebst den Motiven eintragen ließen. Diesem Identitäts-Protokoll müsste dann unter Signatur eines unserer Mitglieder nebst unseres Secretairs und unseres Civilstands-Registrators öffentlicher Glaube beigelegt werden, und zum Schluß wäre vielleicht ein obergerichtliches General-Proclam zu erlassen. Abschriften jenes Protokolls wären bei Gericht und dem Stadt-Archiv einzuliefern.

Der ganzen Procedur vorangehen müsste jedoch eine öffentliche Aufforderung unter Anberaumung eines Termins, bis zu welchem Erklärungen angenommen werden. Auch müssten wir einzelne Zurückbleibende vorladen können, was um so nöthiger erscheint, als die Be-

> treffenden größtentheils Leute sein werden, denen kein Handels- oder sonstiges Gewerbe von selbst schon die Führung eines ordentlichen Namens zur Nothwendigkeit gemacht hat. Solche Aufforderungen erforderten aber zu besserer Wirksamkeit einer ausdrücklichen Sanction von Seiten dieses H.[ochweisen] Raths als unserer ordentlichen Obrigkeit.
>
> Dasjenige, was wir demnach von Ew. für jetzt zur Förderung dies Projects zu erbitten hätten, bestände in der Genehmigung und Sanction unseres fraglichen Vorhabens, Erklärung der öffentlichen Glaubwürdigkeit des zu eröffnenden Identitäts-Protokolls und vornehmlich in der Committirung eines Mitgliedes dieses H.[ochweisen] R.[aths] zu dem beregten Gegenstand, und besonders zur Mit-Unterschrift der zu erlassenden Aufforderungen.[187]

Bevor dieser Antrag umgesetzt wurde, führte die von Haarbleicher und May erhoffte Entwicklung zur „wesentlichen Verbesserung unserer Zustände" zu einer ganz neuen Situation. Am 28. Dezember 1848 verabschiedete die Frankfurter Nationalversammlung das Gesetz betreffend die Grundrechte des deutschen Volkes mit dem für die „Emancipation" der Juden entscheidenden Paragrafen 16: „Durch das religiöse Bekenntnis wird der Genuß der bürgerlichen und staatsbürgerlichen Rechte weder bedingt noch beschränkt." Paragraf 17 ergänzte: „Keine Religionsgesellschaft genießt vor andern Vorrechte durch den Staat." Damit war nicht weniger als der Zugang der Hamburger Juden zum Erwerb des Bürgerrechts statuiert. Am 22. Januar 1849 ließ der Rat den Vorständen der Deutsch-Israelitischen und der Portugiesisch-Jüdischen Gemeinde das Folgende mitteilen:

> E.[in] H.[ochweiser] Rath beabsichtige zur Möglichmachung des § 16 der Grundrechte des Deutschen Volkes eine Verordnung zu erlassen, nach welcher die Mitglieder der Gemeinden und ihre Söhne, insoweit sie solches wünschen würden, jetzt gleich das Bürgerrecht gewinnen könnten.

[187] 522-1 Jüdische Gemeinden, wie Anm. 186. Das Konzept ist nicht datiert.

Es erscheine jedoch unerlässlich,

> dabei vorzuschreiben, dass diejenigen Juden, die Bürger werden wollten, vorher einen festen Familien-Zunamen annehmen oder den bisherigen beibehalten müssten, welcher nicht verändert werden dürfe und gleichfalls unverändert auf die Descendenten übergehe.[188]

Eben dies geschah. Wer als Jude das Hamburger Bürgerrecht erwerben wollte, sollte zunächst vor einer Kommission aus Vertretern der Weddebehörde und der Jüdischen Gemeinden erscheinen und eine Erklärung über die künftige Namensführung abgeben. Das Protokoll dieser Kommission ist erhalten.[189] Der dickleibige Band enthält die Erklärungen von 679 jüdischen Bewerbern um das Hamburger Bürgerrecht aus der Zeit von 1849 bis 1854. Mit wenigen Ausnahmen erklärten sie, ihre Namen unverändert beizubehalten und den Familiennamen auch für ihre Nachkommen festzustellen.

Der besondere Wert des Protokollbandes liegt darin, dass er uns die Namen der Juden überliefert, die von der 1849 eröffneten Möglichkeit zum Erwerb des Hamburger Bürgerrechts als Erste Gebrauch machten. Es handelte sich bei diesen Pionieren durchweg um gut situierte, zumeist seit Generationen in Hamburg verwurzelte Einwohner, die für sich und ihre Nachkommen eine bürgerliche Existenz in gesicherten und gleichberechtigten Verhältnissen erstrebten. Sie, ihre Kinder, Enkel und Urenkel bildeten bis 1933 das Fundament einer aufblühenden jüdischen Gemeinschaft.

Das besagte Protokoll liefert Erkenntnisse zur beruflichen Struktur, zur Altersgliederung, zu den Herkunftsorten der Bürgerrechtsbewerber und zum Umgang mit den Familiennamen. Im Folgenden werden die Ergebnisse der Auswertung dargestellt.

---

188 Moses Martin Haarbleicher, wie Anm. 52, S. 336.

189 332-1 II Wedde II, 106 a.

Die Geburtsorte

In der Zeit von 1849 bis 1854 erwarben 660 der 679 im Protokoll genannten Bewerber das Hamburger Bürgerrecht.[190] Ihre Geburtsorte lassen sich in 640 Fällen eindeutig lokalisieren.[191] In der nachstehenden Übersicht werden die Geburtsorte mit ihren damaligen Namen und nach der Zugehörigkeit zu den heutigen deutschen Bundesländern bzw. zu den heutigen Staaten im Ausland aufgeführt.

Aus dem Territorium im Gebiet der heutigen deutschen Bundesländer stammten 567 der 640 jüdischen Erwerber des Hamburger Bürgerrechts:

Hamburg: 344 (310 im althamburgischen Gebiet und 34 in der 1937 eingemeindeten Stadt Altona)

Niedersachsen: 56 (Alfeld 1, Bodenteich 2, Bodenwerder 2, Bovenden 1, Braunschweig 3, Bückeburg 1, Burhave 1, Coppenbrügge 1, Dannenberg 1, Diepholz 1, Dorum 1, Ebstorf 1, Einbeck 1, Emden 7, Gartow 2, Gifhorn 1, Göttingen 1, Hannover 8, Hemmendorf 1, Hildesheim 5, Jever 1, Liebenau 1, Oevelgönne 1, Peine 3, Pyrmont 2, Sarstedt 1, Schöningen 1, Walsrode 1, Wittingen 1, Wöllmarshausen 2)

Mecklenburg-Vorpommern: 48 (Bützow 3, Dargun 1, Friedland 3, Fürstenberg 3, Gadebusch 1, Gnoien 3, Grabow 1, Malchin 7, Malchow 1, Neustrelitz 2, Plau 1, Ribnitz 2, Schwaan 1, Schwerin 10, Stavenhagen 3, Sternberg 2, Stralsund 2, Tessin 2)

Schleswig-Holstein: 34 (Elmshorn 1, Eutin 1, Fackenburg 1, Friedrichstadt 1, Glückstadt 2, Lübeck (mit Moisling) 19, Plön 1, Rendsburg 7, Schleswig 1)

[190] Die Differenz entstand durch Todesfälle, Erwerb des Bürgerrechts erst in späterer Zeit oder gänzlichen Verzicht darauf.

[191] In 20 Fällen sind die Geburtsorte nicht zu lokalisieren, da mehrere Orte diese Namen trugen (z. B. Neuhaus und Strelitz).

Bayern: 18 (Aschaffenburg 1, Burgkunstadt 1, Ebelsbach 1, Fürth 2, Heidingsfeld 1, Mellerichstadt 1, Memmelsdorf 3, Mettenheim 1, Neukalden 2, Reckendorf 1, Segnitz 1, Traustadt 1, Veitshöchheim 2)

Sachsen-Anhalt: 15 (Bernburg a. d. Saale 1, Dessau 9, Halberstadt 3, Sandersleben 2)

Berlin: 14

Hessen: 11 (Kassel 5, Frankfurt am Main 2, Hanau 1, Linden 1, Melsungen 1, Vendersheim 1)

Brandenburg: 7 (Boitzenburg 3, Potsdam 1, Prenzlau 1, Pritzwalk 1, Stepenitz 1)

Nordrhein-Westfalen: 7 (Bonn 1, Burgsteinfurth 1, Deutz 1, Geseke 1, Gütersloh 1, Lemgo 1, Neviges 1)

Baden-Württemberg: 6 (Karlsruhe 2, Mannheim 2, Niederstetten 1, Oberdorf 1)

Bremen: 2

Sachsen: 2 (Dresden 1, Leipzig 1)

Thüringen: 2 (Gehaus)

Rheinland-Pfalz: 1 (Framersheim)

Aus dem Ausland in den heutigen Grenzen stammten 73 der 640 jüdischen Erwerber des Hamburger Bürgerrechts:

Polen: 40 (Alt Schottland bei Danzig 1, Borek 1, Chodziesen 1, Czenstochow 2, Danzig 4, Drossen 1, Fielehne 1, Franstadt 1, Glogau 2, Gnesen 1, Graetz 1, Greiffenberg 1, Grzegorczewa 1, Kempen 2, Krakau 1, Krotoschin 2, Lippehne 1, Märkisch Friedland 3, Margonin 1,

Militsch 1, Obornik 1, Obrzycko 1, Pionteck 1, Posen 2, Schneidemühl 1, Schrensk 1, Warschau 1, Wreschen 1, Wronko 1, Zduny 1)

Dänemark: 9 (Kopenhagen 4, Faaborg 1, Horsens 2, Randers 2)

Tschechien: 7 (Jungwoschitz 1, Nachod 1, Prag 3, Teplitz 1, Wossek 1)

Niederlande: 5 (Amsterdam 3, Deventer 1, Groningen 1)

England: 3 (London)

Russland: 3 (Königsberg)

Schweden: 2 (Gothenburg 1, Stockholm 1)

Lettland: 1 (Mitau)

Litauen: 1 (Telschen)

Österreich: 1 (Hohenems)

Schweiz: 1 (Goldingen)

Altersgliederung und Berufe

Das Hamburger Bürgerrecht erwarben zwischen 1849 und 1854 660 jüdische Einwohner zwischen 19 und 83 Jahren. Die Altersgliederung zeigt folgendes Bild:

> 19 bis 29 Jahre: 102, 30 bis 39 Jahre: 199, 40 bis 49 Jahre: 185, 50 bis 59 Jahre: 109, 60 bis 69 Jahre: 47, 70 bis 83 Jahre: 18. Bemerkenswert erscheint die beträchtliche Zahl der über Sechzigjährigen.

Rund zwei Drittel der 660 jüdischen Bürgerrechtserwerber erscheinen im Protokoll der Namenserklärungen mit der Berufsbezeichnung „Kaufmann". Der hohe Anteil der Kaufleute kann nicht verwundern, weil damals noch keine Gewerbefreiheit bestand. Die meisten Handwerksberufe durften bis 1865 nur von Mitgliedern der zunftmäßig organisierten Handwerksämter und Brüderschaften ausgeübt werden; Juden waren davon ausgeschlossen. Rund ein Drittel der 660 jüdischen Bürgerrechtserwerber ist mit Berufen verzeichnet, deren Vielfalt die nachfolgende Aufzählung zeigt:

> Advokat, Agent, Arzt, Assekuranzbevollmächtigter, Aufseher des israelitischen Begräbnisplatzes, Bankier, Beamter der Portugiesisch-Israelitischen Gemeinde, Beglaubter der Deutsch-Israelitischen Gemeinde in Hamburg und beeidigter Übersetzer, Besitzer einer Eisengießerei, Bote der Israelitischen Gemeinde, Buchhändler, Buchhalter, Commis, Daguerreotypist, Eisenwarenhändler, Expedient für Auswanderer, Fabrikbesitzer, Färber, Filzmachermeister, Fleischer, Gastwirt, Geld- und Wechselgeschäfte, Glas- und Porzellanhändler, Goldarbeiter, Gold- und Silberaffinerie, Händler mit fertiger Wäsche, Händler mit kurzen Waren, Handelsfrau, Handelsmann, Hausmakler, Instrumentenhändler, Kalligraph, Kleiderhändler, Knopffabrikant, Kürschner, Küster am Israelitischen Tempel, Kunsthändler, Lederhändler, Lehrer, Leinenhändler, Literat, Logiswirt, Lotteriekollekteur, Lumpen- und Eisenhändler, Makler, Maklergehilfe, Malerfreimeister, Manufakturwarenhändler, Mechanikus, Mobilienhändler, Notar, Papierhändler, Parfumeriefabrikant, Particulier, Pfandleiher, Prediger (am israelitischen Tempel), Produktenhändler, Registrator der Deutsch-Israelitischen Gemeinde in Hamburg, Schankwirt, Schauspieler, Schneider, Schneidermeister, Schuldirektor, Seidenbandhändler, Seifenfabrikant (Werkführer), Silberschmelzer, Spiegelfabrikant, Spielwarenhändler, Steindrucker, Steinhauer, Steinzeughändler, Tabakmakler, Tabak- und Zigarrenfabrikant, Tabak- und Zigarrenhändler, Tapetenhändler, Tapezier, Tischler, Tuchhändler, Uhrenhändler, Uhrmacher, Wäschehandlung, Wattefabrikant, Wechselagent, Wechselgeschäfte, Zahnarzt, Zementfabrikant, Zigarrenarbeiter, Zigarrenmacher

Die Namensführung

Die verbreitete Behauptung, bis zum 19. Jahrhundert hätten Juden durchweg keine Familiennamen besessen, trifft auf Hamburg nicht zu.[192] Vielmehr zeigen die hiesigen Personenstandsregister aus dem 18. Jahrhundert eine Vielfalt fester Familiennamen unter den jüdischen Einwohnern.[193] Doch hatten sich bis zur Mitte des 19. Jahrhunderts noch nicht alle jüdischen Familien dafür entschieden, und der Vorstand der Deutsch-Israelitischen Gemeinde in Hamburg schätzte 1849, dass höchstens „ein Sechstheil der Gesamtheit" noch keine „ordentlichen Familiennamen" führte.[194]

1849 gaben 152 von 660 Bürgerrechtsbewerber zu Protokoll, künftig einen geänderten Vor- oder Familiennamen führen zu wollen. Diese Zahl mag relativ hoch erscheinen, doch wie die folgende Zusammenstellung zeigt, wurden bei den Familiennamen vielfach nur geringfügige Korrekturen in der Schreibweise vorgenommen. Die Änderung von Vornamen zugunsten damals modischer Namen entsprach offenbar stärker dem Wunsch nach einer Anpassung an die Mehrheitsgesellschaft als einem Bestreben, die jüdische Identität zu verdecken.[195] Denn wenn sich Baruch Meyer Baruch in Bernhard Meyer Baruch und Gabriel Cohn in Gustav Cohn umbenannte – und dies sind nur zwei Beispiele von vielen – konnte von einer Camouflage keine Rede sein. Die nachfolgende Zusammenstellung der geänderten Familiennamen zeigt dies ganz deutlich.

> Abrahamson in Alberts; Behrend in Behrendt; Boas in Boasson; Cohen in Cohn; Cohen in Wulff; Cohn in Cohen; Curjel in Curiel; Dettelbacher in Dettelbach; Elias in Ellis; Friesländer in Fries; Goldschmidt in

[192] Unzutreffend zum Beispiel bei Ludger Heid: Namen. In: Julius H. Schoeps (Hg.): Neues Lexikon des Judentums. Gütersloh 2000, S. 594.

[193] Staatsarchiv Hamburg, 522-1 Jüdische Gemeinden, 64, Geburtsregister 1781–1811; 332-1 I Wedde I, 29, Hochzeitenbücher 1750–1810.

[194] Jürgen Sielemann: Die Namenserklärungen der Hamburger Juden anlässlich des Bürgerrechtserwerbs 1849–1854. In: Maajan – Die Quelle 101 (2011). S. 3888.

[195] Dass jüdische Namen oft zum Stigma wurden, dessen sich betroffene Familien durch eine Namensänderung zu entledigen suchten, steht außer Zweifel; dieses Motiv lässt sich an den hier untersuchten Namenserklärungen nur in sehr wenigen Fällen vermuten und trat erst mit dem wachsenden Antisemitismus am Ende des 19. Jahrhunderts verstärkt auf.

Schmidt; Heilbut in Heilbuth; Heymann in Heimann; Mendel in Mendelson; Israel in Isenthal; Italianer in Italiener; Jacob in Jacobson; Jacobi in Jacoby; Joseph in Zadig; Josua in Joshua; Kalischer in Kalisch; Kallmann in Kalman; Kohn in Cohen; Lazarus in Laskar; Lazarus in Lazar; Levi in Levy; Levi in Magner; Levien in Levieng; Levin in Schwabe; Levy in Löwe; Levy in Lehwenz; Levy in Hamberg; Levy in Lewig; Levy in Traube; Lewi in Levy; Lewig in Levig; Lion in Lyon; Lurie in Lourie; Maas in Maaß; Marcowicz in Hepstein; Matthiasohn in Mathiasohn; Mayda in Mayde; Mendelsohn in Mendelssohn; Mendelsohn in Mendelson; Nathan in Nathanson; Nordheimer in Nordheim (in zwei Fällen); Philip in Philipp; Polack in Pohlmann; Puschke in Busch; Rocamora in Rocamora-Ricardo; Salomon in Sellmar; Simon in Meyer; Völklein in Voelklein; Wolffsohn in Wolfsohn

Geänderte Vornamen:

Abraham in Adolph, August und Eduard; Aron in Arnold, Aron Israel in John Alfred; Avigdor in Victor; Baruch in Bernhard; Berend in Bernhard; Borach in Baruch; David in Daniel; Elias in Eduard; Ezechiel in Eduard; Fitz in Fritz; Gabriel in Gustav; Gustav in Gotthold; Heymann in Heimann; Hirsch in Heinrich, Henry und Hermann; Isaac Elias in Jacob, Isaac Hirsch in Johann Heinrich; Israel in Julius, Israel Simon in Eduard; Jeremias in Julius; Joel in Joseph; Jonathan in Ferdinand; Joseph in Julius, Joseph Meyer in Meyer Levy; Juda in Julius; Judas in Julius; Levi in Louis und Ludwig; Levin in Levy und Ludwig; Levy in Adolph und Leopold; Libmann in Ludwig; Liepmann in Louis; Magnus in Martin; Maier in Mayer; Marcus in Max; Mayer in Meyer und Mauritio; Mendel in Martin und Moritz; Meyer in Martin und Moritz; Michael in Louis und Wilhelm; Moratz in Moritz; Morris in Morry; Moscheh in Moritz; Moses in Martin und Moritz; Nehemias in Eduard; Salkind in Siegfried; Salomon Israel in Jacques; Samuel in Siegmund; Sandel in Alexander; Sanwil in Senvil; Seligmann in Siegmund; Simon in Sigmund; Sollm in Solm; Soruch in Moritz; William in Nelson William; Wolff in Wilhelm; Zacharias in Caesar und Julius

Bekannt gewordene Persönlichkeiten

Samuel Joel Ballin (1804–1874), Vater von Albert Ballin. Sein Glück und Unglück als wagemutiger Unternehmer wurde erst in jüngster Zeit ausführlich dargestellt.[196]

Ferdinand Beit (1817–1870), Chemiker und Unternehmer

Moritz Embden (1789–1866), Ehemann von Heinrich Heines Schwester Charlotte

Naphtali Frankfurter (1810–1866), Prediger des liberalen Tempelverbandes, Mitglied der Hamburger Konstituante 1849

Moses Martin Haarbleicher (1797–1869), Schriftsteller und Sekretär der Deutsch-Israelitischen Gemeinde in Hamburg

Joel Aron von Halle (1789–1865), Kaufmann. Die von seiner Witwe zu seinem Andenken errichtete Miete-Unterstützungsstiftung besteht noch heute.

Joseph Mendelssohn (1817–1856), Schriftsteller und Journalist

Marcus Nordheim (1812–1899), Unternehmer und Stifter

Anton Rée (1815–1891), Reformpädagoge und Politiker

Gabriel Riesser (1806–1863), Politiker und Jurist

Gotthold Salomon (1784–1862), Prediger des liberalen Tempelverbandes, Pädagoge und Schriftsteller

Isaac Wolffson (1817–1895), Jurist und Politiker

---

196 Jürgen Sielemann: „In unser Zeit des Lichts und der Aufklärung". Zur Frühgeschichte der Familie Ballin in Hamburg" In: Maajan – Die Quelle 59 (2001). S. 1818–1825. 1. Fortsetzung in: Maajan – Die Quelle 60 (2001). S. 1862–1865. 2. Fortsetzung in: Maajan – Die Quelle 61 (2001). S. 1912–1917.

Die aus Vertretern der Deutsch-Israelitischen Gemeinde und der Weddebehörde gebildete „Namens-Commission" wurde am 1. März 1854 aufgehoben und das von ihr geführte Protokoll der Namenserklärungen geschlossen. Künftig genügte es, diese Erklärungen beim Eintritt in die Deutsch-Israelitische Gemeinde abzugeben.[197]

Die Aufnahme in den hamburgischen Staatsverband

Wer nach 1864 nach Hamburg übersiedelte und die dortige Staatsangehörigkeit erwerben wollte, beantragte ab 1865 die „Aufnahme in den hamburgischen Staatsverband". Die darüber vorhandene Aktenserie umfasst über 160 000 Personenakten aus der Zeit von 1865 bis 1934[198] – eine familiengeschichtliche Quelle ersten Ranges. Das Gleiche gilt für die Serien der Naturalisations- und Einbürgerungsakten (1911–1971).[199]

Die Protokolle über die Ausstellung von Heimatscheinen an „Hamburger in der Fremde" von 1826 bis 1872[200] und die anschließenden Protokolle über die Ausstellung von Staatsangehörigkeitsausweisen (1872–1920)[201], dokumentieren unter anderem den Aufenthaltsort von Vorfahren, die ihrer Heimatstadt für längere Zeit oder für immer den Rücken gekehrt hatten, ohne die hamburgische Staatsangehörigkeit aufzugeben. Soweit sie sich dann doch für eine neue Staatsangehörigkeit entschieden, waren sie gehalten, einen Antrag auf Entlassung aus der hamburgischen Staatsangehörig-

---

197 332-1 II Wedde II, 106 a, S. 2.

198 Die Signaturen dieser Akten beginnen mit B III.

199 332-7 Staatsangehörigkeitsaufsicht, Signaturen beginnend mit B V und B VI. Naturalisationsakten aus der Zeit vor 1911 sind auch in der Serie B III zu finden. Die Akten aller nach dem Ersten Weltkrieg eingebürgerten jüdischen Familien Hamburgs wurden in der NS-Zeit aufgrund des Gesetzes über den Widerruf von Einbürgerungen und die Aberkennung der deutschen Staatsangehörigkeit vom 4.7.1933 überprüft und enthalten Unterlagen über die getroffene Entscheidung. Die Aktenserie B VI enthält auch die Akten über die Wiedereinbürgerung von Verfolgten des nationalsozialistischen Regimes nach Art. 116 Abs. 2 des Grundgesetzes.

200 332-7 Staatsangehörigkeitsaufsicht, Signaturen beginnend mit A IX b.

201 332-7 Staatsangehörigkeitsaufsicht, Signaturen beginnend mit A X.

keit zu stellen. Die entsprechenden Register beginnen 1823[202], die Akten ab 1865.[203] Sie dokumentieren bei weitem nicht alle Personen, die ihre hamburgische Staatsangehörigkeit verloren, da diese (vor 1913) nach zehnjährigem Auslandsaufenthalt automatisch als erloschen galt.[204]

Die im Bundesverwaltungsamt in Köln vorhandene Kartei der vom nationalsozialistischen Regime im Reichsanzeiger veröffentlichten Ausbürgerungen steht im Staatsarchiv Hamburg als Mikrofilm zur Verfügung.[205] Aktenmaterial zur Ausbürgerung von Hamburgern enthält – in allerdings nur geringer Zahl – der Archivbestand „131-6 Staatsamt".[206] Nachweise über den Verlust der deutschen Staatsangehörigkeit in der NS-Zeit finden sich auch im Bestand „332-7 Staatsangehörigkeitsaufsicht".[207] Ein Beispiel für darin dokumentierte Fälle: Sobald das deutsche Konsulat in Jerusalem davon erfuhr, dass ein jüdischer Flüchtling aus Hamburg den Status als Palästinenser erhalten hatte, meldete es den Sachverhalt der hamburgischen Behörde, die dann umgehend den Entzug der deutschen Staatsangehörigkeit verfügte.

Die Einbürgerung osteuropäischer Juden

Im Folgenden wird exemplarisch untersucht, was in den über 500 im Staatsarchiv vorhandenen Personenakten über die Einbürgerungsanträge osteuropäischer Juden an biografischen, genealogischen und familiengeschichtlichen Fak-

---

[202] 332-7 Staatsangehörigkeitsaufsicht, Signaturen beginnend mit A IV.

[203] 332-7 Staatsangehörigkeitsaufsicht, Signaturen beginnend mit B IV.

[204] Der Verlust der hamburgischen Staatsangehörigkeit nach zehnjährigem Auslandsaufenthalt trat nicht ein, wenn man diesen Aufenthalt in Hamburg „legitimieren" ließ und erklärte, hamburgischer Staatsangehöriger bleiben zu wollen. Als Verlustgrund wurde der zehnjährige Aufenthalt im Ausland durch das Reichs- und Staatsangehörigkeitsgesetz vom 22.7.1913 abgeschafft.

[205] 332-7 Staatsangehörigkeitsaufsicht, B VII a; Mikrofilmsignaturen: 741-4 Fotoarchiv, K 8494 D– 8509 D. Siehe auch: Michael Hepp (Hg.): Die Ausbürgerung deutscher Staatsangehöriger 1933–1945 nach den im Reichsanzeiger veröffentlichten Listen. München 1985.

[206] 131-6 Staatsamt, 34 Bd. 1–4.

[207] 332-7 Staatsangehörigkeitsaufsicht, B VII a.

ten erwartet werden kann. Der erste Teil dieser Betrachtung geht den Anträgen eines Lehrers der Talmud-Tora-Realschule in Hamburg nach; der zweite Teil stellt seinen Fall in den Zusammenhang mit der allgemeinen Einbürgerungspraxis der hamburgischen Behörden in der Kaiserzeit und der Weimarer Republik.

Der Fall Armin Blau

Dr. Armin Blau besaß die ungarische Staatsangehörigkeit und galt im damaligen Jargon völkisch-antisemitischer Kreise damit als „Ostjude". Am 13. März 1908 betrat der damals dreißigjährige Lehrer die Polizeibehörde im Stadthaus. Dort wurde sein Naturalisationsantrag wie folgt protokolliert:[208]

> Der wissenschaftliche Lehrer Armin Blau, wohnhaft Rutschbahn Nr. 24 b.[ei] Charlouis hierselbst, welcher einen Antrag auf Naturalisation gestellt hat, beantwortet die Fragen über seine persönlichen und Aufenthaltsverhältnisse wie folgt:

1. *Familienname:* Blau, *Vornamen:* Armin
2. *Geburtsdatum:* 26. Juni 1877
3. *Geburtsort:* Verbo in Ungarn
4. *Religion:* mosaisch
5. *Stand oder Gewerbe:* wissenschaftlicher Lehrer an der Talmud-Tora-Realschule
6. *Bisherige Staatsangehörigkeit:* Ungarn
7. *Militärverhältnisse:* Als dienstuntauglich ausgemustert
8. *Familienverhältnisse,* a. Ehestand: ledig, b. Kinder: keine
9. *Bisheriger Aufenthalt (nach Ort und Zeit):* Mein in meinem Geburtsorte wohnender Vater, der Privatier, frühere Kaufmann Adolf Blau, ist ungarischer Staatsangehöriger durch Abstammung. Ich wohnte bis zu meinem 16. Jahre in meinem Geburtsorte, besuchte darauf bis 1896 die Rabbinatsschule – Vorsteher Rabbiner Dr. Breuer – in Frankfurt a. M. und zuletzt bis Juli 1900 das Neue Gymnasium in

[208] 332-7 Staatsangehörigkeitsaufsicht, B III 92 601, Naturalisationsantrag von Armin Blau.

Würzburg, wo ich vordem mich durch Privatunterricht vorbereitet hatte und auch das Reifezeugnis erwarb. Von Oktober 1900 bis 1904 besuchte ich die Universität in Berlin, bereitete mich dann auf das Staatsexamen vor, welches ich im November 1905 vor dem Provinzialschulkollegium in Berlin ablegte. Ich wurde mit Genehmigung des Herrn Ministers der geistlichen, Unterrichts- und Medizinalangelegenheiten zur Prüfung zugelassen. Ich wohnte zuletzt Auguststraße Nr. 22 bei Eggert und verzog bald nach bestandenem Examen nach Hamburg. Ich bin seitdem an der Talmud-Tora-Realschule als Lehrer für neuere Sprachen, und zwar seit Oktober 1906, dauernd angestellt. Die Stellung ist eine dauernde und mit Pensionsansprüchen verbunden.

10. *Armenunterstützung (Ort und Zeit):* habe ich noch nicht bezogen.
11. *Geschäftsbetrieb, Einkommens- und Vermögensverhältnisse:* Das Anfangsgehalt meiner Stellung betrug M[ark] 2400 [im Jahr]; ich beziehe seit Herbst 1907 M 2800 und werde bis etwa M 5000 steigen. In dem versteuerten Einkommen von M 2800 ist ein Betrag von etwa M 400 enthalten, den ich durch Erteilung von Nachhilfestunden verdient habe. Ersparnisse besitze ich nicht, habe auch durch Erbgang nennenswertes Vermögen nicht zu erwarten. Ich unterstütze meinen Vater, habe sonst aber nur für mich zu sorgen. Ich entrichte für 2 Zimmer monatlich M 30 Miete. Gegen Sterbefall bin ich mit M 5000 versichert.
12. *Strafrechtliche Verfolgungen:* Ich bin unbestraft, befand mich noch nicht in gerichtlicher Untersuchung.
13. *Frühere Gesuche um Aufnahme bei Behörden eines anderen Bundesstaates:* Einen Naturalisationsantrag habe ich früher noch nicht gestellt.
14. *Bürgen:* Die Bürgen werde ich stellen.
15. *Sonstige Bemerkungen:* Ich bitte um meine Naturalisation, weil ich vor meiner Vereidigung als Examinator zu den Einjährigen-Prüfungen nicht herangezogen werden kann und die Oberschulbehörde Ausländer nicht vereidigt. Ich will dauernd hier bleiben.

Vorgelesen, genehmigt, unterschrieben:
Armin Blau

Jetzt begannen intensive Nachforschungen, um die Angaben des Lehrers zu überprüfen, seinen Leumund zu ermitteln und Stellungnahmen der Verwaltungen seiner früheren Wohnorte einzuholen. Die ersten Ergebnisse lieferte Wachtmeister Schumann:

> Laut erhaltener Auskunft ist der Antragsteller als Lehrer an der Talmud-Tora-Realschule, Kohlhöfen 19/20, in Stellung. Er erhält seit Oktober 1907 pr.[o] Jahr M 2800 Gehalt u. steigt dieses Gehalt auch mit den Jahren. Wie hoch g.[enannter] Blau mit seinem Gehalt mit den Jahren kommt, kann im Voraus mit Bestimmtheit nicht angegeben werden. Die Stellung des g.[enannten] Blau ist pensionsberechtigt u. ist auch bei guter Führung dauernd. Nachteiliges wurde hier über g.[enannten] Blau nicht ermittelt.[209]

Eine Woche danach ergänzte Wachtmeister Schumann vom Bezirksbüro Harvestehude das Folgende:

> Antragsteller wohnt Rutschbahn 24 p[ar]t.[erre] bei Charlouis und hat dortselbst 2 möblirte Zimmer gemietet, wofür er monatlich M 30 Miete zahlt (bestätigt). Nach Angabe des Vermieters ist Blau ein strebsamer und sehr solider Mann und kommt seinen Verpflichtungen pünktlich nach. Charlouis stellt ihm ein sehr günstiges Leumundszeugnis aus. Blau besitzt eine Lebensversicherungs-Police No. 336703 der Viktoria-Gesellschaft Berlin über M 5000. Gen[ann]t.[er] Betrag ist beim Tode oder bei Lebzeiten am 20.2.1933 auszuzahlen. Die Versicherung ist am 20.2.08 abgeschlossen. Außerdem hat Blau seine Effekten, Bücher p.p. bei der London & Lancashire Gesellschaft seit 12.7.07 mit M 1000 gegen Feuersgefahr versichert.
>
> Gegen Einbruch ist derselbe seit 12.7.07 bei der Versicherungsgesellschaft Rhenia, Köln a.[m] Rh.[ein], mit M 1000 versichert. Bezahlte Quittungen lagen nicht vor. Nachteiliges über Blau ist hier nicht bekannt.[210]

---

209 332-7 Staatsangehörigkeitsaufsicht, wie Anm. 208, Bl. 9, Bericht vom 19.3.1908.

210 332-7 Staatsangehörigkeitsaufsicht, wie Anm. 208, Bl. 10.

Abbildung 10: Dr. Armin Blau am Eingang der Talmud-Tora-Schule

Anschließend wurde die Politische Polizei befragt. Polizeiassistent Glindemann prüfte die Karteien und stellte am 30. März 1908 fest: „Blau hat sich in politischer Beziehung hier nicht bemerkbar gemacht.“[211]

Als Bürgen stellten sich der Direktor der Talmud-Tora-Realschule Dr. Joseph Goldschmidt und der Fondsmakler Gabriel Cohn zur Verfügung:

> Wir übernehmen die solidarische selbstschuldnerische Bürgschaft dafür, daß Armin Blau sowie eventuell dessen Familie während der nächsten fünf Jahre, vom Tage der Naturalisation resp.[ektive] Aufnahme in den hiesigen Staatsverband an gerechnet, dem Hamburgischen Staate nicht zur Last fallen.[212]

Die Polizeibehörde prüfte auch Armin Blaus Angabe nach, dass er als Examinator zu den Einjährigen-Freiwilligen-Prüfungen nicht herangezogen werden könne, und ob es richtig sei, dass die Oberschulbehörde Ausländer nicht vereidige. Die zweideutige Auskunft der Oberschulbehörde lautete:

> Soweit hier bekannt ist, sind bestimmte Vorschriften darüber nicht erlassen, daß ein Lehrer, der die gesetzliche Lehrbefähigung nachgewiesen hat, Reichsangehöriger sein muss, um als Mitglied der Prüfungskommission einer nichtöffentlichen Realschule zugelassen und vereidigt zu werden. Die Voraussetzung ist allerdings als eine selbstverständliche zu erachten. Da Blau zu den Abiturientenexamen an einem Königlichen Gymnasium in Würzburg und zu der Prüfung pro fac.[ultate] doc.[endi] von der Königlichen Wissenschaftlichen Prüfungskommission in Berlin zugelassen ist, sind vom schultechnischen Standpunkt aus gegen die Gewährung des Naturalisationsgesuches Bedenken nicht geltend zu machen. Nachteiliges ist über ihn hier nicht bekannt geworden. Als Mitglied der Prüfungskommission an der Talmud Tora-Realschule ist er für das Schuljahr 1908/09 übrigens noch nicht in Aussicht genommen.[213]

---

[211] 332-7 Staatsangehörigkeitsaufsicht, wie Anm. 208.

[212] 332-7 Staatsangehörigkeitsaufsicht, wie Anm. 208 Bl. 11.

[213] 332-7 Staatsangehörigkeitsaufsicht, wie Anm. 208, Bl. 12.

In die emsigen Nachforschungen nach Armin Blaus Vergangenheit wurden auch Behörden seiner früheren Wohnorte eingeschaltet. Der Würzburger Stadtmagistrat bescheinigte, dass „Nachteiliges über dessen Führung hier nicht bekannt geworden ist und Versagungsgründe hinsichtlich Erlangung der Naturalisation diesseits nicht vorliegen".[214] Auch das Rektorat des Neuen Gymnasiums in Würzburg wusste nur Gutes zu berichten: „Wir bestätigen auf Wunsch, daß Armin Blau, Sohn eines Kaufmanns, mos.[aischen] Bekenntnisses, geb. am 26. Juni in Verbó in Ungarn, ein Jahr an der hiesigen Anstalt verweilte, im Juli 1900 das Reifezeugnis erlangte und sowohl im Fleiß wie im Betragen lobende Erwähnung gefunden hat."[215]

Keine Bedenken gegen Armin Blaus Naturalisation hatte auch die Kammer des Innern der königlichen Regierung von Unterfranken und Aschaffenburg. Ganz anders dagegen Karl Wilhelm von Meister, der damals 45-jährige preußische Regierungspräsident in Wiesbaden, ein linientreuer Gefolgsmann, den Kaiser Wilhelm II. schon als 25-jährigen Juristen in den erblichen Adelsstand erhoben hatte.[216] Am 25. April 1908 äußerte sich von Meister über Armin Blaus Frankfurter Zeit und dessen Naturalisationsantrag wie folgt:

> Der wissenschaftliche Lehrer Armin Blau, mosaischer Religion, geboren am 26. Juni zu Verbo in Ungarn, war vom 13. November 1894 bis 2. November 1907 als Rabbinatskandidat in Frankfurt a. M. polizeilich gemeldet. Nachteiliges ist über sein Verhalten nicht bekannt geworden. Politisch hat er sich nicht bemerkbar gemacht.
> Nach einem Erlass des Herrn Ministers der geistlichen, Unterrichts- und Medizinalangelegenheiten[217] vom 25. September 1907, U. III. No. 5782, ist es ausgeschlossen, daß sich ausländische Juden (Schüler), welche die Lehrbildungsanstalt des Dr. Jakob Horovitz[218] in Frankfurt a. M. besucht haben, in Preußen sesshaft machen oder angestellt wer-

---

[214] 332-7 Staatsangehörigkeitsaufsicht, wie Anm. 208, Bl. 13.

[215] 332-7 Staatsangehörigkeitsaufsicht, wie Anm. 208, Bl. 14.

[216] Karl Wilhelm von Meister (1863–1935), konservativer Politiker.

[217] Ludwig Holle (1855–1909).

[218] Rabbiner Dr. Jakob Horovitz (1873–1939). Vgl. Michael Brocke und Julius Carlebach (Hrsg.): Biographisches Handbuch der Rabbiner. Teil 2 Bd. 1: Die Rabbiner im Deutschen Reich 1871–1945. München 2009, S. 291 f.

> den können. Den Schülern, welche die Privatunterrichtsanstalt von Dr. Jakob Horovitz besuchen, ist durch Regierungsverfügung vom 25. Februar 1908, No. II 2217, der Aufenthalt in Preußen nur zum Zwecke und nur für die Dauer ihrer Ausbildung gestattet; eine Sesshaftmachung oder Anstellung in Preußen ist bei diesen ausgeschlossen; sie haben nach Entlassung aus der Anstalt Preußen unverzüglich zu verlassen. Gegen den Naturalisationsantrag habe ich demgemäß Einwendungen zu erheben.[219]

Ebenso eindeutig lautete die Antwort eines Beamten des Berliner Polizeipräsidenten vom 25. April 1908:

> Der Polizei-Behörde erwidere ich auf das gefällige Schreiben vom 14. v. Mts., No. 1668/08 I. 2, ergebenst, daß der am 26. Juni 1877 – nach dem hiesigen Register am 27. Juni 1877 – in Verbo in Ungarn geborene ungarische Staatsangehörige Lehrer Armin (Arnim) Blau, mosaischen Glaubens, mit einer kurzen Unterbrechung vom 1. November 1900 bis 15. November 1905 hier gewohnt und auf der hiesigen Universität studiert hat. Während seiner freien Zeit hat er sich mit Stundengeben beschäftigt und damit seinen Unterhalt verdient, auch seine Eltern noch dabei unterstützt.
>
> In politischer oder sonstiger Hinsicht ist etwas Nachteiliges über ihn nicht ermittelt worden. Bei den in Preußen bestehenden grundsätzlichen Bedenken gegen die Naturalisation ungarischer Juden vermag ich jedoch nicht, mich für seine Aufnahme in den dortigen Staatsverband im Sinne des Bundesratsbeschlusses vom 22. Januar 1891 auszusprechen. Von der dort getroffenen Entscheidung bitte ich mir gefälligst Mitteilung zu machen.[220]

Die Stellungnahme des Hamburger Polizeipräsidenten vom 4. Mai 1908 lautete wie folgt:

---

[219] 332-7 Staatsangehörigkeitsaufsicht, wie Anm. 208, Bl. 16.

[220] 332-7 Staatsangehörigkeitsaufsicht, wie Anm. 208, Bl. 17.

> [An die für die Entscheidung über Armin Blaus Gesuch zuständige Aufsichtsbehörde für die Standesämter] zu schreiben, daß über den Antragsteller zwar Nachteiliges in keiner Richtung hier bekannt geworden ist, dass auch seine Erwerbsverhältnisse als pensionsberechtigter Lehrer in der hiesigen Talmud-Tora-Schule zu Bedenken keinen Anlaß geben, daß ich jedoch bei dem lebhaften Widerspruch des Berliner Polizeipräsidenten und des Wiesbadener Regierungspräsidenten, der sich namentlich auf die ungarische Abstammung und die mosaische Religion des Antragstellers stützt, zur Befürwortung des Gesuches nicht in der Lage bin, wenngleich die Oberschulbehörde vom schultechnischen Standpunkte aus Bedenken nicht geltend gemacht hat.[221]

Wenig später lehnte die Aufsichtsbehörde für die Standesämter Armin Blaus Naturalisationsantrag ohne Begründung ab. Vierzehn Tage vergingen, bis sich der Lehrer entschloss, die Fürsprache einer renommierten Hamburger Autorität zu erbitten – Max M. Warburg. Wie Albert Ballin gehörte Warburg zu den Finanzberatern des Kaisers und übte als Mitglied der Hamburger Bürgerschaft, der Hamburger Handelskammer und des Generalrats der Reichsbank einflussreiche Funktionen aus. Am 28. Mai 1908 schrieb Armin Blau:

> Sehr geehrter Herr Warburg!
>
> Schon seit einigen Monaten, nachdem meine Anstellung an der Talmud-Tora-Realschule den Character einer dauernden erlangt hatte und ich infolge der an der Anstalt bestehenden Pensionsberechtigung und Witwenversorgung überzeugt sein konnte, daß ich der Stadt niemals zur Last fallen würde, geht mein Bestreben dahin, die Naturalisation im Deutschen Reiche zu erlangen. Mit Hilfe des österreichisch-ungarischen Konsulats und anderer behördlicher und privater Personen brachte ich die Documente herbei, die über meine militärischen, civilen und beruflichen Verhältnisse Aufklärung gaben. Anscheinend genügten die eingereichten Papiere. Wie erstaunt war ich daher, als mir vor 14 Tagen bei der Aufsichtsbehörde der Standesämter ohne Angabe von Gründen der Bescheid erteilt wurde, daß mein Gesuch

[221] 332-7 Staatsangehörigkeitsaufsicht, wie Anm. 208, Bl. 18.

um Erteilung der Staatsangehörigkeit abgelehnt sei! Auf meine Frage, ob etwa bei der Oberschulbehörde Bedenken gegen mich vorlägen, versicherte mir Herr Schulinspektor Professor Dr. Schober, daß seinerseits auf eine diesbezügliche Anfrage hin keinerlei Schwierigkeiten bereitet würden, daß er vielmehr meinen Eintritt in den deutschen Reichsverband begrüßen würde. – Vielleicht wohnt Papieren keine hinreichende Überzeugungskraft inne, vielleicht ist es nötig, dass sich der entscheidende Herr durch mündliche Informationen die Ansicht bildet, daß dieses Gesuch zu genehmigen sei. Zunächst habe ich daher meine Papiere sowie die hinterlegten Gebühren bei der Behörde liegen lassen, um, wenn erforderlich, ein nochmaliges Gesuch an den Gesamtsenat zu richten. Zugleich aber bitte ich Sie, hochgeehrter Herr Warburg, ganz ergebenst um die große Gefälligkeit, mein Fürsprecher sein zu wollen in meinem Bestreben, hiesiger Staatsangehöriger zu werden. Zu diesem Behufe gestatten Sie wohl, dass ich die Gründe für mein Gesuch darlege:

1.) In meinen Gesinnungen bin ich tatsächlich Deutscher geworden. Kaum dem Knabenalter entwachsen, verließ ich meine Geburtsstadt Verbó in Ungarn, bereitete mich privatim in Frankfurt a. M. vor und besuchte das humanistische Neue Gymnasium in Würzburg, das ich im Juli 1900 mit dem Zeugnis der Reife verließ. In Berlin studierte ich neuere Philologie und legte daselbst im November 1905 mit ausdrücklicher Genehmigung des Preußischen Kultusministeriums das Staatsexamen ab. Seitdem bin ich an der Talmud-Tora-Realschule beruflich tätig. In den 15 Jahren meines Aufenthalts in Deutschland, dem ich meine Bildung verdanke, sind mir naturgemäß deutsches Wesen und deutsche Anschauungen vertrauter geworden als die meiner ursprünglichen Heimat.

2.) Da ich ferner voraussichtlich meinen Beruf und meine ganze Zukunft unter Deutschen finden werde, so ist es durchaus wünschenswert, daß ich politisch dem Lande meines Bleibens angehöre.

3.) Endlich rechtfertigt meine Stellung an der Schule meinen Wunsch, Deutscher zu werden. Im Einverständnis mit der Oberschulbehörde trägt mein Director, Herr Dr. Goldschmidt, Bedenken, mich als Ausländer in den obersten Klassen der Anstalt zu verwenden oder in die Prüfungskommission für das Einjährigenexamen aufzunehmen. Wäh-

rend mich demnach mein Oberlehrerzeugnis berechtigt, in den Oberprimen der Gymnasien und Ober-Realschulen zu unterrichten, soll ich bei Vakanzen übergangen und Kollegen nachgesetzt werden, die vielleicht eine geringere Berechtigung besitzen. Daß dieser Zustand mir meine ganze Stellung zu verleiden geeignet ist, liegt auf der Hand.
Aus alledem wollen Sie, hochgeehrter Herr Warburg, gütigst ersehen, wie bedeutungsvoll der Erwerb der deutschen Staatsangehörigkeit für mich ist, und wie dankbar ich Ihnen wäre, wenn Sie sich entschließen möchten, nach dieser Richtung hin mir Ihr wertes Interesse zuzuwenden.

Mit vorzüglicher Hochachtung
Armin Blau[222]

Max M. Warburg entsprach dieser Bitte mit mehr als anderthalbjähriger Verspätung. Erst am 15. September 1909 schrieb er an den für Naturalisationen zuständigen Senator Max Predöhl:[223]

Hochverehrter Herr Senator!

Mit Gegenwärtigem gestatte ich mir, das einliegende kopierte Gesuch des Herrn Armin Blau, Deutscher zu werden, zu befürworten.
Im allgemeinen habe ich es immer abgelehnt, derartige Gesuche von Glaubensgenossen zu befürworten, da ich weiß, welche Gesichtspunkte bei Bewilligung dieser Gesuche zu berücksichtigen sind. In dem vorliegenden Fall wollte ich jedoch eine Ausnahme machen, da Herrn Blau außerordentlich viel daran liegt, Deutscher zu werden, und da andererseits die Stellung desselben es ausschließen dürfte, daß Herr Blau dem Staate je zur Last fallen wird.

Mit vorzüglicher Hochachtung
Ihr aufrichtig ergebener
Max M. Warburg[224]

---

[222] 332-7 Staatsangehörigkeitsaufsicht, wie Anm. 208, Bl. 3.

[223] Dr. Max Predöhl (1854–1923), Senator ab 1893, ab 1909 Hamburger Bürgermeister.

[224] 332-7 Staatsangehörigkeitsaufsicht, wie Anm. 208, Bl. 9.

Predöhls Antwort ist in der Akte nicht enthalten; der Senator notierte auf Warburgs Schreiben lediglich „beantwortet vorläufig". Es hat den Anschein, dass er Dr. Blau anheimstellen ließ, seinen Naturalisationsantrag zu wiederholen, denn bis zum August 1910 verfügte Predöhl elfmal einen Wiedervorlagetermin „nach Eingang eines neuen Gesuchs".[225] Am 16. November 1910 war es dann soweit:

> Antragsteller wiederholt seinen im Jahre 1908 hier [in der Polizeibehörde] gestellten und abschlägig beschiedenen Naturalisationsantrag und erklärt: Einen weiteren Naturalisationsantrag habe ich inzwischen nirgends gestellt und bin gerichtlich (durch Urteil oder Strafbefehl mit Freiheits- oder Geldstrafe) nach 1908 nicht bestraft, bin auch nach dieser Zeit stets in Hamburg wohnhaft gewesen. In meinen Verhältnissen sind inzwischen Veränderungen eingetreten, als ich jetzt Grindelallee 160 p.[arterre] bei Ehlerding wohne und für 1910 ein Einkommen von M 3000 versteuert habe. Am 3.2.1910 habe ich an der Berliner Universität die Doktorprüfung bestanden und habe am 13.7.1910 die Würde eines Doctor.[is] philosophiae erlangt. Auch unterrichte ich jetzt als *Ober*lehrer an der Talmud Tora Realschule, hier.
>
> An Ersparnissen besitze ich jetzt ca. M 300 (1908 ca. M 800 bis 1000), die auf Hamburger Sparkassen belegt sind. Die Differenz ist durch den Verbrauch des Geldes zur Erlangung der Doktorwürde zu erklären. Ich habe eine Lebensversicherungspolice bei der „Victoria" zu Berlin in Höhe von M 5000. Durch Erbschaft ist nichts zu erwarten.
>
> Ich bitte um hiesige Naturalisation, da ich dauernd hierzubleiben beabsichtige und mich gern mit einer Deutschen verheiraten möchte, welche Heirat voraussichtlich nur dann zustande kommen kann, wenn ich deutscher Staatsangehöriger geworden bin. Auch möchte ich noch darauf hinweisen, daß die Gehaltsverhältnisse sowie die der Witwen- und Waisenversorgung der Talmud Tora Realschule jetzt wesentlich günstiger gestaltet sind als früher, so dass keine Be-

---

[225] 332-7 Staatsangehörigkeitsaufsicht, wie Anm. 208, Bl. 6, und 7; 332-7 Staatsangehörigkeitsaufsicht, B V Nr. 416, Naturalisationsantrag von Dr. Armin Blau, Bl. 3.

> fürchtung naheliegen dürfte, dem Staate noch zur Last zu fallen. Ferner bitte ich um hiesige Naturalisation, um an genannter Schule Einjährigen-Prüfungen abhalten zu können.[226]

Die Entscheidung lag nach wie vor bei der Aufsichtsbehörde der Standesämter; die Stellungnahmen anderer Behörden hatten lediglich Empfehlungscharakter. Polizeidirektor Roscher sprach sich mit Schreiben vom 24. November 1910 erneut gegen Dr. Blaus Naturalisation aus:

> Der Aufsichtsbehörde für die Standesämter, hier, erwidere ich auf das gefällige Schreiben vom 19. September [anni] c[ur]r.[entis] – J.[ournal-]Nr. 16592 – betreffend das wiederholte Gesuch um Naturalisation des Armin Blau, Dr. phil., unter Wiederanschluss der Akten ergebenst, daß ich auch jetzt nicht in der Lage bin, das Gesuch des Antragstellers zu befürworten. Nach einem neuerlichen Bericht der Oberschulbehörde ist die Eigenschaft des Antragstellers als Ausländer kein Hindernis, ihn als Mitglied der Prüfungskommission an nicht öffentlichen Schulen zu bestellen. Da somit feststeht, daß der Antragsteller keinerlei Schaden in seinem Fortkommen erleidet, wenn er Ausländer bleibt, so müssen in erhöhtem Maße die Bedenken berücksichtigt werden, die ich in meinem Schreiben vom 4. Mai 1908 dargelegt habe, zumal auch der Berliner Polizei- und der Wiesbadener Regierungspräsident aufs neue lebhaft gegen das Gesuch protestiert haben.[227]

Zwei Jahre später unternahm Dr. Blau den dritten Versuch und gab am 28. November 1912 in der Aufsichtsbehörde der Standesämter Folgendes zu Protokoll:

---

226 332-7 Staatsangehörigkeitsaufsicht, B V Nr. 416, Bl. 3.

227 332-7 Staatsangehörigkeitsaufsicht, B III Nr. 106 241, Naturalisationsantrag von Dr. Armin Blau, Bl. 4.

Abbildung 11: Max M. Warburg (1867–1946), Bankier und Politiker

> In meinen Verhältnissen sind folgende Veränderungen eingetreten: Ich wohne jetzt Mansteinstraße 49 III. Am 6. November 1911 habe ich mich zu Rawitsch mit Lea (Ella) geb. Cohn, geb. am 23. April 1888 zu Wreschen, Kr.[eis] Wreschen, R[egierungs]b[e]z.[irk] Posen, verheiratet. Aus dieser Ehe ist ein Sohn, Ernst Moritz, geb. am 15. Oktober 1912 hierselbst, hervorgegangen. Für 1912 habe ich M 4000 zu versteuern. An Vermögen sind ca. M 20 000 (die Mitgift meiner Frau) vorhanden. Ich bitte um hiesige Naturalisation, weil ich auch ferner dauernd hierzubleiben gedenke, und im Interesse meiner Familie.[228]

Vorangegangen war ein Schreiben der von Dr. Blau beauftragten Anwaltssozietät Dr. Max Cohen, Tachau und Dr. Alfred Cohn an die „hochlöbliche Aufsichtsbehörde für die Standesämter". Darin wurden einige neue Argumente vorgebracht:

> Der ergebenst Unterzeichnete [Anwalt Dr. Max Cohen] gestattet sich, für den hiesigen, aus Ungarn gebürtigen Oberlehrer Dr. Armin Blau den Antrag zu stellen, ihm die hamburgische Staatsangehörigkeit zu verleihen. Der Genannte hat sich schon früher gemeldet, weshalb auf die damals erwachsenen Akten – deren Rubrum dem Gesuchsteller leider unbekannt ist – wegen aller Persönlichkeiten [lies: Personalien] Bezug genommen werden darf. In der Zwischenzeit hat er sich mit einer Deutschen verheiratet, die ihm vor einigen Tagen einen Sohn geboren hat.
>
> Unter diesen Umständen liegt eine besondere Rechtfertigung dafür vor, das früher gestellte Gesuch zu wiederholen. Es ist selbstverständlich seine Absicht, seine hiesige Stellung auch für die Zukunft beizubehalten. Dann würde es aber für ihn mit den schwersten Nachteilen verbunden sein, wenn sein Sohn einer nichtdeutschen Nationalität angehören würde. Es liegt andererseits ja auch im Interesse des Deutschen Reiches, die Bevölkerungszahl durch Hinzuziehung der Abkömmlinge von Persönlichkeiten, welche lange hier ansässig sind, zu vergrößern. [...] Gerade die Tätigkeit eines Lehrers bringt es mit sich, dass der Betreffende den dringenden Wunsch hegen muss, mit seinen Schülern dieselbe Nationalität zu teilen. Er wird dadurch auch geistig

[228] 332-7 Staatsangehörigkeitsaufsicht, wie Anm. 226, Bl. 4.

> mehr mit ihnen verknüpft und wird noch in höherem Grade im Stande sein, ihnen nationale Gefühle einzuprägen.[...][229]

Erneut wurde Dr. Blau von der Polizeibehörde vorgeladen und bohrend über seine finanzielle Situation befragt. Selbst die Ausgabenummern seiner Wertpapiere notierte der Polizist. Erneut wurden auch die Stellungnahmen von Behörden der früheren Wohnorte des Lehrers eingeholt. Der Polizeipräsident von Frankfurt am Main wandte sich auch jetzt strikt gegen Dr. Blaus Gesuch:

> Wird aber der Naturalisation des Blau in Hamburg stattgegeben, so besteht auch hier, trotz seiner Versicherung, daß er die feste Absicht habe, sich dauernd in Hamburg niederzulassen, die Gefahr, daß er auf dem Umweg der Naturalisation in Hamburg später seine Aufnahme in den preußischen Staatsverband herbeiführen und auf diese Weise die für die Zulassung von ausländischen Juden zur Thora-Lehranstalt im staatlichen Interesse getroffene Bestimmung der Nichtseßhaftmachung in Preußen umgeht.[230]

Auch der Berliner Polizeipräsident sah sich „wegen der in Preußen bestehenden grundsätzlichen Bedenken gegen die Naturalisation ungarischer Juden auch jetzt nicht in der Lage, der Naturalisation zuzustimmen".[231] Der Hamburger Aufsichtsbehörde für die Standesämter erschienen diese Bedenken „zu schwerwiegend, um das Gesuch befürworten zu können. Der Gesuchsteller wird vielmehr nicht zuzulassen sein". Senator Mumssen traf die endgültige Entscheidung: „Nicht zuzulassen."[232]

Dr. Armin Blau gab nicht auf. Am 11. Juni 1913 schöpften seine Anwälte mit einer Supplik an den Senat das letzte Mittel aus. Erneut schilderten sie den Lebensweg des Lehrers und betonten seine nationale Einstellung:

---

229 332-7 Staatsangehörigkeitsaufsicht, wie Anm. 226, Bl. 8 und 9, Schreiben vom 5.11.1912.

230 332-7 Staatsangehörigkeitsaufsicht, wie Anm. 226, Bl. 14, Schreiben vom 31.1.1913.

231 332-7 Staatsangehörigkeitsaufsicht, wie Anm. 226, Bl. 16, Schreiben vom 31.1.1913.

232 332-7 Staatsangehörigkeitsaufsicht, wie Anm. 226, Bl. 12, Schreiben vom 13.3.1913. – Senator Dr. Emil Mumssen (1871–1939).

> Er fühlt sich nach dem langjährigen Aufenthalte hierselbst vollkommen als Hamburger. Es liegt ihm sehr viel daran, die Nationalität seiner Schüler zu teilen, mit deren Wohl und Wehe er sich verwachsen fühlt und deren vaterländisches Gefühl zu fördern er sich naturgemäß angelegen sein lässt. [...] Unter diesen Umständen möchten genügende Gründe vorhanden sein, den langgehegten Wunsch des Supplikanten, zunächst die Hamburger und damit auch die deutsche Staatsangehörigkeit zu erwerben, zu erfüllen. [...] Der Direktor der Schule, an welcher Supplikant angestellt ist, würde es freudig begrüßen, wenn diesem Herzenswunsch des Supplikanten Rechnung getragen würde, umso mehr, da Letzterer der einzige in der Schule angestellte Akademiker ist, welcher die [deutsche] Staatsangehörigkeit nicht besitzt. Es möchte ihn in eine schiefe Stellung gegenüber seinen Kollegen sowie den Eltern seiner Schüler versetzen, wenn er (als der einzige) dieses Vorzuges entbehren würde. Es kommt dann noch der dringende Wunsch des Supplikanten in Betracht, daß sein Sohn dereinst seine Wehrpflicht unter der Deutschen Fahne erfüllen möge.[233]

Auch diese Argumente blieben wirkungslos. Am 18. Juli 1913 erteilte der Senat den Bescheid, „daß auf das Gesuch von Dr. Armin Blau im Wege der Naturalisation nicht einzugehen sei".[234]

Es vergingen 15 Jahre, bis Dr. Blau den vierten Anlauf unternahm. Der Terminus „Naturalisation" war inzwischen durch das Wort „Einbürgerung" ersetzt worden. Jetzt war alles ganz einfach: Der Berliner Polizeipräsident teilte der Hamburger Polizeibehörde am 10. Juli 1928 mit, gegen die Einbürgerung des Lehrers keine Bedenken mehr anzumelden, und vier Monate später schloss sich der Regierungspräsident von Wiesbaden dieser Entscheidung an. Am 9. Dezember wurde Dr. Blau die vom Hamburger Polizeipräsidenten unterzeichnete Einbürgerungsurkunde überreicht. Sie schloss auch seine Ehefrau und seine drei Kinder ein.[235]

Ein halbes Jahr nach dem Machtantritt der Nationalsozialisten bestand die akute Gefahr, dass Dr. Blaus Anerkennung als deutscher Staatsangehö-

---

[233] 332-7 Staatsangehörigkeitsaufsicht, wie Anm. 226, Bl. 14.

[234] 332-7 Staatsangehörigkeitsaufsicht, wie Anm. 226, Bl. 19.

[235] 332-7 Staatsangehörigkeitsaufsicht, B VI 1928 Nr. 103, Einbürgerungsakte Dr. Armin Blau.

riger rückgängig gemacht wurde. „Einbürgerungen, die in der Zeit zwischen dem 9. November 1918 und dem 30. Januar 1933 vorgenommen worden sind, können widerrufen werden, falls die Einbürgerung nicht als erwünscht anzusehen ist." So bestimmte es Paragraf 1 des Gesetzes über den Widerruf von Einbürgerungen und die Aberkennung der deutschen Staatsangehörigkeit vom 14. Juli 1933.[236] Die dazu erlassene Durchführungsverordnung präzisierte, wer für den Widerruf von Einbürgerungen insbesondere in Betracht kam: „Ostjuden, es sei denn, daß sie auf deutscher Seite im Weltkriege an der Front gekämpft oder sich um die deutschen Belange besonders verdient gemacht haben."[237] Aufgrund seiner ungarischen Herkunft galt Dr. Blau den Nationalsozialisten als „Ostjude" und war damit der polizeilichen Bewertung seiner Einbürgerung ausgesetzt. Am 7. November gab er eine nahezu sarkastisch anmutende Erklärung zu Protokoll:

> Ich habe mich lange vor dem Kriege 2mal [richtig: dreimal] um die [deutsche] Staatsangehörigkeit beworben. Sie wurde aus dem Grunde abgelehnt, weil man einem verbündeten Staate die Untertanen nicht wegnehmen woll[t]e.[238]

Natürlich wusste es Dr. Blau besser: Er war stets als „Ostjude" abgelehnt worden. Über die Rücknahme der Einbürgerung entschied der nationalsozialistische Innensenator Alfred Richter[239] nach der Empfehlung des „Polizeiherrn" Wilhelm Boltz.[240] Dessen Befund lautete: „Blau hält sich seit 1905 ununterbrochen in Hamburg auf. Er hat nur auf deutschen Universitäten studiert. Seit 28 Jahren ist er als Oberlehrer an der Talmud Tora Schule fest angestellt. Mit Rücksicht hierauf und auf seinen fast 40-jährigen Aufenthalt in Deutschland empfehle ich, es bei der Einbürgerung zu belassen." Senator Richter entschied: „Einverstanden."[241] In dieser frühen Phase der natio-

---

[236] Reichsgesetzblatt 1933 I, S. 480.

[237] Reichsgesetzblatt 1933 I, S. 538.

[238] 332-7 Staatsangehörigkeitsaufsicht, wie Anm. 235.

[239] Alfred Richter (1895–1981).

[240] Wilhelm Boltz (1886–1939).

[241] 332-7 Staatsangehörigkeitsaufsicht, wie Anm. 235.

nalsozialistischen Herrschaft bemühten sich einige Machthaber noch um den Eindruck, nach Recht und Ordnung zu handeln. Wie trügerisch dieser Eindruck war, sollte sich in den kommenden Jahren auch für Dr. Blau qualvoll erweisen. Für ihn kam die Rettung vor dem Massenmord fast zu spät: Erst eine Woche vor dem Beginn des Zweiten Weltkriegs gelang ihm mit seiner Familie die Flucht aus Hamburg nach Palästina.[242]

Hamburgische Einbürgerungspraxis im Kaiserreich und in der Weimarer Republik

Hamburg im wilhelminischen Kaiserreich – war das „der letzte Höhepunkt der guten alten Zeit“, wie Heimatforscher urteilten?[243] Schaut man hinter die Kulissen von Plüsch und Pomp jener „goldenen“ Jahre, so fällt das Urteil ernüchternd aus. Goldene Jahre waren es für eine privilegierte Oberschicht, in der man gern „unter sich“ blieb. Kennzeichnend für die damaligen Verhältnisse war ein undemokratisches Wahlrecht, das die Mehrheit der Einwohner von einer gleichberechtigten politischen Mitbestimmung ausschloss; kennzeichnend waren eine oligarchische Regierungsstruktur und eine nahezu allgewaltige Behördenmacht, oft gepaart mit obrigkeitlicher Borniertheit; kennzeichnend war insbesondere die hoffnungslose Armut breiter Bevölkerungsschichten. Hamburg präsentierte sich in der Kaiserzeit durchaus nicht als Idyll.

Doch wird Hamburgs Situation in der wilhelminischen Ära auch Positives nachgesagt: Der Hurrapatriotismus und die Verehrung alles Militärischen sollen hier weit weniger ausgeprägt gewesen sein als in anderen deutschen Bundesstaaten des Kaiserreichs. Als „Tor zur Welt“ habe der in Hamburg herrschende liberale Geist die Integration von Zuwanderern stets begünstigt.

Ob dieses Lob auch auf die Einbürgerung von jüdischen Immigranten aus Osteuropa zutrifft, wird im Folgenden auf der Basis von Unterlagen des Staatsarchivs Hamburg untersucht. Die Quellensituation ist außeror-

---

242 314-15 Oberfinanzpräsident, F 154.

243 Fritz Lachmund und Rolf Müller: Hamburg. Seinerzeit zur Kaiserzeit. Hamburg 1966. S. 5.

dentlich günstig. Vorhanden sind nicht nur die Akten des Hamburger Senats, der sich immer wieder mit diesem Thema beschäftigte. Erhalten sind außerdem über 500 Personenakten mit den Anträgen osteuropäischer Juden auf den Erwerb der hamburgischen Staatsangehörigkeit. Auch alle abgelehnten Gesuche haben die Zeiten überdauert.

Vorangestellt seien einige Worte zur Anwesenheit osteuropäischer Juden in Hamburg. Am bekanntesten ist wohl ihr Zustrom in der Zeit von 1880 bis 1914. Damals wanderten nahezu eine Million Juden aus Russland, Österreich-Ungarn und Rumänien über den Hamburger Hafen nach Nordamerika und in andere Weltteile aus, angetrieben von der Diskriminierung, Armut und Perspektivlosigkeit in ihrer alten Heimat, vor allem in Russland. Dort führten Pogrome, Berufs- und Wohnsitzbeschränkungen, ein jahrelanger Militärdienst und eine massive Russifizierungspolitik zur massenhaften Auswanderung von Juden. Rund 730 000 von ihnen wählten den Weg über den Transithafen Hamburg.

Es waren zumeist arme Familien, deren Erscheinungsbild in Hamburg fremdartig wirkte. Als sogenannte „Ostjuden" stießen sie in der Bevölkerung weithin auf Unverständnis und Ablehnung. Nicht ohne Grund wurde die 1901 eröffnete Massenunterkunft für Auswanderer weit außerhalb der Stadt auf der Veddel errichtet, und es wurde streng darauf geachtet, dass sie dort isoliert blieben, bevor sie nach wenigen Tagen die Seereise antraten.[244]

Wie aber stand es um jüdische Zuwanderer aus Osteuropa, die sich von den ärmlichen Auswanderern in mehrfacher Hinsicht unterschieden: Juden aus Russland, Österreich-Ungarn und Rumänien, die schon längere Zeit in Hamburg gelebt hatten, hier beruflich erfolgreich waren und in ihrem Bildungsgrad keinesfalls zu den Unterschichten gezählt werden konnten – darunter Ärzte, Lehrer, Direktoren und Geistliche. Ihr Aufenthaltsrecht in Hamburg hing von der Entscheidung der Fremdenpolizei ab. Um sich davon zu befreien und um in Hamburg als gleichberechtigte Einwohner leben zu können, gab es nur einen Weg – die Naturalisation, oder, wie der Terminus ab 1913 lautete, die Einbürgerung.[245]

---

[244] Jürgen Sielemann: Jüdische Auswanderung aus Osteuropa. In: Andrea Brinckmann, Peter Gabrielsson (Hg.): „Seht, wie sie übers große Weltmeer ziehn!". Die Geschichte der Auswanderung über Hamburg. Bremen 2008. S. 127–137.

[245] Paragraf 3 Ziffer 5 des Reichs- und Staatsangehörigkeitsgesetzes vom 22.7.1913.

Ein wichtiges Motiv für diesen Schritt erwuchs aus den Rechtsfolgen der Heirat eines aus Osteuropa emigrierten Juden mit einer hamburgischen Staatsangehörigen. Da sich die Staatsangehörigkeit der Ehefrauen und Kinder nach der Staatsangehörigkeit des Ehemannes richtete, wurden aus Hamburgerinnen über Nacht Russinnen oder Polinnen. Ihre Kinder, die weder die Sprachen dieser Länder beherrschten noch sonst eine Beziehung zur Heimat ihrer Väter besaßen, galten ebenfalls als ausländische Staatsangehörige.

Wie es mit der hamburgischen Einbürgerungspraxis bestellt war, wird nachfolgend anhand von Beispielen betrachtet. Eine Bemerkung über die Zahl der osteuropäischen Juden in Hamburg sei vorausgeschickt.

Im kaiserzeitlichen Hamburg gab es nur einen ganz geringen jüdischen Bevölkerungsanteil mit osteuropäischer Staatsangehörigkeit. Eine verlässliche Zahl liegt für das Jahr 1910 vor. Damals lebten in Hamburg 931 Juden mit österreichisch-ungarischer und 230 Juden mit russischer Staatsangehörigkeit.[246]

Ob diese Zahl deshalb so klein ist, weil die meisten Juden aus diesen Gebieten zu jener Zeit schon eingebürgert waren, wird im Folgenden untersucht.

Eine andere Situation bestand in Hamburgs 1937 eingemeindeter Nachbarstadt Altona. Dort nahm die Zahl der jüdischen Zuwanderer aus Osteuropa im Ersten Weltkrieg und in der Weimarer Republik im Unterschied zu Hamburg beständig zu und erreichte schließlich fast 50 Prozent der jüdischen Einwohner.[247] Wie die Einbürgerungspraxis im preußischen Altona aussah, wäre noch zu untersuchen; dieser Beitrag beschränkt sich ausschließlich auf die Freie und Hansestadt Hamburg in den damaligen Grenzen, das heißt ohne die Städte Altona, Wandsbek und Harburg nebst Randgemeinden.

Die Untersuchung der lückenlos erhaltenen Akten erweist, dass die hamburgische Praxis der Einbürgerung osteuropäischer Juden im wilhelminischen Reich von einer rücksichtslosen Germanisierungspolitik Bismarcks, von der Willfährigkeit des Hamburger Senats gegenüber preußi-

---

[246] Peter Freimark: Juden in Hamburg. In: Peter Freimark (Hg.): Juden in Preußen – Juden in Hamburg (Hamburger Beiträge zur Geschichte der deutschen Juden 10). Hamburg 1983. S. 70.

[247] Bettina Goldberg: „Ostjuden“. In: Institut für die Geschichte der deutschen Juden (Hg.): Das Jüdische Hamburg. Ein historisches Nachschlagewerk. Göttingen 2006. S. 204.

schen Forderungen und von einem unverhüllten Antisemitismus in den Reihen der Hamburger Entscheidungsträger bestimmt wurde.

Nach der Aufteilung des Königreichs Polen unter dem Zarenreich, Preußen und Österreich-Ungarn hatte der preußische Staat ein großes Gebiet des ehemaligen polnischen Kernlandes annektiert und als Provinz Posen einverleibt. Noch 1910 sprach dort eine Zweidrittelmehrheit der Einwohner Polnisch. Zur Unterdrückung der polnischen Nationalbewegung ergriff Bismarck härteste Maßnahmen. Die polnische Sprache ließ er aus den Schulen verbannen, diskriminierte die mehrheitlich katholische Bevölkerung im sogenannten Kulturkampf durch die Verhaftung von Geistlichen und befahl in den Jahren 1885 und 1886 die Ausweisung von 35 000 russischen und österreichischen Staatsangehörigen unter Kolbenschlägen aus dem annektierten Gebiet. Betroffen waren auch etwa 10 000 Juden.[248]

Die brutale Aktion rief unter der polnischen Bevölkerung starke Erbitterung hervor und bewirkte, dass selbst der Deutsche Reichstag die Maßnahmen mehrheitlich missbilligte. Die Motive des Reichskanzlers untersuchte der Historiker Helmut Neubach in einer 1967 veröffentlichten Studie über Bismarcks Polenpolitik mit dem Ergebnis, dass er einen „erkennbaren antisemitischen Beweggrund" der Ausweisungen konstatierte.[249]

Bismarcks Furcht vor dem Scheitern seiner Germanisierungspolitik in den annektierten polnischen Gebieten war offenbar groß. Er warnte davor, dass ausgewiesene Aktivisten der polnischen Nationalbewegung auf einfache Weise zurückkehren könnten, um ihre Agitation im annektierten Gebiet Preußens fortzusetzen. Denn ließen sie sich in einem außerpreußischen Bundesstaat des Deutschen Reichs einbürgern, so böte ihnen das Freizügigkeitsgesetz die Garantie zur Rückkehr in die preußischen Ostgebiete.[250]

Mit Schreiben einem vom 17. März 1873 richtete Bismarck an den Hamburger Senat „das ganz ergebenste Ersuchen [...], durch geeignete Anordnungen gefälligst dafür Sorge tragen zu wollen, daß seitens der dortigen zuständigen Behörden fortan sowohl russischen als auch galizischen Polen die Naturalisation in allen Fällen versagt werde, in welchen nicht die

---

[248] Siehe http://de.wikipedia.org/wiki/Polenausweisungen.

[249] Helmut Neubach: Die Ausweisungen von Polen und Juden aus Preußen 1885/1886. Wiesbaden 1967. S. IX und 219.

[250] Helmut Neubach, wie Anm. 249, S. 4.

volle Überzeugung gewonnen ist, daß sie jedem politischen Treiben fern stehen".[251]

Die Hamburger Polizeibehörde teilte dem Senat dazu mit, es sei nicht erinnerlich, dass „russische oder galizische Polen zur Staatsangehörigkeit hier zugelassen" wurden, „wenigstens nicht in den letzten Jahren", und fügte hinzu: „Wenn diese russisch-polnischen Überläufer nicht bisher mit Consequenz von hier abgewiesen wären, so würde schon eine volkreiche Einwanderung derselben in Hamburg stattgefunden haben."[252] (Als „Überläufer" wurden russische Staatsangehörige bezeichnet, denen es in großer Zahl gelungen war, die russische Grenze ohne einen Reisepass zu überschreiten. Russische Pässe kosteten damals sehr viel Geld.)

Bürgermeister Petersen fragte sich, ob Bismarck tatsächlich (wie die Polizeibehörde) alle „russischen Überläufer" und galizischen Polen gemeint habe, und gab selbst die Antwort:

> Es werden damit wohl Personen höherer Extraktion, welche sich mit Politik, nicht mit Schacher beschäftigen, ins Auge gefasst sein. Es sei dem aber wie ihm wolle; unliebsame Elemente nach der einen oder andern Richtung sind diese Leute gewiß.[253]

Das war der springende Punkt. Ob unpolitisch oder nicht, Zuwanderer aus Russland und Galizien waren nicht willkommen, erst recht nicht, wenn es sich um Juden handelte. Die preußischen und hamburgischen Obrigkeiten sprachen ihr antijüdisches Ressentiment zunehmend offen aus.

Als der preußische Gesandte von Kusserow in einer Note vom 28. Juli 1885 darauf drang, russisch-polnischen und galizischen Juden die Naturalisation in Hamburg zu verweigern, antwortete der Senat, „daß hieselbst in diesem Sinne schon seit längerer Zeit verfahren ist, sowohl aus der Rücksicht, welche man den Bundesgenossen schuldig ist, [...] als auch, weil man durch die Erfahrung darüber belehrt ist, wie wenig wünschenswerth das Eindringen von Individuen der bezeichneten Raße in die deutschen Gemeinwesen ist."[254]

---

[251] 111-1 Senat, Cl. I Lit. T Nr. 14 Vol. 6 Fasc. 1.

[252] 111-1 Senat, wie Anm. 251, Bericht der Polizeibehörde vom 25.3.1873.

[253] 111-1 Senat, wie Anm. 251, Vermerk von Bürgermeister Petersen vom 25.3.1873.

Per Dekret vom 5. August 1885 wies der Senat die zuständigen Behörden an, ganz im Sinne der preußischen Note zu verfahren. Eine legale Grundlage gab es für diese Praxis nicht; das maßgebliche Staatsangehörigkeitsgesetz verlangte für die Einbürgerung lediglich einen unbescholtenen Lebenswandel, eine eigene Wohnung und eine gesicherte Ernährungsgrundlage.[255]

Die Einbürgerungsanträge jüdischer Einwohner mit osteuropäischen Wurzeln wurden weiterhin grundsätzlich abgelehnt. Eine Begründung erhielten die Betroffenen auch auf Nachfrage nicht. Ihnen blieb nur noch die Möglichkeit, ein Bittgesuch an den Senat zu richten.

In jedem Hamburger Juden aus Osteuropa einen nationalpolnischen Aktivisten zu vermuten, kam für Senator Gustav Ferdinand Hertz (dessen Sohn Heinrich als Physiker weltbekannt wurde) nicht in Frage. Es könne doch wohl kein Zweifel darüber bestehen, so Hertz im September 1900,

> dass das Ersuchen [der preußischen Regierung, die Naturalisation osteuropäischer Juden zu verweigern] sich auf solche Personen überall nicht beziehe, die jahrelang hier wohnten und bei denen nicht der geringste Verdacht anliegen könnte, daß sie die hiesige Staatsangehörigkeit nachsuchten, um sich einen Wohnsitz in Preußen zu ermöglichen. Die Polizeibehörde glaubte aber das preußische Ersuchen und das entsprechende Senatsdekret auch auf solche Personen beziehen zu sollen und sprach sich daher regelmäßig gegen deren Zulassung aus.[256]

Der Senat beschloss, Hertz' Erwägungen als Richtschnur für die Zukunft gelten zu lassen. Eine gravierende Änderung der bisherigen Praxis wurde damit jedoch nicht bewirkt.

---

[254] 111-1 Senat, 3829, Schreiben des Senats vom 8.8.1885 an den preußischen Gesandten in Mecklenburg und den Hansestädten von Kusserow.

[255] Paragraf 8 des Gesetzes über die Erwerbung und den Verlust der Bundes- und Staatsangehörigkeit vom 1.7.1870.

[256] 332-7 Staatsangehörigkeitsaufsicht, B III 62112, Naturalisationsantrag von Leiser Mordche Kulik, darin Abschrift des Vortrags von Hertz in der Senatssitzung vom 7.9.1900.

Abbildung 12: Dr. Gustav Ferdinand Hertz (1827–1914), Jurist und Senator

Alles in allem ergibt sich das Bild einer rassistisch orientierten, preußenhörigen Einbürgerungspolitik des Hamburger Senats, ausgelöst von Bismarcks brutalen Germanisierungsmaßnahmen. Diese Politik bewirkte, dass in der Kaiserzeit nur 17 Prozent der 533 Einbürgerungsanträge von Juden aus Osteuropa in Hamburg Erfolg hatten.[257] Wie sich die hamburgische Senatspolitik gegenüber den jüdischen Einwanderern aus Osteuropa konkret auswirkte, zeigen die folgenden Beispiele.

Michael Goldstein, geb. 1848 in Warschau, Staatsangehörigkeit Russland, seit 1873 in Hamburg, Handelsmann, war aus Russland geflohen, um sich der Militärpflicht zu entziehen. Er heiratete eine Hamburgerin und beantragte 1877 vergeblich die Naturalisation. Fünf Jahre später wurde ihm der weitere Aufenthalt in Hamburg verweigert. Im Februar 1882 richtet Goldstein ein Bittgesuch an den Senat:

> Mit Ende April dieses Jahres ist die Zeit abgelaufen, die mir bewilligt wurde, meinen Wohnsitz in Hamburg aufzuschlagen. Durch Gegenwärtiges erlaube ich mir, Ihnen die ergebenste Bitte zu unterbreiten, meinen Aufenthalt hieselbst auch fernerhin genehmigen zu wollen. Seit neun Jahren bin ich bereits mit einer Hamburgerin vermählt, und meine Tochter, die hier geboren ist, wird zu Ostern in die hiesige Lehranstalt des Paulinenstifts aufgenommen werden. [...] Die gespannte Haltung der Russen den Juden gegenüber ist außerdem nicht dazu angethan, mich mit Freuden in mein Vaterland zurückkehren zu lassen.

Für den Fall der Rückkehr drohe ihm die „Ansiedlung in Sibirien". Senator Carl Ferdinand Möring entschied den Fall:

> Ich theile die Bedenken der Polizei-Behörde in jeder Hinsicht, auch ich verspreche mir keinen Vortheil für unser Gemeinwesen und für das Deutsche Reich von der Zulassung solcher fahnenflüchtiger russ.[isch-]

[257] Diese Zahl ermittelte Antje Henze vor 28 Jahren für ihre Magisterarbeit über die Aufnahme osteuropäischer Juden in den hamburgischen Staatsverband von 1880 bis 1914. – In Göttingen erschien 2006 eine Veröffentlichung von Oliver Trevisiol mit dem Titel „Die Einbürgerungspraxis im Deutschen Reich 1871–1945". Die Studie basiert auf den unvollständig erhaltenen Akten der Länder Preußen, Bayern und Baden, und es ist sehr zu bedauern, dass die komplexe Aktenüberlieferung Hamburgs nicht einbezogen wurde.

poln.[ischer] Juden. Da der Reichskanzler früher auf besondere Vorsicht bei der Aufnahme dieser russ.[isch-]poln.[ischen] Unterthanen anempfohlen hat, so ist dies auch ein Grund mehr für mich, solche Personen abzuweisen (s. Schreiben des Reichskanzlers vom 17. März 1873).[258]

Jankiel Mosk Graniewicz, geb. 1853 in Kolno, Staatsangehörigkeit Russland, Schneider bei Ladage und Oelke, beantragte 1883 nach vierzehnjährigem Aufenthalt in Hamburg die Naturalisation, zahlte die vorgeschriebene Bar-Kaution und stellte die erforderlichen Bürgen. Die Polizei verweigerte ihm die weitere Aufenthaltserlaubnis wegen ungenügender Papiere und verwies Graniewicz der Stadt; seitdem wohnte er in Altona. Sein Anwalt nannte das Problem beim Namen:

> Der ergebene Supplicant ist sich wohl bewußt, daß im Allgemeinen der Classe von russischen Unterthanen, zu welchen er als polnischer Jude gehört, kein günstiges Vorurtheil zur Seite steht.

Graniewicz' Antrag auf Entlassung aus der russischen Staatsangehörigkeit wurde abgelehnt, weil „kein Präjudiz" geschaffen werden sollte. Die russische Behörde entzog ihm die bürgerlichen Rechte, weil er sich der Wehrpflicht entzogen hatte, und verfügte seine Verbannung aus Russland. Graniewicz' Kommentar: „Dass ich mich aber nicht freiwillig nach Russland begeben werde, um dann zur Ansiedlung nach Sibirien mich verurtheilen zu lassen, versteht sich von selbst." Die Naturalisation wurde ihm weiterhin verweigert.[259]

Marcus Verschleisser, geb. 1847 in Lemberg, verheiratet in Altona mit der Altonaerin Ester Benzion, Vater zweier Kinder, österreichischer Staatsangehöriger, Strumpfwarenhändler, früher französischer Sprachlehrer in der Privatschule von Dr. Bock in Hamburg, ab 1874 mit kurzen Unterbrechungen in Hamburg ansässig, beantragte 1883 die Naturalisation und wurde abgewiesen. Am 12. Februar 1884 nahm die Polizeibehörde wie folgt Stellung:

---

[258] 332-7 Staatsangehörigkeitsaufsicht, B III 9708, Naturalisationsantrag von Michael Goldstein.

[259] 332-7 Staatsangehörigkeitsaufsicht, B III 20063, Naturalisationsantrag von Jankiel Mosk Graniewicz.

> Ich habe bereits in früheren ähnlichen Fällen darauf hinzuweisen mir erlaubt, dass jede Zulassung eines zu den hier fraglichen Personenclassen gehörenden Bewerbers ein Präjudiz zu Gunsten späterer Bewerber zu bilden geeignet ist.

Die Aufsichtsbehörde für die Standesämter verwies am 20. Februar 1885 auf alte Zeiten:

> Es bedarf keiner Gründe für die Abweisung eines Ausländers, sondern es müssen im Gegentheil Gründe für die Aufnahme eines solchen in den Staatsverband vorliegen, es muß darauf gesehen werden, wie in einem Commissorium vom 3. Januar 1848 an E. Hohen Senat der Weddebehörde aufgegeben wurde, ob die Aufnahme im öffentlichen Interesse *ersprießlich* sei.[260]

Jacob Katz, geb. 1826 in Brody, seit 1869 in Hamburg, beantragte 1885 die Naturalisation für sich, seine Ehefrau und seine fünf Kinder. Die Polizeibehörde lehnte den Antrag am 7. September unter Hinweis auf die vertrauliche Note der preußischen Gesandtschaft vom 28. Juli 1885 ab. Jacob Katz gab nicht auf und erinnerte den Senat an Hamburgs liberale Tradition:

> Der Hamburgische Staat hat stets in seiner Toleranz, in seiner bereitwilligen Aufnahme fremder Elemente, seinen Ruhm gesucht, es ist demselben noch immer gelungen, fremde Elemente sich zu eigen zu machen, und es hat jenes Prinzip, wie Supplicant wohl hinzufügen darf, Hamburg keinen Nachtheil gebracht. Warum soll Supplicant, wenn man ihm thatsächlich gestattet, seine Wohnung und Geschäft zu haben, wenn er die Pflichten eines hamburgischen Einwohners erfüllt, nicht auch die Rechte eines solchen erlangen?[261]

Karl Weinberger aus Ungarn hatte erst ein halbes Jahr in Hamburg verbracht, als er 1890 einen Naturalisationsantrag stellte. Generell war dafür ein fünfjähriger Aufenthalt gefordert, so dass Weinbergers Aussichten nicht

[260] 332-7 Staatsangehörigkeitsaufsicht, B III 20446, Naturalisationsantrag von Marcus Verschleisser.

[261] 332-7 Staatsangehörigkeitsaufsicht, B III 23683, Naturalisationsantrag von Jacob Katz.

nur deshalb schlecht standen, weil er Jude war. Allerdings wurde er aufgrund seiner erfolgreichen Tätigkeit als Agent im „Auswanderergeschäft" der HAPAG, wie man es damals ungeniert nannte, von der Auswanderungsbehörde sehr geschätzt. Die führenden Schifffahrtsgesellschaften von Hamburg und Bremen liefern sich damals einen scharfen Konkurrenzkampf um den Verkauf von Schiffsfahrkarten an Auswanderer.

Wie ein Behördenvermerk vom 12. Juli 1890 zeigt, besaß Weinberger einen einflussreichen Fürsprecher:

> Herr Klomfass, Beamter der Auswandererbehörde, gegenwärtig: Er befürworte den Naturalisationsantrag, weil Weinberger ein thätiger Mensch sei, der gute Beziehungen habe, und deshalb für den Auswandererverkehr über Hamburg sehr förderlich sein könne. Er befördere jährlich etwa 10 000 Personen. Es sei zu befürchten, dass derselbe im Falle einer Ablehnung des Gesuchs von hier nach Bremen ziehen könnte.

Der Senator entschied, „dass ich dem Gesuche des Antragstellers, über dessen Person in keiner Beziehung Nachtheiliges bekannt geworden ist und welcher sich während der kurzen Zeit seines hiesigen Aufenthalts als umsichtiger Geschäftsmann bewährt u. mit Erfolg gearbeitet hat, nicht widersprechen will". Die Naturalisationsurkunde wurde Weinberger am 17. September 1890 ausgehändigt.[262]

Ein Jahr später beantragte Weinbergers jüdischer Berufskollege *Simon Arje Michelsohn* die Naturalisation. Er lebte seit neun Jahren als russischer Staatsangehöriger in Hamburg und hatte hier eine Hamburger Bürgertochter geheiratet. Die Nachforschungen der Polizei ergaben, dass er bei der HAPAG für die Übersetzung hebräischer Briefe „sowie das Abholen der israelitischen Auswanderer" zuständig war. Michelsohns Antrag wurde abgelehnt. Im April 1891 richtete die HAPAG ein Bittgesuch an den Senat, Michelsohn zu naturalisieren:

[262] 332-7 Staatsangehörigkeitsaufsicht, B III 36568, Naturalisationsantrag von Karl Weinberger.

> Einen Hohen Senat bitten die Unterzeichneten ehrerbietigst, den Wunsch des Herrn S. A. Michelsohn aus Kurland, in den Hamburger Staatsverband aufgenommen zu werden, gnädigst berücksichtigen zu wollen. Wir kennen den Letzteren als solide, ehrenhaft, fleißig und strebsam.

Unterschrieben war das Bittgesuch von über 20 Personen, darunter Albert Ballin. Das Gesuch wurde abgelehnt. 1894 versuchte es Michelsohn erneut:

> Ich bin bis zum 1. Mai 1894 bei der Hamburg-Amerikanischen Packetfahrt-Actien-Gesellschaft in Stellung gewesen. Seitdem bin ich Bevollmächtigter der genannten Gesellschaft und zwar für Passage. Ich habe Verbindungen mit Agenten in Russland, welche mir Auswanderer aus diesem Lande zuweisen und welche ich dann durch die Packetfahrt nach Amerika befördern lasse. Auch in allen anderen Staaten Europas habe ich Verbindungen durch Agenten, welche mir Auswanderer namhaft machen. Ich erhalte von der Packetfahrt eine Ermäßigung für jedes Passagebillet, besonders für diejenigen Fahrkarten, welche von russischen Auswanderern benötigt werden. Ich zahle z. B. an die Packetfahrt für ein Zwischendecksbillet 75 Mark, während der Verkaufspreis bei der Gesellschaft 100 bezw. 120 Mark beträgt. Von meinem Verdienst muß ich alle Kosten, insbesondere diejenigen meiner Agenten tragen.

Dazu nahm der erwähnte Beamte Klomfass von der Behörde für das Auswandererwesen, der sich unlängst noch lebhaft für die Naturalisation von Michelsohns Berufskollegen Weinberger ausgesprochen hatte, überraschenderweise wie folgt Stellung:

> Man hat mit Ausländern, welche hier als Agenten und dergleichen im Auswanderungsgeschäft thätig waren, böse Erfahrungen gemacht; nicht allein, dass sie den hiesigen Platz unsicher machten, sind sie den auf der Herreise befindlich gewesenen Auswanderern entgegen gefahren und haben sie auf entfernteren Eisenbahnstationen an sich zu locken verstanden; ja, sie sind sogar, während sich der Zug in der Fahrt befand, in die mit Auswanderern besetzten Wagen, zu deren

> Öffnen sie sich Schlüssel zu verschaffen wussten, gestiegen, wo es ihnen, zumal wenn sie mit betressten Uniformen bekleidet waren, nicht schwer war, die überrumpelten Auswanderer für sich zu gewinnen; da in solchen Stellungen ein hohes Kopfgeld für jeden angeschafften Auswanderer gezahlt wird, so wird eben auch jedes nur erdenkliche Mittel angewendet, um recht viele Auswanderer zu gewinnen.

Klomfass war nicht bereit, Michelsohns Naturalisation zu befürworten und stimmte erst drei Jahre später zu, als sich die HAPAG erneut dafür einsetzte.[263]

1904 beantragte der jüdische Kaufmann *Dawid Urich* die Naturalisation. Die anwaltliche Formulierung seines Antrags übernahm Hamburgs späterer Bürgermeister Carl Petersen:

> Der Gesuchsteller ist im Jahre 1880 aus Lemberg in Galizien, wo er heimatberechtigt ist, hier eingewandert und ist seitdem ständig in Hamburg, kurze Zeit in der Nachbargemeinde Wandsbek, sesshaft gewesen. Dort ist er am 10. Februar 1887 die Ehe eingegangen mit Annita geb. Italiener aus Hamburg, die durch ihre Mutter, eine geborene Cassuto, einer in Hamburg seit langem ansässigen Familie entstammt. Den Eheleuten Sass sind hier in Hamburg 4 Kinder geboren. [...] Das älteste seiner Kinder, ein Sohn, wird nach dem Wunsche des Gesuchstellers, wenn er selber die Staatsangehörigkeit erlangt, demnächst sich als Freiwilliger zum Eintritt in das Heer melden.[264]

Polizeidirektor Roscher lehnte den Antrag ab:

> Wenn Urich auch unbescholten ist, sich schon seit 1880 mit kurzen Unterbrechungen hier aufhält und auch augenscheinlich in gesicherten Lebensverhältnissen lebt, so halte ich doch insbesondere auf Grund der bestehenden Praxis die Aufnahme galizisch-jüdischer Gewerbetreibender in den Staatsverband für bedenklich und untunlich, wenngleich auch die hiesige Handelskammer, die Kreishauptmannschaft Leipzig und das

[263] 332-7 Staatsangehörigkeitsaufsicht, B III 38600, Naturalisationsantrag von Simon Arje Michelsohn.

[264] 332-7 Staatsangehörigkeitsaufsicht, B III 76301, Naturalisationsantrag von Dawid Urich, Schreiben von Rechtsanwalt Carl Petersen vom 24.2.1904.

> Stadt- und Landamt in Lübeck prinzipielle Bedenken nicht erhoben haben. Bemerkt sei, daß Urich derzeit sich in Wandsbek nur angemeldet hat, um dort die Eheschließung vorzunehmen, die hier wegen Fehlens einiger Papiere nicht hatte erfolgen können. Urich hat sich ferner unberechtigter Weise auch den Behörden gegenüber stets Sass genannt, obwohl die nach jüdischem Ritus geschlossene Ehe seiner Eltern nach bürgerlichem Recht nicht gültig war.[265]

Urichs Antrag wurde abschlägig beschieden. Rechtsanwalt Carl Petersen widersprach:

> Indem der gehorsamst Unterzeichnete gegen diesen Bescheid Beschwerde einlegt, beantragt er: Ein Hoher Senat geneige, die Aufsichtsbehörde für die Standesämter anzuweisen, den Gesuchsteller in den hamburgischen Staatsverband aufzunehmen. [...]
>
> Da dem Gesuchsteller die Einsicht in die Akten nicht gestattet wird, so ist er bezüglich der Gründe der Ablehnung seiner Aufnahme in den hamburgischen Staatsverband nur auf Vermutungen angewiesen. Da er jedoch [...] seit dem Jahre 1880 in Hamburg wohnhaft ist, sich nie hat etwas zuschulden kommen lassen und in Verhältnissen lebt, die es ausgeschlossen erscheinen lassen, dass er dem hamburgischen Staate jemals zur Last fällt, so können es wohl nur prinzipielle Gründe gegen die Aufnahme von aus Galizien stammenden Angehörigen der israelitischen Religion sein, die zu der Ablehnung des Gesuches geführt haben. [...] Sollten solche prinzipielle Bedenken vorwalten, so ist darauf hinzuweisen, dass die besondere Lage dieses Falles es doch gerechtfertigt erscheinen lässt, von der Anwendung dieses Prinzips abzusehen. Der Gesuchsteller ist nunmehr 24 Jahre in Hamburg ansässig, seine Frau ist aus Hamburg gebürtig, seine Kinder sind hier erzogen und groß geworden, seine geschäftlichen wie persönlichen Beziehungen sind also unlösbar mit Hamburg verbunden. [...] In Sonderheit hat der Gesuchsteller diesen Wunsch für seine Kinder, die, wenn sie die hamburgische Staatsangehörigkeit nicht erwerben, alsdann in Öster-

---

[265] 332-7 Staatsangehörigkeitsaufsicht, B III 76301, wie Anm. 264, Schreiben von Polizeidirektor Roscher vom 2.5.1904.

> reich-Ungarn, einem Lande, das ihnen völlig fremd ist, ihrer Militairpflicht genügen müssten.

Petersens Antrag hatte Erfolg, sehr zum Unwillen des widerspenstigen Referendars Brackenhoeft von der Polizeibehörde. Er empfahl, „diesen Fall besonders zu vermerken und ihn gelegentlich im Verein mit anderen zum Gegenstande einer Remonstration[266] zu machen. Auch in diesem Falle handelt es sich um einen *galizisch-jüdischen Gewerbetreibenden*, der sich auch Behörden gegenüber fortgesetzt des ihm nicht zustehenden Namens seines unehelichen Vaters – Sass – bedient hat."[267]

Der Naturalisationsantrag des siebzehnjährigen *Leo Isaac Lessmann*, dessen Vater das „Israelitische Familienblatt" herausgab, wurde 1908 von Polizeidirektor Roscher abgelehnt, da der junge Lessmann zum aktiven Militärdienst untauglich sei. Der Stabsarzt hat bei Lessmanns Musterung leichte Fettleibigkeit und einen Hautausschlag festgestellt. Anders fiel die Diagnose des Dermatologen Dr. Karl Unna aus: Lessmann sei bis auf eine „harmlose Stelle, welche vorübergehender Natur ist, hautgesund". Aufgrund dieses Gutachtens wurde der junge Lessmann dann doch naturalisiert.[268] (Dr. Karl Unna war übrigens ein Sohn des Dermatologen Paul Gerson Unna, dem die bekannte Ichthiol-Salbe zu verdanken ist.)

Wie schon erwähnt, hatten nur rund 17 Prozent der Naturalisationanträge osteuropäischer Juden in Hamburg Erfolg. Erhalten ist ein dreibändiges „Abweisungsregister", in dem alle abgelehnten Naturalisationsgesuche der Jahre 1873 bis 1898 und 1906 bis 1910 tabellarisch zusammengestellt wurden.[269] 10 Prozent aller abgelehnten Gesuche betrafen jüdische Einwohner mit osteuropäischen Wurzeln, obwohl deren Zahl nur einem winzigen Bevölkerungsanteil entsprach. Die Ablehnungsgründe sind im „Abweisungsregister" jeweils notiert. Einige Zitate aus diesem Register mögen zur Charakterisierung der damaligen Verantwortungsträger genügen.

---

[266] Als Remonstration wird die Gegenvorstellung eines Beamten gegen eine von ihm für rechtswidrig gehaltene Entscheidung eines Vorgesetzten bezeichnet.

[267] 332-7 Staatsangehörigkeitsaufsicht, B III 76301, wie Anm. 264, Vermerk von Referendar Brackenhoeft vom 24.9.1904.

[268] 332-7 Staatsangehörigkeitsaufsicht, B VI 1909 Nr. 338.

[269] 332-7 Staatsangehörigkeitsaufsicht, A VI Bd. 1–3.

> *Joel Reiss:* „[Ablehnung wegen] jüdisch-galizischer Abstammung und mosaischer Religion."[270]
>
> *Osias Beer Chassel:* „Ist jüdisch-galizischer Abstammung; betreibt den Erwerb der deutschen Staatsangehörigkeit offenbar nur, um eine Christin heiraten zu können."[271]
>
> *Samuel Schmelke Meisels*: „Durch verschiedene Schriften Propaganda für das Judenthum."[272]
>
> *Abe Katz:* „Gilt als streitsüchtiger Mann."[273]
>
> *Abraham Sternberg:* „Die Lebensführung des Sternberg kann durchaus nicht als einwandfrei bezeichnet werden."[274]
>
> *Marcus Ruben:* „Wegen seiner russisch-polnischen Abstammung sowie weil er eine unheilbar geisteskranke Frau hat."[275]

Auch ein nichtjüdischer Einwohner aus den USA wurde abgewiesen. Die Begründung lautete: „Weil er Neger ist (mit Rücksicht auf die Race)."[276]

---

[270] 332-7 Staatsangehörigkeitsaufsicht, A VI Bd. 2 Nr. 563.

[271] 332-7 Staatsangehörigkeitsaufsicht, A VI Bd. 2, Nr. 373.

[272] 332-7 Staatsangehörigkeitsaufsicht, A VI Bd. 3, Nr. 549.

[273] 332-7 Staatsangehörigkeitsaufsicht, A VI Bd. 3, Nr. 87.

[274] 332-7 Staatsangehörigkeitsaufsicht, A VI Bd. 2, Nr. 618.

[275] 332-7 Staatsangehörigkeitsaufsicht, A VI Bd. 1, Nr. 706.

[276] 332-7 Staatsangehörigkeitsaufsicht, A VI Bd. 2, Nr. 34.

332-8 Meldewesen

Wer vor 120 Jahren umzog, war verpflichtet, den Wohnungswechsel behördlich registrieren zu lassen. Daran hat sich bis heute nichts geändert. Wie im wilhelminischen Deutschland ist der Staat auch in unserer Zeit über die aktuellen Wohnsitze der Einwohner zu informieren, und nicht nur darüber. In den Einwohnermeldekarteien der Kaiserzeit und den Datenbanken der heutigen Meldeämter sind weitere Daten der Bürgerinnen und Bürger enthalten: Beruf und Religion, Eheschließung und Kinder, Scheidung, Namensänderung, Staatsangehörigkeit und anderes. Die Datensammlung endet erst mit der Eintragung des Sterbetages.

Gehört die im Kaiserreich eingeführte allgemeine Meldepflicht[277] zu den unabänderlichen Bürgerpflichten, ohne die ein geordnetes Staatswesen nicht auskommen kann? In den USA und anderen westlichen Demokratien wird darauf verzichtet, doch kann niemand behaupten, dass dort anarchische Verhältnisse herrschten. Einen (vom Gesetzgeber nicht intendierten) Vorteil hat unser System allerdings: Die historischen Einwohnermelderegister besitzen einen großen Wert als Quelle für biografische und familiengeschichtliche Forschungen, nachdem sie archivreif geworden sind.

Für die Ausschöpfung dieser Quelle ist es hilfreich, die Entwicklung des Einwohnermeldewesens in Hamburg und ihren engen Zusammenhang mit der Geschichte der Staatsangehörigkeit kennenzulernen. Die Entstehungsgeschichte des Einwohnermeldewesens wird im Folgenden skizziert.

Ende Mai 1814, als die napoleonische Herrschaft über Hamburg beendet war und die letzten französischen Truppen die Stadt verlassen hatten, wurde die Befreiung mit Veranstaltungen und Paraden euphorisch gefeiert. Anerkannte und selbsternannte Poeten griffen zur Feder und besangen Hamburgs wiedergewonnene Unabhängigkeit mit glühender Begeisterung:

---

[277] Die allgemeine Meldepflicht wurde in Hamburg mit dem am 1.2.1892 in Kraft getretenen Gesetz betreffend das Einwohner-Meldewesen vom 6.5.1891 eingeführt.

Hammonia. Frei ist sie, frei! Ein Himmel wird die Hölle!
Entstürze, Träne! Glühe Busen! Schwelle
im Hochgefühl der trunknen Lust![278]

Die Freude war verständlich. Während der „Franzosenzeit" war Hamburg zu einer armen Stadt geworden. Der Handel hatte infolge der 1806 von Napoleon I. gegen England verhängten Wirtschaftsblockade (Kontinentalsperre) einen fatalen Niedergang erlitten. Immense Kontributionen und die im November 1813 vom französischen Marschall Eckmühl veranlasste Konfiskation von 7,5 Millionen Banco-Mark aus der Hamburger Bank waren weitere Tiefschläge für das Gedeihen der einst wohlhabenden Hansestadt. Nach dem Abzug der Franzosen hielten es die alten Machtinhaber für angebracht, die unter Napoleon abgeschaffte politische Ordnung so schnell wie möglich wiederherzustellen. Mit einer Bekanntmachung vom 26. Mai 1814 ließ „ein hochedler Rat" die Einwohner wissen, dass er „es für seine Pflicht gehalten habe, ungesäumt das Ruder der Regierung wieder in die Hand zu nehmen". Von seinen Mitbürgern erwartete er „Anhänglichkeit an unsere durch Erfahrung erprobte Verfassung, die in ihren Grundlagen unerschüttert erhalten werden muss, wenn auch gleich der Geist der Zeiten in der Art der Verwaltung nach sorgfältiger Überlegung Veränderungen nötig machen sollte".[279]

Was bedeuteten diese Sätze für die Juden in Hamburg? Napoleons *Code civil* hatte ihnen anstelle des diskriminierenden Judenreglements von 1710 die volle bürgerliche und politische Gleichstellung gebracht.[280] Nichtsdestoweniger waren auch sie von den Leiden der Besatzungszeit zermürbt, freuten sich über das Ende der französischen Herrschaft und hofften auf einen glücklichen Neubeginn.[281] Hatte nicht der Rat gerade angekündigt, dass der Geist der Zeit Veränderungen nötig mache?

---

[278] Christian Daniel Anderson: Sammlung der Verordnungen der freyen Hanse-Stadt Hamburg seit deren Wiederbefreiung im Jahre 1814. Bd. 1. Hamburg 1815. S. 2.

[279] Anderson, wie Anm. 278, S. 3.

[280] Helga Krohn: Die Juden in Hamburg 1800–1850. Frankfurt am Main 1967. S. 16.

[281] Moses Martin Haarbleicher, wie Anm. 52, S. 125.

Abbildung 13: Kürassiere der französischen Armee in Hamburg

Die Hoffnung trog. Zwar legte der Rat im Oktober 1814 einen Gesetzentwurf vor, der den Juden den Zugang zum Bürgerrecht eröffnete und eine Reihe weiterer Verbesserungen vorsah, doch lehnte die Erbgesessene Bürgerschaft den Entwurf ab.[282]

Man hoffte nun auf eine für alle Staaten des Deutschen Bundes verbindliche Regelung der bürgerlichen Rechte der Juden durch den Wiener Kongress. Auch diese Hoffnung erfüllte sich nicht. Anschließend war der Deutsche Bundestag mit der Sache befasst, doch alle Bemühungen um eine Reform verliefen im Sande. Die Epoche der Restauration mit der Wiederherstellung des vermeintlich „guten alten Rechts“ hatte begonnen und wurde auch in Hamburg erst nach Jahrzehnten überwunden. Der rechtliche Status der Hamburger Juden entsprach nun wieder der Situation vor ihrer Gleichstellung in der „Franzosenzeit“; sie blieben vom Erwerb des Bürgerrechts ausgeschlossen. Im Unterschied zu den Bürgern (im Rechtssinne) standen sie als „Israeliten“ im hamburgischen Nexus, und das nur dann, wenn sie die Mitgliedschaft in einer der jüdischen Gemeinden Hamburgs besaßen. Nexus? Dieser damals gebräuchliche Terminus bezeichnete die rechtliche Zugehörigkeit zum Hamburger Staat. Wer im „städtischen Nexus“ stand oder, wie man auch sagte, „sich der Stadt verwandt gemacht“ hatte, besaß einerseits eine Reihe von Rechten, darunter das Recht zum ständigen Aufenthalt und auf obrigkeitlichen Schutz, andererseits auch die Pflicht, Steuern und Abgaben zu entrichten. Über die Frage der Aufnahme als Mitglied der Deutsch-Israelitischen Gemeinde[283] entschieden deren Vorsteher. Prinzipiell konnten nur solche Bewerber aufgenommen werden, die von Gemeindemitgliedern abstammten.[284] Wer diese Bedingung nicht erfüllte und seinen Fuß für kürzere oder längere Zeit in die Stadt setzen wollte, galt rechtlich als „fremder Israelit“ und war ebenfalls auf die Aufenthaltserlaubnis der Vorsteher der Deutsch-Israelitischen Gemeinde angewiesen.

---

[282] Moses Martin Haarbleicher, wie Anm. 52, S. 135.

[283] Bezeichnung der Hamburger aschkenasischen Gemeinde seit 1821. Vgl. Moses Martin Haarbleicher, wie Anm. 52, S. 203.

[284] Anderson, wie Anm. 278, S. 6.

Doch nun trat eine neue Institution auf den Plan – die Ende Mai 1814 begründete Hamburger Polizeibehörde.[285] Sie hatte ein besonderes Auge auf die Fremden und entwickelte ein Verfahren zu ihrer systematischen Registrierung.

Im Frühjahr 1815 verbreitete sich die Schreckensnachricht von der Rückkehr Napoleons I. aus dem Exil. Auch in Hamburg befürchtete man das Schlimmste und argwöhnte, dass sich Parteigänger des besiegt geglaubten französischen Kaisers bereits in der Stadt befänden, um zu gegebener Stunde den Umsturz zu inszenieren. Am 19. April 1819 erließ der Rat folgende Bekanntmachung:

> 1. Jeder Fremde, ohne Ansehen der Person, der schon in der Stadt ist, muss innerhalb zweimal 24 Stunden, falls er seinen Pass bei der Polizeibehörde noch nicht eingeliefert hat, sich bei derselben sistieren, [und] dort seinen Pass gegen einen Erlaubnis-Schein, [der ihn berechtigt,] sich hier aufzuhalten, deponieren.
> 2. Jeder Fremde, und vorzüglich jeder Franzose, muss sich innerhalb zweimal 24 Stunden bei der Polizei melden, und sich über seinen hiesigen Aufenthalt durch Nachweisung der erlaubten Geschäfte, die er hier treibt, gehörig legitimieren, oder gewärtigen, dass er als Verdächtiger über die Grenze gebracht wird.[286]

In ihren Grundzügen hatte diese Anordnung bis zur Einführung der allgemeinen Meldepflicht im Jahre 1891 Bestand. Wer nicht im hamburgischen Nexus stand und in der Stadt bleiben wollte, benötigte dazu die Erlaubnis der Polizei und wurde registriert. Am 10. Mai 1816 publizierte der Hamburger Rat eine Sonderregelung für Juden mit folgenden Worten:

> Fremde Juden, die sich so häufig hier einschleichen und sogar heimlich sich verheiraten, darf der Aufenthalt allhier nicht gestattet werden, falls sie nicht bei den Vorstehern der Juden-Gemeinden sich gemeldet und von diesen ein Zeugnis beigebracht haben, dass in Hinsicht ihrer Aufführung und ihrer Verbindung kein Hindernis liege, um ihnen einen kurzen oder längern Aufenthalt allhier zu gestatten. Zugleich

[285] Anderson, wie Anm. 278, S. 5.

[286] Anderson, wie Anm. 278, S. 69.

> wird es den Vorstehern der Juden-Gemeinden zur Pflicht gemacht, alle diejenigen fremden Juden, die sich hier eingeschlichen haben und die den [Jüdischen] Gemeinden lästig und verdächtig sind, der Polizeibehörde anzuzeigen, um sie von hier zu entfernen.[287]

Hatte der Hamburger Rat noch vor anderthalb Jahren mit klingenden Worten einen verbesserten Status der Juden in Hamburg angekündigt, so fiel er jetzt in die diskriminierende Diktion vergangener Jahrhunderte zurück.

Als Folge der genannten Verordnung entstand eine Quelle, die manches über die „fremden Juden" in Hamburg offenbart und auch familiengeschichtlichen Nachforschungen förderlich sein kann: das „Verzeichnis der bei der Hamburger Polizeibehörde im Jahre 1816 gemeldeten fremden Israeliten".[288] Es weist die stattliche Zahl von 1181 Namen auf und enthält folgende Rubriken:

- Nachname, Vorname [Bei Fremden ohne festen Familiennamen wurde der patronymische zweite Name als Nachname angesehen.]
- Geburtsort
- Gewerbe
- Adresse und Name des Vermieters
- Datum der Anmeldung

Das Verzeichnis wurde von einem Angehörigen der Polizeibehörde geführt und dem Vorstand der Deutsch-Israelitischen Gemeinde auf dessen Anforderung zur Verfügung gestellt. Für die Aufenthaltserlaubnis erhob die Gemeinde eine Gebühr, und der Vorstand bemühte sich, säumige Zahler ausfindig zu machen. In seiner Sitzung vom 23. Oktober 1816 beschloss er das Folgende:

> Wegen der Fremden übernimmt Herr Embden es, bei der Polizei zu bewirken, dass die Rückständigen zur Bezahlung angehalten werden sollen, und ist demselben dieserhalb eine Liste aller rückständigen Fremden zuzustellen.[289]

---

[287] Anderson, wie Anm. 278, S. 95.

[288] 522-1 Jüdische Gemeinden, 363.

[289] Staatsarchiv Hamburg, 522-1 Jüdische Gemeinden, 72 a Bd. 1, S. 245.

Abbildung 14: Das Stadthaus am Neuen Wall, Sitz des Fremdenmeldebüros der Polizeibehörde

Offensichtlich steht das genannte „Verzeichnis der bei der Hamburger Polizeibehörde im Jahre 1816 gemeldeten fremden Israeliten" damit in einem Zusammenhang, auch wenn es sich um eine Gesamtliste der Fremden handelt, die keineswegs auf säumige Zahler beschränkt ist. Aus familiengeschichtlicher Sicht weist das Verzeichnis einige bedauerliche Mängel auf. Bei 50 der 1181 Einträge fehlt der Vorname; 517 mal ist der Vorname abgekürzt, 462 mal nur mit einem Buchstaben. Die Geburtsorte von 64 Personen sind wegen allzu starker Verballhornung oder fehlender Zusätze bei Orten gleichen Namens (z. B. Frankfurt, Neustadt) nicht zu identifizieren. Manche Fremden besuchten die Stadt mehrfach und wurden stets neu eingetragen. So lässt sich feststellen, dass es sich bei den 1181 registrierten Fremden in Wahrheit nur um 927 Personen handelte. Bevor ihre Geburtsorte, Berufe und Hamburger Wohnadressen betrachtet werden, sei noch ein kurzer Blick auf die Proportion der in Hamburg heimischen Konfessionen und auf das Erscheinungsbild der Stadt geworfen. In Georg Nicolaus Bärmanns 1822 erschienenem Fremdenführer ist das Folgende zu lesen:[290]

> Die gesamte Volkszahl der Stadt Hamburg ist wegen des Ab- und Zugehens der Fremden durchaus nicht genau anzugeben. Im Durchschnitt bestimmt sich die Anzahl sämtlicher Einwohner in Stadt und Gebiet höchstens auf 140 000. Davon sind

Lutheraner	105 000
Katholiken und Mennoniten	5 000
Reformierte	6 000
Juden	10 000
Fremde	14 000

Das Erscheinungsbild Hamburgs erschien Bärmann alles andere als attraktiv:

> Der erste Anblick von Hamburg, zu welchem Tore man auch hereinkomme, ist keineswegs einnehmend. Die Straßen (wir wollen bei dieser hier üblichen Benennung bleiben), sind größtenteils krumm und

---

290 Georg Nicolaus Bärmann: Hamburg und Hamburgs Umgebung. Ein Handbuch und Hülfsbuch für Fremde und Einheimische. Hamburg 1822. S. 2.

> schmal. Es gibt deren mehrere, wo zwei Wagen nur mit Mühe einander ausweichen können. Die Häuser der Hamburger – einige neuere ausgenommen – stehen an äußerer Schönheit sowohl als in innerer Bequemlichkeit denen in anderen großen Städten unendlich nach; selbst die öffentlichen Gebäude sind meistens in dem eckigen altgotischen oder noch widrigeren holländischen Geschmack des siebzehnten Jahrhunderts erbaut, und mit den Privathäusern ist es noch weit schlechter bestellt; ihre Bauart enthält gewöhnlich die gröbsten Versündigungen gegen den guten Geschmack.

Doch fügte der „Weltweisheit Doktor und der freien Künste Magister"– so lautete Bärmanns Titel – einen Trost hinzu:

> Aber bald verschwinden jene ungünstigen Eindrücke beim Anblick des regen, geschäftigen Lebens, des unaufhörlichen Gewühls tätiger, betriebsamer Menschen und aller der Resultate, die Erwerbsfleiß und Spekulationsgeist in einem handelnden Staat dem Fremden vor Augen stellen.[291]

Wo wurden die 1816 in Hamburg eingetroffenen „fremden Israeliten" geboren? Der folgenden Aufstellung ihrer Geburtsorte sind die Territorien der heutigen Bundesländer und Staaten zugrunde gelegt:

Deutschland

Mecklenburg-Vorpommern	186
Niedersachsen	109
Schleswig-Holstein	75
Hessen	33
Hamburg[292]	28
Bayern	27

[291] Bärmann, wie Anm. 290, S. 17.

[292] Der Geburtsort Hamburg ist in allen diesen Fällen mit dem Zusatz „angeblich" versehen. Die Frage der Zugehörigkeit zum hamburgischen Nexus war vermutlich wegen fehlender Papiere strittig, so dass die Betroffenen als „Fremde" klassifiziert wurden.

Berlin	23
Sachsen-Anhalt	16
Brandenburg	14
Nordrhein-Westfalen	10
Rheinland-Pfalz	5
Sachsen	4
Baden-Württemberg	3
Bremen	3
Thüringen	2
Gesamtzahl	538

Ausland

Polen	204
Dänemark	32
Russland	18
Niederlande	17
Lettland	15
Schweden	9
England	8
Tschechien	6
Frankreich	3
Marokko	3
Ukraine	3
Türkei	2
Ungarn	2
Litauen	1
Österreich	1
Rumänien	1
Gesamtzahl	325

Die Angabe des Gewerbes fehlt lediglich bei 10 Personen, so dass ein recht genauer Einblick in die Berufsstruktur zu erhalten ist.

Frauen

Handelsfrau	18
ohne Berufsangabe	6
Näherin	5
Dienstmädchen	2
Amme	1
Gelehrte	1
„Mechanische Künste“	1
Putzarbeiterin	1
verabschiedete Marketenderin	1
Gesamtzahl	36

Männer

Kaufmann	487
Handelsmann	197
Handlungsdiener	68
Lehrer	36
Schneider	19
Bedienter, Gehilfe Ladendiener, Knecht, Handlungsbursche, -gehilfe	11
Schlachter	7
Buchbinder	4
Goldschmied, Goldarbeiter, Goldscheider	4
Optiker	4
Rabbiner	4
ohne Berufsangabe	4
Vorsänger	4
Künstler	3
Makler	3
Musiker	3
Destillateur	2
Großhändler	2

Kellner	2
Kommissionär	2
Mechaniker	2
Sänger	2
Schreiber	2
Student	2
Doktor der Medizin	1
Equilibrist [Seiltänzer]	1
Fabrikant	1
Galanteriewarenhändler	1
Gelehrter	1
Hausierer	1
Hofagent, Königlich Sächsischer	1
Hutmacher	1
Kürschner	1
Militär	1
Porzellanarbeiter	1
Schreiber beim holländischen Minister	1
Schuhmacher	1
Siegellackmacher	1
Tuchmacher	1
Uhrgehäusemacher	1
Zigarrenmacher	1
Gesamtzahl	891

Die bunte Vielfalt der Berufe zeigt, dass von einer absoluten Beschränkung der Juden auf den Handel keine Rede sein konnte, auch wenn ihnen der Zugang zu Zünften, öffentlichen Ämtern und anderen Professionen verwehrt war. Die Herkunft einer stattlichen Zahl aus Polen bedeutet nicht, dass sie überwiegend aus ländlichen Gemeinden stammten; Warschau, Lissa, Posen und Städte in Schlesien und Westpreußen waren als Geburtsorte stark vertreten. So trugen die „fremden Israeliten" des Jahres 1816 ein Stück des Wesens und Wissens der nahen und fernen Außenwelt in die

Stadt. Hier trafen sie eine selbstgefällige, in dumpfen Vorurteilen befangene Obrigkeit an, die sie wie in längst vergangenen Zeiten unter Sonderrecht stellte.

Wo fanden die jüdischen Fremden 1816 Unterkunft?Von 927 gemeldeten Personen wohnten 323 in Gasthöfen. Wo sie Quartier nahmen, zeigt die folgende Aufstellung. Darin sind die im Adressbuch von 1816 als „vornehmste Gasthöfe hieselbst" qualifizierten Häuser mit einem Stern versehen.

Zahl der fremden jüdischen Gäste

Stadt Berlin, Kohlhöfen	119
Im Weißen Schwan, Alter Steinweg 56*	60
Holsteinisches Haus, Kohlhöfen 224*	49
Weißes Ross, Großneumarkt 120	34
Im Wiener Hof, Großer Burstah 50	12
Zum Römischer Kaiser, Jungfernstieg 3*	9
Der Schwarze Adler, Große Johannisstraße 61*	6
Krameramtshaus, Große Johannisstraße 60*	5
Obergesellschaft, Pelzerstraße 87*	4
In der Sonne, Neuer Wall 151*	3
Weißes Lamm, Alter Steinweg	3
Alte Stadt London, Jungfernstieg 8*	2
Dannenberger Haus, Dovenfleet 104	2
Hôtel de Russie, Jungfernstieg 15*	2
Neuer Gasthof, Alter Steinweg 29	2
Der Schwarze Elephant, Hopfenmarkt 91*	2
Wilder Mann, Hopfenmarkt 84*	2
Blauer Engel, Schweinemarkt 56	1
Kurfürst von Brandenburg, Steinstraße	1
St. Petersburg, Jungfernstieg 65*	1
Stadt Braunschweig, Steinstraße	1
Stadt Breslau, Johannisbollwerk	1
Stadt Hannover, Hopfenmarkt	1
Stadt Kiel, Gänsemarkt	1

Den Aufenthalt von jüdischen Gästen in sonstigen Häusern zur Beherbergung von Fremden und die Namen ihrer Wirte zeigt die folgende Aufstellung; aufgenommen sind darin nur Unterkünfte mit mindestens 10 Meldungen.

3. Elbstraße 146, S. Joseph	71
Neuer Steinweg 21, Hesse & Wiener	70
Hinter den Hütten 46, S. Wolff	36
3. Marktstraße 171, Hannover	29
3. Peterstraße 25, Altonaer Schulhof, E. Wagener	25
Neuer Steinweg 78, L. Behrens	23
Schlachterstraße 106, M. L. Isaac	21
2. Elbstraße 49, Marcus Gabriel	17
Neuer Steinweg, Pätshof, Samuel Simon	16
2. Elbstraße 14, M. Aron	14
Bei den Hütten 278, Witwe Strelitz	13
Großneumarkt 23, N. Jacobson	12
3. Elbstraße 160, M. Hahn	10
Hinter den Hütten 75, Witwe Möller	10
Neuer Steinweg 23, M. Bauer	10

Die Übrigen fanden Unterkunft bei einer großen Zahl von Zimmervermietern, darunter vielen Witwen, und, wie sich aus gleichlautenden Namen von Gästen und Gastgebern schließen lässt, bei Verwandten. Von einigen Ausnahmen abgesehen, handelte es sich um Adressen in der Neustadt.

Der hier zur Verfügung stehende Platz erlaubt keinen Abdruck der Liste von 1816, doch sollen wenigstens die „weiblichen Fremden" genannt werden. Frauen, die in der damaligen Zeit allein nach Hamburg reisten, müssen recht couragiert gewesen sein.

Caroline Alexander, geb. in Stralsund, Näherin, Mönkedamm 88, bei Aussig

Lea Aron, geb. angeblich in Hamburg, Handelsfrau, Schlachterstraße 30

H. Beer, geb. in Waren, Handelsfrau, Großneumarkt, Gasthof „Weißes Ross"

Mariane David geb. Hirsch, geb. in Altona, Handelsfrau, mit drei Kindern und einem Knecht, Peterstraße, Altonaer Schulhof, bei E. Wagener

Jette Dinge, geb. in Hanau, Näherin, Bei den Hütten 278, bei Witwe Strelitz

Jeanette Fraenckel, geb. in Harzgerode, Handelsfrau, Mönkedamm 78, bei den Gebrüdern Fränckel

Rahel Friedländer, geb. in Danzig, Kaufmann [sic!], Große Bleichen 316, bei Jacobsohn & Comp.

Schönke Hertz, geb. in Osterholz, Amme, mit einem Kind, 3. Peterstraße, bei Rodrigues

Jette Heyne, geb. in Ratzeburg, Kohlhöfen, Gasthof „Stadt Berlin"

[N. N.] Hirsch, geb. in Waren, Handelsfrau, Großneumarkt, Gasthof „Weißes Ross"

Henriette Jacobson, angeblich geb. in Hamburg, Näherin, Grüner Sood 185, bei S. Levy

[N. N.] Joseph geb. Moses, Witwe, geb. angeblich in Hamburg, Handelsfrau, Hinter den Hütten 46, bei S. Wolff

Antonie Kaan, geb. in Mummenheim, verabschiedete Marketenderin, Peterstr. 15, bei H. J. Levy

Ester Lazarus geb. Levin, geb. in Breslau, mit zwei Kindern, 3. Peterstraße, Altonaer Schulhof, bei E. Wagener

Jette Lazarus, geb. in Lissa, Handelsfrau, Kirchenstraße, bei Isler

Rachel Lazarus, geb. in Hannover, Gelehrter [sic!], 2. Elbstraße 49, bei M. Gabriel

Zara Leser, geb. in Mitau in Kurland, I. Elbstraße 53, bei S. Heyn

Betty Levin, geb. in Kassel, Näherin, Hinter den Hütten 307, bei S. Cords

Ester Levin, geb. in Berlin, mit zwei Kindern, Handelsfrau, Grüner Sood 181, bei P. Cohn

Jette Levy, geb. in Fulda, Dienstmädchen, Peterstraße, Ratjenshof, bei J. Ball

Mariane Levy, geb. in Oldenburg, Handelsfrau, mit zwei Kindern, Venusberg 90, bei Zinck

Sibille Levy, geb. in Sendorf bei Bamberg, Handelsfrau, Grüner Sood 179, bei Cohn

Jette Meyer, geb. in Quidhagen [?] in Hessen, „nährt sich durch mechanische Künste", mit vier Mädchen und zwei Knaben, Grüner Sood 172, bei P. Cohn

S. Meyer, geb. in Tetrow, Witwe, Handelsfrau, Neustädter Neuer Gang, bei S. Hirsch

Ester Mockowigowa, geb. in Neustadt bei Warschau, Hinter den Hütten 46, bei S. Wolff

Mariane Moses, geb. angeblich in Hamburg, Handelsfrau, mit Tochter, Hinter den Hütten 46, bei S. Wolff

Malchen Moses, geb. in Lüde bei Pyrmont, Handelsfrau, Neuer Steinweg, Pätshof, bei S. Simon

Therese Raphael, geb. angeblich in Hamburg, 2. Peterstraße 181, bei A. Salomon

Anna Salomon, geb. in Femern [Fehmarn?], Handelsfrau, mit drei Kindern, Grüner Sood 181

[N. N.] Salomon, geb. in Fürth, Witwe, Handelsfrau, Neuer Steinweg, Pätshof, bei S. Simon

Zarenze Samuel, geb. in Alt-Strelitz, Dienstmädchen, Neuer Steinweg, Doctorhof

Henriette Seligkopf geb. Mendel, geb. in Warschau, Breite Straße, Gasthof „Weißes Ross"

Selde Silberberg, geb. in Rawitz, Putzarbeiterin, Großneumarkt 106, bei Neureicher

Male Susmann, geb. in Bernburg bei Magdeburg, Handelsfrau, mit vier Kindern, 3. Peterstraße, Altonaer Schulhof, bei E. Wagener

S. Wolff, geb. in Amsterdam, Handelsfrau, 3. Marienstraße, Krayenhof, bei Witwe Muck

Trine Zacharias geb. Levin, geb. angeblich in Hamburg, Handelsfrau. 3. Peterstraße, Altonaer Schulhof, bei E. Wagener

Wer als Jude den Fremdenstatus aufgeben wollte, um sich in Hamburg dauernd niederzulassen, musste dazu wie schon erwähnt von einer der beiden jüdischen Gemeinden als Mitglied aufgenommen werden. Nur durch die Zugehörigkeit zur Deutsch-Israelitischen bzw. Portugiesisch-Jüdischen Gemeinde in Hamburg wurde die staatsangehörigkeitsrechtliche Zugehörigkeit der jüdischen Einwohner zum Hamburger Staat begründet. Eine vergleichbare Regelung bestand für die Angehörigen der anderen Konfessionen nicht. Der zeitgenössische Kommentator Moses Martin Haarbleicher charakterisierte das für Juden geltende Sonderrecht (kurz nach dessen Aufhebung) wie folgt:

> Man muss zugeben, dass dies Aufnahmerecht ganz abnorm war, und es möchte ganz ohne Beispiel in einem modernen Staate sein, dass eine aus Privatleuten zusammengesetzte Administration die Macht hatte, nach ihrem Gutdünken ohne alle Einmischung der Staatsbehörden fremde Individuen und Familien zu Genossen des Staates zu machen oder sie abzuweisen.[293]

Wer in die Deutsch-Israelitische oder Portugiesisch-Jüdische Gemeinde in Hamburg aufgenommen wurde, gehörte damit automatisch zu den hamburgischen Staatsangehörigen, wurde nicht länger fremdenpolizeilich registriert und besaß auch das Recht, „freie Handlung zu treiben".

Juden, die keiner der beiden Gemeinden beitreten wollten, sondern ein Leben als „Fremde" in Hamburg vorzogen, benötigten für ihren Aufenthalt gleichwohl das Einverständnis einer der jüdischen Gemeinden Hamburgs. Die Entscheidung traf im Falle der Deutsch-Israelitischen Gemeinde eine „Fremdenkommission". Bejahte diese den Aufenthalt, wurden die Neuankömmlinge fremdenpolizeilich registriert. Wenn sie bereit waren, „sich für die Angelegenheiten der Israelitischen Gemeinde besteuern zu lassen", erhielten sie das Recht, Handel zu treiben. Bestimmte Geschäfte (Detailverkauf, Maklerei, Lotterie, Pfandleihe und Hausierhandel) blieben ihm allerdings verwehrt, was in einem Revers ausdrücklich anzuerkennen war.[294]

---

[293] Moses Martin Haarbleicher, wie Anm. 52, S. 199.

[294] Moses Martin Haarbleicher, wie Anm. 52, S. 200 f.

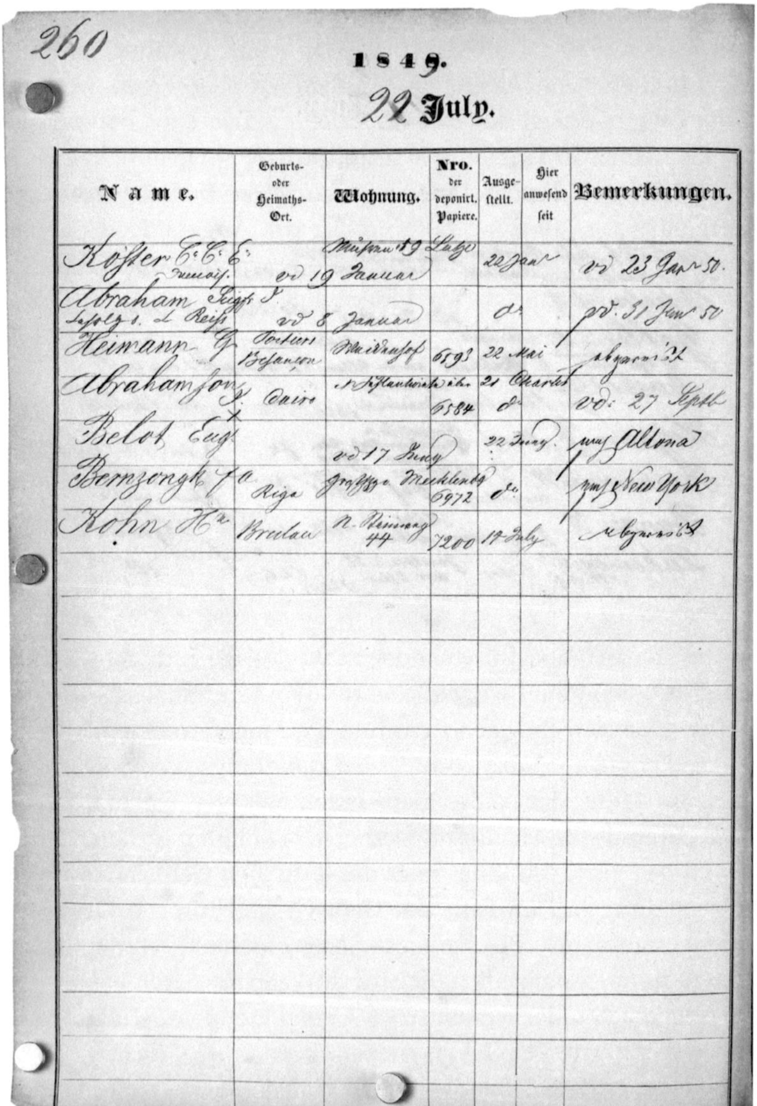

260

1849.

22 July.

Name.	Geburts- oder Heimaths-Ort.	Wohnung.	Nro. der deponirt. Papiere.	Ausgestellt.	Hier anwesend seit	Bemerkungen.
Köster C. C. E. [illegible]	vd 19 Januar	[illegible] 59 [illegible]		22 Jan		vd 23 Jan 50
Abraham [illegible]	vd 8 Januar			d°		vd 31 Jan 50
Heimann G.	[illegible] Besançon	[illegible]	6593	22 Mai		abgereist
Abrahamson J.	Cairo	[illegible]	6584	21 [illegible] d°		vd: 27 Septb
Belot Eug.		vd 17 Juny		22 Juny		nach Altona
Bernzongk F. A.	Riga	[illegible] Mecklenb 6972		d°		nach New York
Kohn H.	Breslau	N. [illegible] 44	7200	17 July		abgereist

Abbildung 15: Fremdenmeldeprotokoll vom 22. Juli 1849.
Die Abkürzung vd. [vide, lateinisch: siehe] verweist auf die Daten früherer bzw. späterer Einträge, in denen die Geburts- oder Heimatorte bzw. das Ziel der Abreise angegeben sind.

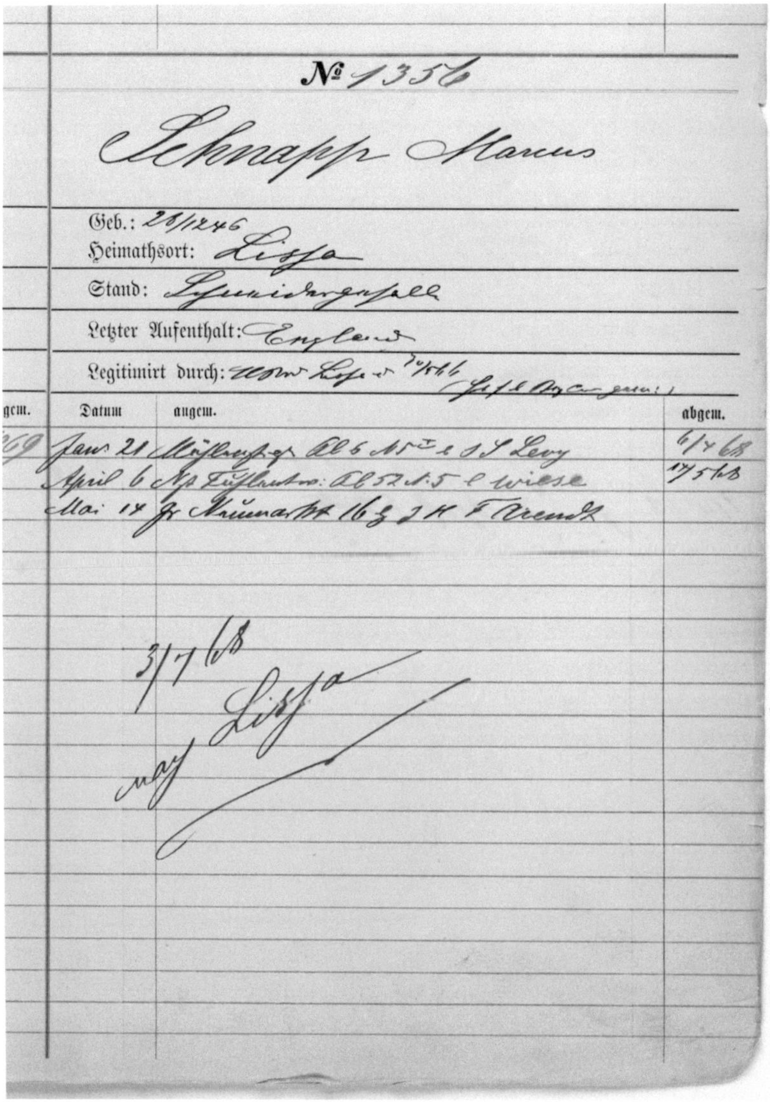
№ 1356

Schnapp Marcus

Geb.: 28/12 46

Heimathsort: Lissa

Stand:

Letzter Aufenthalt: England

Legitimirt durch:

Datum	angem.	abgem.
Jan. 21		6/4 68
April 6		17/5 68
Mai 14		

3/7 68 nach Lissa

Abbildung 16: Ab 1868 wurde das Fremdenmeldeprotokoll in dieser Form geführt. Daraus ist zu erfahren, dass Marcus Schnapp, geboren am 28. Dezember 1846 in Lissa, im Januar 1868 aus England nach Hamburg kam und sich im Juli desselben Jahres nach Lissa abmeldete. Angegeben sind auch seine Hamburger Adressen und die Namen seiner Vermieter.

Hatten die Gemeinde-Oberen dem Aufenthalt eines Juden zugestimmt, der mit dem Status als „Fremder" in Hamburg leben und arbeiten wollte, so erhielt er von der Polizeibehörde eine sogenannte Aufenthaltskarte. Der Aufenthalt war auf einige Monate befristet. Zur Verlängerung musste der „Fremde" seine weiteren Pläne mitteilen; anschließend wurde eine neue Frist für den Aufenthalt in das dickleibige Fremdenmeldeprotokoll eingetragen. Die über 500 Folianten umfassende Protokollserie ist von 1833 bis zur Einführung der allgemeinen Meldepflicht im Jahr 1891 mit geringen Lücken erhalten – eine hilfreiche Quelle für biografische und familiengeschichtliche Forschungen.[295] Von 1833 bis 1867 sind diese Protokolle durch grob alphabetische, danach durch streng alphabetische Namenregister erschlossen.

Entsprechend ihrem ständestaatlichen Bedürfnis nach einer Einteilung der Menschen in Gruppen, registrierte die Polizeibehörde die Fremden nicht in einer einzigen Protokollreihe, sondern in unterschiedlichen Serien, was die Suche nicht eben erleichtert. So bestehen gesonderte Reihen für die fremden nichtzünftigen Handwerker, für die fremden weiblichen Dienstboten, für die fremden männlichen Arbeiter und für die nicht zu Handwerksgesellen, Arbeitern und zum Gesinde zählenden Fremden, getrennt nach Männern und Frauen. Zum Gesinde gehörten nicht nur Dienstmädchen und Hausknechte, sondern auch Gesellen und Lehrlinge nichtzünftiger Gewerbe wie Buchdrucker, Handschuhmacher, Lichtzieher und Tabakarbeiter – Berufe, in denen nicht wenige Hamburger Juden vertreten waren. Die Zahl der zwischen 1833 bis 1891 in den Fremdenmeldeprotokollen registrierten Einwohner könnte nach grober Schätzung fast eine Million betragen.

Ab 1871 waren die „Fremden" verpflichtet, jede Wohnsitzveränderung in Hamburg zu melden, so dass wir seit dieser Zeit ihre Umzüge innerhalb der Stadt verfolgen können.[296] Verglichen mit der heutigen Situation zog man damals sehr häufig um, und nicht selten findet man innerhalb weniger Jahre über zehn verschiedene Adressen eines Einwohners verzeichnet.

Auch nach Hamburgs Eintritt in den Norddeutschen Bund waren nur Einwohner mit fremder Staatsangehörigkeit zur polizeilichen An- und Ab-

---

[295] 332-8 Meldewesen, A 1–A 23.

[296] Revidierte Polizeibekanntmachung betreffend die Verpflichtung zur Anmeldung von Fremden vom 19.7.1871.

meldung verpflichtet. Das Gesetz über die Freizügigkeit vom 1. November 1867 überließ es den Bundesstaaten, das Einwohnermeldewesen zu regeln. Hamburg und Preußen gingen dabei unterschiedliche Wege. Auch die preußischen Regelungen sind für Hamburg relevant, weil sie in den heutigen Hamburger Stadtteilen Altona, Harburg und Wandsbek galten. Wer innerhalb Preußens in einen anderen Ort umzog, musste sich ab 1843 polizeilich *an*melden – auch als preußischer Staatsangehöriger.[297] Die Pflicht zur *Ab*meldung wurde in Altona und Wandsbek 1867,[298] in Harburg erst 1869[299] eingeführt. Ein Umzug innerhalb Altonas war dort ab 1877 zu melden, in Harburg bereits ab 1875.[300]

Ab 1885 wurde in Hamburger Regierungskreisen die Frage diskutiert, ob auch den Inhabern der hamburgischen Staatsangehörigkeit die Pflicht zur polizeilichen An-, Ab- und Ummeldung auferlegt werden sollte. War es ratsam, dem preußischen Beispiel zu folgen und die allgemeine Meldepflicht einzuführen? Ein entsprechender Antrag des Senats an die Bürgerschaft fand 1889 nicht die Zustimmung des Parlaments, hatte jedoch ein Jahr später Erfolg. Weshalb, verrät ein Bericht der Polizeibehörde:

> Zur Motivierung des Antrags [des Senats an die Bürgerschaft] wurde namentlich angeführt, daß die Aufstellung zuverlässiger Wählerlisten ohne ein allgemeines Meldewesen nicht mehr möglich sei, und daß zur Befriedigung der Bedürfnisse der Polizeibehörde und aller sonstigen Behörden die Herstellung eines vollständigen Einwohnerregisters unentbehrlich erschiene; auch könne mit Sicherheit angenommen werden, daß ein Zuwachs des Einkommensteuerertrages erreicht werde.[301]

Das letztgenannte Argument überzeugte die Parlamentarier vermutlich besonders stark, und das Versprechen vollständiger Wählerlisten lag in ihrem

---

297 Gesetz über die Aufnahme neu anziehender Personen vom 31.12.1842.

298 Verfügung der Regierung in Schleswig vom 23.10.1867.

299 Polizeiverordnung der Landdrostei Lüneburg vom 3.12.1868.

300 Polizeiverordnungen von Altona vom 23.3.1877 und der Landdrostei Lüneburg vom 24.9.1874 und 23.3.1877.

301 Jahresbericht der Abteilung VI der Polizeibehörde für 1892. Staatsarchiv Hamburg, Bibliothek, A 455/0803.

ureigenen Interesse. Was Preußen schon vor fast 50 Jahren praktiziert hatte, wurde nun auch in Hamburg eingeführt: die allgemeine Meldepflicht, begründet durch das am 1.Februar 1892 in Kraft getretene Gesetz betreffend das Einwohnermeldewesen vom 6. Mai 1891.

Für die Polizeibehörde erwuchs damit eine neue Aufgabe, die nur mit einer beträchtlichen Personalaufstockung zu bewältigen war: Die zuständige Abteilung umfasste 86 Beamte . In der gewaltigen „Meldehalle" mit einer Phalanx von Schaltern liefen 1892 mehr als eine halbe Million An-, Um- und Abmeldeanzeigen ein. Rasch zeigte sich, dass der voluminöse Bestand an alphabetisch geordneten Registerblättern erhebliche Probleme bot:

> Wie schwierig es ist, bei Namen mit gleichem Wortklange und bei solchen in verschiedener Schreibart die gesuchte Person zu ermitteln, mag sich daraus ergeben, daß z. B. der Name Meyer in 7 Schreibarten 6000-mal, Schultz in 9 Schreibarten 4533-mal und Möller und Müller 5458-mal [...] vertreten ist.

Um einen Grundstock für das alphabetische Einwohnermelderegister zu schaffen, ging man daran, die Einträge aus den Fremdenmeldeprotokollen auf die neuen Karteiblätter zu übertragen, soweit sie nicht bereits Verstorbene oder Verzogene betrafen. Erkennbar ist diese immense Arbeit am Stempelaufdruck „Registerblatt angefertigt", der in den Fremdenmeldeprotokollen in großer Zahl zu finden ist. Den hamburgischen Staatsangehörigen aber, die nun ebenfalls meldepflichtig wurden, gewährte die Polizeibehörde eine Dreimonatsfrist zur Anmeldung. „Der Andrang war ein sehr großer", berichtete das Meldeamt, „trotzdem sind alle Personen ohne längeres Warten abgefertigt worden." In den Monaten Februar, März und April 1892 waren 130 000 hamburgische Staatsangehörige zur Anmeldung im Stadthaus erschienen, was einem Tagesdurchschnitt von über 2000 Personen entsprach; da jedoch über 80 Personen hinter den Schaltern saßen, mögen sich die Wartezeiten tatsächlich in Grenzen gehalten haben. „Die Hamburger haben ihre Meldepflicht im Großen und Ganzen prompt erfüllt", stellte die Polizeibehörde zufrieden fest, gab dann aber zu, „daß noch viele Säumige vorhanden sind". Ihnen hoffte man beim „wiederholt eintretenden Wohnungswechsel successive" auf die Spur zu kommen. Im

Ganzen habe sich aber gezeigt, „daß wirklich Renitente nur in ganz verschwindend kleiner Zahl vorhanden waren“; in den meisten Fällen sei das Versäumnis auf Gleichgültigkeit zurückzuführen gewesen, weshalb die Ordnungsstrafen in der Regel das Mindestmaß von einer Mark nicht überschritten hätten. Überhaupt bemühte sich die Polizeibehörde, jedenfalls nach eigenen Worten, um größtmögliche Rücksichtnahme. Wer die Formulare nicht selbst ausfüllen wollte, konnte dies von einem Beamten erledigen lassen. Besonders zuvorkommend verhielt man sich gegenüber den Damen: „Weibliche Personen, welche als Hamburger[innen] zur erstmaligen Anmeldung kamen, [wurden] von der Beibringung jeglicher Legitimationspapiere befreit; wo es erforderlich schien, ist auf dienstlichem Wege das Fehlende ergänzt worden“.[302] Religionsangaben konnten, mussten aber nicht eingetragen werden; tatsächlich fanden sich die Wenigsten dazu bereit. Alles andere, nämlich Geburtsdatum und -ort, Familienstand, Beruf, Staatsangehörigkeit, die Daten der Ehefrau und Kinder, die Wohnadressen mit An- und Abmeldedaten, Heirat, Tod, Auswanderung, Haft und was den Beamten sonst noch wichtig erschien, wurde säuberlich in die Spalten des Melderegisterblatts eingetragen.

Was ist von diesem ab 1892 entstandenen Schatz personen- und familienkundlicher Daten über Hamburgs Einwohner übrig geblieben? Zur Erklärung ist eine Vorbemerkung nötig: Wenn ein Registerblatt durch Tod oder Verzug aus Hamburg inaktuell wurde, entfernte man es aus der laufenden Kartei und legte es in einer ebenfalls streng alphabetisch angelegten Altkartei ab. Ebenso verfuhr man mit den Registerblättern unverheirateter Frauen, wenn diese heirateten und fortan einen anderen Familiennamen trugen. Ihre dadurch inaktuell gewordenen Registerblätter, im Amtsjargon „Mädchenkarten“ genannt, fanden ebenfalls Eingang in die Altkartei. Sie selbst waren dann nicht mehr eigenständig gemeldet, sondern rangierten auf dem Registerblatt des Ehemannes in der Rubrik „Ehefrau“. Kam es zur räumlichen Trennung vom Ehemann, vermerkte man an dieser Stelle „sep.[arat] g.[emeldet]“ und legte für die Unglückliche (oder Glückliche) ein eigenes Registerblatt an.

Es lässt sich leicht vorstellen, dass die Altkartei angesichts der starken Bevölkerungsfluktuation der Millionenstadt Hamburg ständig anschwoll und der Zeitpunkt kam, an dem es zweckmäßig war, sie zu schließen und

---

[302] Jahresbericht, wie Anm. 301.

neue Karteikästen für die künftig anfallenden, durch Tod, Verzug oder Heirat inaktuell geworden Registerblätter zu verwenden. 1926 begann man damit, eine „neue Altkartei" zu füllen. Als das Einwohnermeldeamt 1943 durch Bomben zerstört wurde, blieb lediglich die zwischen 1892 und 1925 entstandene Altkartei und eine ab 1939 geführte Ausländerkartei erhalten. Die damals aktuelle alphabetische Meldekartei, die ab 1926 geführten Altkarteien mit den Daten der seitdem verzogenen und verstorbenen Einwohner sowie eine Reihe anderer Meldeunterlagen, darunter das Register der polizeilich gesuchten Personen, verbrannte am 25. Juli 1943 im Neuen Stadthaus.

Die alphabetischen Einwohnermeldekarteien der 1937 eingemeindeten preußischen Städte Altona, Wandsbek und Harburg waren damals noch nicht in das Hamburger Melderegister integriert und haben den Krieg überdauert, da sie auch nach der 1937 erfolgten Eingemeindung dezentral weitergeführt worden waren und sich nicht im zerstörten Neuen Stadthaus befunden hatten. Die Altonaer Kartei weist indessen aus unbekannt gebliebenen Gründen starke Lücken auf. Eine besondere Art von Einwohnermeldekarteien, die ab 19. August 1939 in den Polizeirevieren des hamburgischen Gesamtgebiets geführten Hausmeldekarteien, hat die Zeiten – wenn auch mit starken Verlusten – ebenfalls überstanden. Die Hausmeldekarteien wurden parallel zum alphabetischen Melderegister geführt und enthalten die gleichen Daten wie jene, jedoch wohnungsweise angeordnet, so dass die Meldedaten der Einwohner eines jeden Hauses vereint zu finden sind. Die „Hauskarten" wurden in den Polizeirevieren straßenweise nach Hausnummern geführt. Vermutlich machten die Polizei und auch die Gestapo von diesem besonderen Instrument der Bevölkerungserfassung oft Gebrauch.

Im Staatsarchiv stehen die Meldekarteien und -bücher Hamburgs aus der Zeit vor 1946 zur Einsichtnahme zur Verfügung. Im Fall der alphabetischen Meldekarteien handelt es sich in der Regel um sogenannte Toten- und Verzogenenkarteien, die jeweils einen bestimmten Zeitabschnitt umfassen. Um eine gesuchte Meldekarte auffinden zu können, muss folglich der Zeitabschnitt getroffen werden, in dem die betreffende Person verstorben oder verzogen ist. So findet sich die Meldekarte von Albert Ballin (gest. 1918) in der alphabetischen Kartei für den Abschnitt 1892 bis 1925.

Abbildung 17: Das neue Einwohnermeldeamt, Stadthausbrücke 8, zu Beginn der zwanziger Jahre.

Zu sehen ist hier die „Meldehalle für männliche Personen“ (auch wenn im Vordergrund eine Dame auszumachen ist); daneben befand sich eine zweite Halle für Frauen. Die neuen Räume lagen im Parterre und wurden von der Polizeibehörde als bedeutende Verbesserung angesehen; sie „waren bequem zu erreichen und für die Massenabfertigung geeignet“. Ein Problem bot lediglich der Lärmpegel: „Allerdings entsteht besonders in der Halle für männliche Personen dadurch, daß 50 bis 60 Beamte während der Abfertigung des Publikums ständig die Registerkästen handhaben müssen, eine durch den Straßenlärm noch vermehrte Unruhe.“

(Jahresbericht der Verwaltungsbehörden der Freien und Hansestadt Hamburg von 1925, S. 357).

341-3 Bürgermilitär

Zu den bekanntesten Quellen der Familienforschung gehören Volkszählungslisten. Wer sie im Staatsarchiv Hamburg erwartet, muss feststellen, dass solche Listen zwar für die 1937 in Hamburg eingemeindete Stadt Altona vorhanden sind, nicht aber für das althamburgische Gebiet. Einen gewissen Ersatz bieten die sogenannten Umschreibelisten des Hamburger Bürgermilitärs aus dem 19. Jahrhundert. Darin wurden nicht nur die wehrpflichtigen Einwohner, sondern alle hamburgischen Haushalte erfasst.

Denn die Umschreibelisten dienten nicht nur dem Bürgermilitär, sondern auch der Armenfürsorge, der Polizei, der Steuerverwaltung und der Bevölkerungsstatistik.

Die Umschreibelisten des Bürgermilitärs sind von 1831 bis 1867 erhalten und umfassen 27 Regalmeter. Sie dokumentieren die damalige hamburgische Bevölkerung so umfassend wie keine andere Quelle – vom Großkaufmann bis zu Fleetenkieker und von der Bürgermeisterwitwe bis zur Strickerin sind alle darin vereint.

Die „Umschreibung", wie man die Erhebung der Personalien von Hamburgs Einwohnern nannte, wurde halbjährlich zu Himmelfahrt und Martini durchgeführt.[303] Das war keine Kleinigkeit, denn schon um 1850 zählte Hamburg über 200 000 Einwohner.

Wie löste man diese Aufgabe zu Zeiten, als es noch keine allgemeine Meldepflicht gab? Zur organisatorischen Durchführung legte man die Gliederung der Stadt in Kirchspiele und innerhalb dieser in Bataillons- und Kompaniebezirke zugrunde. Jede Kompanie hatte eine Umschreibeliste für ihren Bereich anzulegen. Bevor die Arbeit begann, wurde die Bevölkerung durch große Plakate informiert:[304]

---

303 Paragraf 5 des Bürgermilitärreglements vom 10.9.1814. In: Christian Daniel Anderson, wie Anm. 278, S. 205 ff.

304 111-1 Senat, Cl. VII Lit. Ga Pars 3 Vol. 11.

Bekanntmachung der bevorstehenden Umschreibung durch die Capitaine des Bürger-Militairs

Da in diesen Tagen die gewöhnlichen Umschreibungen von den Capitainen des Bürgermilitärs oder von den selbigen untergeordneten Officieren vorgenommen werden sollen, so fordert Ein Hochedler Rath hiemit sämmtliche hiesige Bürger und Einwohner und alle auch nur eine Zeitlang sich hieselbst aufhaltende Personen auf, denselben auf ihre Nachfrage über

- ihre Namen,
- ihr Gewerbe,
- die Dauer und Ursachen ihres hiesigen Aufenthalts, sowie ob sie eine Fremden-Karte von der Polizey-Behörde haben, welche jedesmal vorgezeigt werden muß,
- ob sie hiesige Bürger sind, worüber auf Erfordern der Bürgerschein vorzuzeigen, sowie über die bei ihnen einlogirenden Zimmer- oder Etage-Bewohner, deren Alter und Geburtsort, auch über den Miethebetrag und über den Namen und das Alter ihrer Söhne, Stiefsöhne und Mündel männlichen Geschlechts, sie mögen hier oder auswärtig seyn, sowie über die in der Wohnung sich befindlichen Kinder weiblichen Geschlechts und auch ferner über ihre männlichen und weiblichen Dienstboten, wobey die Aufenthalts-Karten der fremden und die Dienstkarten oder Legitimations-Scheine der einheimischen Dienstboten vorzuzeigen und zu diesem Zwecke bereit zu halten sind,
- und endlich auch, ob Israeliten darunter sind, die der Israelitischen Gemeinde unbekannt sind, eine richtige Auskunft zu ertheilen und dabey den umschreibenden Capitainen oder Officieren anständig und bescheiden zu begegnen, mit der Verwarnung, daß jede Unart und Unwillfährigkeit mit angemessener Strafe geahndet werden wird. […] Wer diese Vorschriften unbefolgt läßt, verfällt in eine von Polizey wegen zu exequirende Strafe von 1 Thaler.

Dass die halbjährlichen Hausbesuche der Militärs vielfach als Belästigung empfunden wurden, kann kaum überraschen. 1830 beklagte sich der Bürger Johann Gotthold Friederich König:

> Wir saßen gerade beim Essen [als die Offiziere eintraten]. Gern will ich das schon unschickliche Benähmen nebst allem Gucken auf dem Tische, Tellern und in allen Winkeln der Stube unberührt lassen. Der Herr Feldwebel aber fing an, ein Benähmen gegen mich als Bürger und gegen meine Gesellen zu äußern, welches man nicht zur Seite der Bildung stellen darf.[305]

Welche Rubriken in den Umschreibelisten auszufüllen waren, zeigt ein Beispiel aus dem Jahr 1831:[306]

Straße:	Kraienkamp
Haus, Sahl, Zimmer, Bude oder Keller:	Haus
Hausnummer:	55
Vor- und Zunamen:	Wolff Moses Goldschmidt
Geburtsjahr:	1781
Verheiratet:	ja
Männliche Kinder unter 18 Jahren:	5
Weibliche Kinder:	1
Männliche Dienstboten:	–
Weibliche Dienstboten:	1
Gewerbe:	Knopfhandel
Ob Bürger, Nicht-Bürger oder Fremder:	Jude
Miete:	300 Mark
Ob diensttuend, bei welchem Corps und Compagnie:	Ü.[ber] d.[ie] Jahre[307]

[305] 111-1 Senat, wie Anm. 304, Schreiben von J. G. F. König an den Rat vom 19.7.1830.

[306] 341-4 Bürgermilitär, Bc 34 Bd. 1.

[307] Das heißt nicht mehr im wehrpflichtigen Alter. Die Wehrpflicht endete mit der Vollendung des 40. Lebensjahres.

Ab 1850 waren außerdem das Datum des Einzugs und die frühere Adresse einzutragen; Witwen hatten seitdem die Vornamen ihres verstorbenen Mannes anzugeben.

Mit dem Eintritt Hamburgs in den Norddeutschen Bund am 1.7.1867 endete Hamburgs eigene Wehrhoheit und damit auch die Zeit der Umschreibelisten. Schon zwei Jahre davor hatte man ihre Abschaffung erwogen. Am 25. November 1865 zählte ein Beamter der Fremdenmeldepolizei die Mängel auf:

> Die halbjährliche Umschreibung [...] mag für die speciellen Zwecke des Bürger-Militairs, vielleicht auch für die Steuer-Verhältnisse und allenthalben für statistische Zwecke immerhin ersprießlich seyn. In Betreff der Polizei-Zwecke laborirt sie an bedeutenden Übelständen, welche ihre Zweckmäßigkeit nach dieser Richtung hin geradezu paralysieren. Ein großer Übelstand ist, daß sie sich mit Geräusch ankündigt. Dies läßt sich bei den bestehenden Einrichtungen freilich nicht vermeiden. Es wird aber dadurch allen Personen, denen daran gelegen ist, hinreichender Raum geboten, der Umschreibung bei Zeiten aus dem Weg zu gehen. [...] Die einzigen [anhand der Umschreibungen erstellten] Verzeichnisse, welche für die Polizei Werth haben, weil sie dauernde Verhältnisse berühren, sind die der „wilden Ehen".[308]

Dieses harte Urteil kann den großen Wert der Umschreibelisten des Bürgermilitärs für die familiengeschichtliche Forschung allerdings nicht mindern. Die Angaben über den Beruf, die Art der Behausung, die Höhe der Miete und die Zahl der Dienstboten liefern Anhaltspunkte für die Einschätzung der wirtschaftlichen Situation eines Einwohners. Die Angabe von Geburtsjahren aus der Zeit vor 1769 ist besonders hilfreich, da das ältesten Geburtsregister der Hamburger aschkenasischen Gemeinde erst mit diesem Jahr einsetzt. Auch die Zahl der minderjährigen Söhne und Töchter ist verzeichnet. Die Angaben über die Mitbewohner des Hauses geben Auskunft über das soziale Umfeld.

Die Nutzung der Umschreibelisten des Bürgermilitärs ist nur auf Umwegen möglich, da sie nicht durch Namenregister erschlossen sind. Der Bestand umfasst 1284 nach Straßen und innerhalb dieser nach Hausnummern angelegte Bände. Um fündig zu werden, ist zunächst die Adresse der ge-

[308] 111-1 Senat, wie Anm. 304.

suchten Person festzustellen. Sie geht in der Regel aus den alphabetischen Teilen der Hamburger Adressbücher hervor. Anschließend ist es nötig, die ermittelte Adresse in den Straßenteilen der Adressbücher aufzufinden.[309] Die Straßenteile sind alphabetisch nach den Namen der Straßen angelegt und weisen für jede Hausnummer die Wohnungseigentümer und Hauptmieter nach. Hinter jedem Straßennamen sind Abkürzungen angegeben, auf die es zum Auffinden des Eintrags in der Umschreibeliste ankommt.

Als Beispiel sei der Weg geschildert, um den Kaufmann Arnold Oppenheim in den Umschreibelisten von 1831 zu ermitteln. Im alphabetischen Adressbuchteil von 1831 findet er sich mit der Adresse ABC-Straße 129 verzeichnet. Im Straßenteil des Adressbuchs von 1831 ist diese Hausnummer der Bürgermilitäreinheit „Comp. M 10, 6. Bat. 1. Comp." zugeordnet. Der Buchstabe M zeigt das Kirchspiel an (St. Michaelis). Wichtig zum Auffinden sind allerdings nur die Kürzel „6. Bat.[aillon] 1. Comp.[agnie]". Aus dem Findbuch zum Archivbestand Bürgermilitär geht hervor, dass den Umschreibelisten der 1. Kompanie des 6. Bataillons die Signatur B c 41 zugeordnet ist. Wie dem Findbuch weiter zu entnehmen ist, umfassen die Umschreibelisten der Signatur B c 41 acht Bände, wobei der erste Band das Jahr 1831 zum Inhalt hat. Die komplette Bestellsignatur dieses Bandes lautet folglich: Bc 41 Band 1. Doch Vorsicht: In manchen Fällen gelten die in den Straßenteilen der Adressbücher beim Straßennamen zu findenden Angaben über das Bataillon und die Kompanie nicht für die gesamte Straße – ab einer bestimmten Hausnummer erscheint dann eine Zuordnung zu einem anderen Bataillon und einer anderen Kompanie. Darauf ist zu achten, wenn die Bestellung des Bandes nicht mit einer Enttäuschung enden soll.

Den Straßenteilen der Adressbücher ist ab 1860 nicht mehr zu entnehmen, zu welchem Bataillon und zu welcher Kompanie eine Straße gehörte. Stattdessen ist in den Adressbüchern seit dieser Zeit ein gesondertes Verzeichnis zu benutzen, das „Straßenverzeichnis der Stadt und Vorstädte mit Bezeichnung der Bataillone und Compagnien des Bürger-Militairs".

---

309 Die Straßenteile tragen die Bezeichnung „Verzeichnis der Einwohner und Häuser nach den verschiedenen Gassen der Stadt und der Vorstädte".

342-2 Militär-Ersatzbehörden

Dieser 28 Regalmeter umfassende Archivbestand aus der Zeit von 1855 bis 1920 ist zu empfehlen, wenn es um Nachforschungen über männliche Angehörige der Geburtsjahrgänge 1855 bis 1892/1896 geht. Zwei Registerserien kommen dafür in Betracht. Sie rangieren im Findbuch unter der Gruppe D mit den unscheinbaren Titeln „Alphabetische Listen" und „Restantenlisten". Es handelt sich um alphabetisch geführte Registerbände zur Erfassung und Überwachung der Hamburger Wehrpflichtigen im Kaiserreich. Die erste Serie (D II) umfasst die Geburtsjahrgänge von 1855 bis 1892, die zweite Serie (D III) hat die vom Wehrdienst vorläufig zurückgestellten Männer der Geburtsjahrgänge 1855 bis 1896 zum Inhalt. Die Registerbände für die später Geborenen mussten aufgrund des Versailler Friedensvertrags vernichtet werden, damit sie nicht zur Rekrutierung dienen konnten.[310]

Die umfangreichen Registerbände beider Serien enthalten biografische Details, die anderweitig schwer oder gar nicht zu ermitteln sind. In der Regel betreffen sie die Zeit bis zum 28. Lebensjahr der Wehrpflichtigen.

Mit der Pflicht, „des Kaisers Rock anzuziehen", sahen sich alle jungen Hamburger konfrontiert. „Jeder Deutsche ist wehrpflichtig und kann sich in der Ausübung dieser Pflicht nicht vertreten lassen." So bestimmte es Artikel 57 der Reichsverfassung vom 16.4.1871. Artikel 59 regelte die Dauer der Wehrpflicht: „Jeder wehrfähige Deutsche gehört sieben Jahre lang, in der Regel vom vollendeten 20. bis zum beginnenden 28. Lebensjahre, dem stehenden Heere – und zwar die ersten drei Jahre bei den Fahnen, die letzten vier Jahre in der Reserve – und die folgenden fünf Lebensjahre der Landwehr an." Daran folgte eine sechsjährige Zugehörigkeit zur Landwehr zweiten Aufgebots, in der allerdings keine Teilnahme an militärischen Übungen verlangt wurde.[311]

---

[310] Vorbemerkung zum Findbuch 342-2. Die Anordnung zur Vernichtung der Bände wurde mit Art. 178 des Friedensvertrags von Versailles vom 28.6.1919 begründet („Alle Mobilmachungsmaßnahmen oder solche, die auf eine Mobilmachung hinzielen, sind untersagt. In keinem Falle dürfen [...] Stämme für Ergänzungsformationen vorhanden sein.").

[311] Paragrafen 2, 3 und 4 des Gesetzes betreffend Änderungen der Wehrpflicht vom 11.2.1888. Reichsgesetzblatt Nr. 4 vom 11.2.1888.

Wer den langen aktiven Militärdienst verkürzen wollte, konnte sich unter gewissen Voraussetzungen freiwillig zu einem einjährigen Dienst melden („Einjährig-Freiwilliger"). Die dafür geltende Regelung stammte noch aus der Zeit des Norddeutschen Bundes:

> Um im Allgemeinen wissenschaftliche und gewerbliche Ausbildung so wenig wie möglich durch die allgemeine Wehrpflicht zu stören, ist es jedem jungen Mann überlassen, schon nach vollendetem 17. Lebensjahre, wenn er die nötige moralische und körperliche Qualifikation hat, freiwillig in den Militärdienst einzutreten.[312]

Wer zum Dienst als Einjährig-Freiwilliger zugelassen werden wollte, musste einen gehobenen Schulabschluss (mindestens die mittlere Reife) nachweisen oder ersatzweise eine Prüfung bestehen. Die Kosten für die militärische Ausrüstung, Verpflegung und Unterbringung hatten die Einjährig-Freiwilligen während des ganzen Jahres selbst zu tragen.[313] Deshalb kam dieser Dienst nur für Söhne aus gut situierten Elternhäusern in Betracht. In den Familien des Hamburger Bürgertums aller Konfessionen wurde davon häufig Gebrauch gemacht.

Militärpflichtige, „welche noch zu schwach oder zu klein" sind, wurden zurückgestellt. Ein bis zwei Jahre Aufschub erhielten auch die „einzigen Ernährer hülfloser Familien", „der Sohn eines zur Arbeit und Aufsicht unfähigen Grundbesitzers, Pächters oder Gewerbetreibenden" und, unter bestimmten Voraussetzungen, auch die Inhaber von Handelshäusern, Fabriken und anderen Gewerbebetrieben mit mehreren Arbeitskräften. Gleiches galt für Militärpflichtige, „welche zur Vorbereitung zu einem Lebensberufe oder in der Erlernung einer Kunst oder eines Gewerbes begriffen sind und durch eine Unterbrechung bedeutenden Nachteil erleiden würden".[314] All dies bedeutete nur einen Aufschub; lediglich eine dauernde Dienstunfähigkeit führte zur Befreiung vom Militärdienst.

---

312 Gesetz betreffend die Verpflichtung zum Kriegsdienste vom 9.11.1867, 10. Bundesgesetzblatt des Norddeutschen Bundes. 1867 Nr. 22.

313 Gesetz wie Anm. 311, Paragraf 11.

314 Reichsmilitärgesetz vom 2.5.1874, Paragrafen 17 und 18. Reichsgesetzblatt 1874, Nr. 15.

Die „alphabetischen Listen" der Serien D II und D III des hier vorgestellten Archivbestandes zeugen vielfach von jahrelangen Kämpfen um Befreiung und Zurückstellung. Ein Beispiel von vielen: Louis Lazarus, geb. 23.5.1855 in Hamburg und seit 1875 in den USA lebend, ließ der Hamburger Militärersatzkommission durch seinen Vater Lazarus Philipp Lazarus das Attest eines New Yorker Arztes vorlegen, in dem ihm ein Lungenleiden und Schwerhörigkeit attestiert wurden. Die Ersatzkommission befand, das Attest genüge nicht den Anforderungen. Louis Lazarus ließ sich ein neues Attest ausstellen, diesmal in New Orleans. Auch diese ärztliche Bescheinigung wurde nicht anerkannt und eine Strafe von 300 Mark, ersatzweise vier Wochen Gefängnis, verhängt.[315] Soweit ersichtlich, ist Louis Lazarus nicht nach Hamburg zurückgekehrt. Viele junge Deutsche aller Konfessionen zogen die Auswanderung dem dreijährigen Drill in einer Armee vor, die dem privilegierten Adelsstand reiche Aufstiegschancen bot, nicht aber den Söhnen von Bürgern, Arbeitern und Bauern.

Welche Informationen die „alphabetischen Listen" bieten, sei am Beispiel eines später berühmt gewordenen Wehrpflichtigen des Jahrgangs 1857 demonstriert.[316]

Familienname und Vornamen: Ballin, Albert
Datum, Ort, Kreis, Regierungsbezirk und Bundesstaat der Geburt: 1857, 15. August, Hamburg
Familienname und Vornamen der Eltern, ob solche leben oder nicht, Gewerbe und Stand des Vaters: Ballin, Samuel Joel, Ballin, Amalie geb. Meyer, Vater tot, Mutter lebt.
Wohnsitz der Eltern oder des Vormundes, Aufenthaltsort des Militärpflichtigen: Hamburg
Religion: mosaisch
Stand oder Gewerbe: Handlungs-Commis
Zur Stammrolle gemeldet: Ja
Größe: 171 cm
Körperliche Fehler: fettleibig

---

315 342-2 Militär-Ersatzbehörden, D III 1, Restantenliste für den Geburtsjahrgang 1855, L Nr. 3.

316 342-2 Militär-Ersatzbehörden, D II 7 Bd. 1, Alphabetische Liste 1857, A–L.

Vorläufige Entscheidung der Ersatzkommission: 1877 und 1878 [für] 1 J.[ahr] z.[urückgestellt]; 1879 d.[ienst]u.[ntauglich]

Offensichtlich war der junge Albert Ballin dem Militärarzt nicht schlank genug, so dass der Werdegang des späteren HAPAG-Direktors nicht durch eine mehrjährige Entfernung vom Beruf aufgehalten wurde.

Wenn ein Wehrpflichtiger aus Hamburg verzog, wurde der neue Aufenthaltsort in den „alphabetischen Listen" vermerkt. Dadurch kann beispielsweise rekonstruiert werden, welche Universitäten ein Student besuchte. Manchen biografischen Baustein liefert diese Quelle; ihre Benutzung setzt lediglich die Kenntnis des Geburtsjahres voraus. Die „alphabetischen Listen" sind pro Jahrgang in Register für den ersten und zweiten Distrikt unterteilt. Die Register des ersten Distrikts dokumentieren die in Hamburg geborenen Wehrpflichtigen; in den Registern des zweiten Distrikts finden sich die auswärts Geborenen verzeichnet.

351-3 (Öffentliche) Unterstützungsbehörde (für die Abgebrannten) von 1842

Zu den größten Katastrophen in der hamburgischen Geschichte zählt der Stadtbrand vom 5. bis zum 8. Mai 1842. Das Feuer vernichtete 1750 Häuser im inneren Stadtbereich und machte 20 000 Einwohner obdachlos – ein Zehntel der Gesamtbevölkerung. Zur Linderung der Not wurde am zweiten Tag des Brandes ein Hilfsverein gegründet. Die Leitung übernahm ein zehnköpfiges Gremium, dem drei jüdische Mitglieder angehörten: Salomon Heine, John Raphael Beit und Jacob Lieben. Der Verein bemühte sich um die Unterbringung der „Abgebrannten", verteilte Lebensmittel, Kleidung und Geldspenden. Im August 1842 übernahm die „Unterstützungsbehörde von 1842" die Aufgaben des Vereins. Die Kassenverwaltung der Behörde oblag dem jüdischen Kaufmann Moritz Steinthal.[317]

[317] Vorbemerkung zum Findbuch 351-3 (Öffentliche) Unterstützungsbehörde (für die Abgebrannten) von 1842, S. 1.

Die Neustadt, das damalige Hauptwohngebiet der Hamburger Juden, war vom Brand verschont geblieben, doch befanden sich zahlreiche jüdische Haushalte und deren Geschäfte im zerstörten Teil der Innenstadt. Die Akten und Protokolle des hier vorgestellten Archivbestandes zeigen das sehr deutlich. Darin sind nicht nur die Personalien der Einwohner des Brandgebiets dokumentiert, sondern auch etliche Unterstützungsgesuche enthalten. Sie weisen in manchen Fällen detaillierte Angaben zur beruflichen und privaten Situation der Brandgeschädigten auf.

Wer vom Brand betroffen war, lässt sich relativ leicht ermitteln. Der erste Schritt besteht darin, im Adressbuch festzustellen, wo der Gesuchte wohnte. Anschließend sind die nach Straßen und Hausnummern geführten „Verzeichnisse der Abgebrannten nach der Bürgermilitäreinteilung" heranzuziehen (Signaturen 16-1 bis 16-14). Für diese Verzeichnisse benutzte man die gleichen Formulare wie für die halbjährliche Erfassung der Bevölkerung durch das Bürgermilitär in den sogenannten Umschreibelisten – eine Quelle mit detaillierten Angaben zur Person und zum Haushalt.[318] Welche Unterstützungen gezahlt wurden, zeigen die Register mit den Signaturen 28 und 29. Über 1000 Einzelfallakten sind erhalten, darunter auch mehrere über jüdische Brandgeschädigte (Signaturen 30-1 bis 30-1192). Sie betreffen Angehörige der Familien Abraham, d'Andrade, Anschelsohn, Ascoli, Auerbach, Ballin, Beer, Beit, Belmonte, Benjamin, Cahn, Cohen, Cohn, David, Dehn, Dellevie, Haarburger, Heilbutt, de Leao, Leffmann, Meldola, Mendes, Polack, von der Porten, Wagener und Wolffsohn.

Einen besonderen Glücksfall bedeutet die Akte über Unterstützungsleistungen an Henriette David, denn sie enthält einen Originalbrief des Komponisten Felix Mendelssohn Bartholdy.[319] Der Text lautet:[320]

[318] Zum Archivbestand „341-3 Bürgermilitär", siehe S. 190–194.

[319] 351-3 (Öffentliche) Unterstützungsbehörde (für die Abgebrannten) von 1842, 30-400.

[320] Die Interpunktion wurde der heutigen Form angepasst.

London d. 21sten Juni (schon wieder der längste Tag!) 1842

Lieber Bruder!

Vielen Dank für Deine gestrigen Zeilen und die Einlag[e] Deines Hamburger Freundes. Sehr lieb wäre es mir, wenn die Unterstützungsbehörde den Ertrag der beiden Concerte vom 21sten u. 22. Mai in Bonn und Cöln vorzugsweise der Mme. David zuwenden wollte, und wenn dies zu erreichen wäre, würde es mir die willkommenste Anwendung der eingeschickten Summen sein. Ich bitte Dich, Deinem Correspondenten und somit (wenn er will) auch der Unterstützungsbehörde diesen meinen Wunsch mitzutheilen, aber mich direct an dieselbe wenden will ich nicht. Mehr als ein Grund, theils die Behörde u. auch theils (u. hauptsächlich) Mme. David betreffend, machen mir eine directe Einmischung nicht möglich, u. wenn es nur wegen des event.[uellen] Rechnungsbelegs geschehen sollte, wie Dein Correspondent sagt, so genügt ja wohl auch dies Schreiben, von dem du jeden Gebrauch machen kannst, und Dein u. mein eigen Wort. Denn *Dir* gegenüber nehme ich keinen Anstand zu erklären, daß ich jene Summe mit Freuden als Schadenersatz für die Verluste der Mme. David angewendet sehen würde; nur der Behörde mag ich davon nichts schreiben.
Meinen neulichen Brief über die Schweizer Reise hast Du nun hoffentlich schon in Händen, u. ich sehe Deiner Antwort darauf sehnlichst entgegen. Von einer Cabinetsordre habe ich bis jetzt keine Spur gesehen, u. schreibe inliegend an Kortüm, um zu erinnern, daß vom 1sten Aug. 1841 bis zum 1sten Aug. 1842 gerade ein Jahr ist.
Ich bin in diesen Tagen von dem entsetzlichen Drängen u. Treiben etwas abgemattet; nimm daher mit den dummen Zeilen vorlieb. Cecile grüßt Dich u. Albertine herzlich, u. macht sich ein Fest daraus zu Hon[…][321] & James' zu gehen u. die Aufträge bestens zu besorgen. Auf frohes Wiedersehen!

Dein
Felix

[321] Das Papier ist an dieser Stelle abgerieben.

Abbildung 18: Felix Mendelssohn Bartholdy (1809–1847)

Die rückseitige Adressierung zeigt, dass Felix Mendelssohn Bartholdy diesen Brief an seinen jüngeren Bruder Paul und dessen Ehefrau Albertine geb. Heine schrieb. Paul war damals in Berlin als Bankier tätig. Am Abend des Tages, an dem das Schreiben entstand, dirigierte Felix Mendelssohn Bartholdy in London seine Hebriden-Ouvertüre sowie sein Konzert für Violine und Streichorchester d-Moll und feierte damit einen stürmischen Erfolg. Tags zuvor hatte er den Buckingham-Palast aufgesucht, wo ihn Queen Victoria empfing. Sie setzte sich neben das Klavier und hörte den Meister zwei Fantasien auf „Rule Britannia" spielen. Kurz danach, am 24. Juni 1842, wirkte Felix Mendelssohn Bartholdy in Hamburg an einem Benefizkonzert „zum Besten der Abgebrannten" mit.[322] Schon bei seinen im vorliegenden Brief erwähnten Konzerten vom 21. und 22. Mai 1842 in Bonn und Köln hatte es sich um Wohltätigkeitskonzerte zu Gunsten der Hamburger Brandgeschädigten gehandelt; dabei waren 1036 Reichstaler in die Kasse geflossen.[323]

Man sieht, wie stark sich der vielbeschäftigte Künstler dafür engagierte, die Notlage in seiner Geburtsstadt Hamburg zu lindern. Besonders berührte ihn das Unglück einer „Madame David". Ihr allein wollte Felix Mendelssohn Bartholdy den Erlös seiner Benefizkonzerte in Köln und Bonn zukommen lassen. Er mochte dabei jedoch nicht selbst in Erscheinung treten, sondern bat seinen Bruder, die entsprechenden Schritte zu unternehmen.

Was verband den Künstler mit „Madame David"? Den Schlüssel liefert ihre Absenderangabe in einem Schreiben, das sie am 18. Juli 1842 an Moritz Steinthal richtete: „Henriette David. Meine Adresse ist: Herr Concertmeister David in Leipzig."[324] Aufgrund dieser Angaben ist „Madame David" eindeutig zu identifizieren. Henriette David geb. Hertz, geboren in Fürth, war die Ehefrau des Hamburger Kaufmanns Salomon David und die Mutter des Violinvirtuosen Ferdinand David (geb. 20. Januar 1810 in Hamburg, gest. 19. Juli 1873 in Klosters). Als Felix Mendelssohn Bartholdy 1835 die Leitung

[322] August Reissmann: Felix Mendelssohn Bartholdy. Sein Leben und seine Werke. 7. Kapitel. Leipzig 1893. Volltext im Internet: http://www.zeno.org/Musik/M/Reissmann,+August/Felix+Mendelssohn-Bartholdy/Siebentes+Kapitel.

[323] 351-3 (Öffentliche) Unterstützungsbehörde (für die Abgebrannten) von 1842, wie Anm. 319, Brief von Paul Mendelssohn Bartholdy an Moritz Steinthal, ohne Datum.

[324] 351-3 (Öffentliche) Unterstützungsbehörde (für die Abgebrannten) von 1842, 30-400.

des Leipziger Gewandhaus-Orchesters übernahm, erreichte er, dass sein guter Freund Ferdinand David dort eine Anstellung als Konzertmeister erhielt.[325]

Henriette David geb. Hertz hatte nach der Zerstörung ihrer Wohnung im Hamburger Brand Zuflucht bei ihrem Sohn Ferdinand in Leipzig gefunden. Ihren Verlust an Vermögenswerten bezifferte sie auf 20 000 Reichsthaler. „Sehr, recht sehr, war ich durch Ihr gütiges Übermachen der mir von Herrn [Felix] Mendelssohn zugedachten Summe überrascht", schrieb sie am 18. Juli 1842 aus Leipzig an Moritz Steinthal, den Kassenverwalter der Unterstützungsbehörde. „Für den Augenblick habe ich hier einen vorläufigen Schutz bei meinem Sohn [Ferdinand David] gefunden, allein ich habe von jeher den festen Vorsatz gefaßt, mich nie, so lange ich noch im Stande bin zu arbeiten, von meinen Kindern ernähren zu lassen." Henriette David beabsichtigte deshalb, „wieder ein kleines Geschäft zu etablieren", und dazu benötigte sie weiteres Geld. Wenige Jahre später, am 18. Dezember 1844, starb sie in Hamburg im Alter von 60 Jahren und wurde auf dem Jüdischen Friedhof am Grindel beerdigt.[326]

Die in Felix Mendelssohn Bartholdys Brief erwähnte „Cabinetsordre" bezog sich möglicherweise auf die von ihm erwartete, aber erst im Herbst 1842 vollzogene Ernennung zum „Preußischen Generalmusikdirektor".

Weniger Erfolg bei der Unterstützungsbehörde hatte ein Musikschaffender aus Kopenhagen: Aron d'Andrade, ein dreißigjähriger Musiklehrer, der seit 1841 in Hamburg Unterricht gab, beantragte 1843 eine Entschädigung für seine verbrannte Flöte, Gitarre und Notensammlung im Gesamtwert von 125 Mark Banco. In seiner Not hatte er sich bereits an den dänischen König gewandt. Dessen Rat lautete, sich mit der Empfehlung eines Herrn Bille an den Hamburger Hilfsverein für Abgebrannte zu wenden. Herr Bille riet der Unterstützungsbehörde, den Musiker mit 100 Mark Banco zu unterstützen. Gewährt wurde ihm nur die Hälfte.[327]

---

325 Siehe http://www.hofgartenorchester.de und http://de.wikipedia.org/wiki/Ferdinand_David.

326 522-1 Jüdische Gemeinden, 725 f, Sterberegister der Deutsch-Israelitischen Gemeinde in Hamburg, 1844 Nr. 206.

327 351-3 (Öffentliche) Unterstützungsbehörde (für die Abgebrannten) von 1842, 30-71.

361-2 II Oberschulbehörde II

Im Zusammenhang mit familiengeschichtlichen Nachforschungen wird die Frage nach Unterlagen über den Schulbesuch von Hamburgern leider oft vergeblich gestellt. Viele Schularchive sind untergegangen und ein zentrales Schülerregister, das Auskunft darüber geben könnte, welche Schule ein Kind besuchte, gab und gibt es nicht. Umfangreiches Archivgut von jüdischen Schulen ist nur im Fall der Talmud-Tora-Schule erhalten. Vor über 50 Jahren wurde es von den "Central Archives for the History of the Jewish People", Jerusalem, übernommen. Das Staatsarchiv verfügt über Mikrofilme dieser Unterlagen. Sie umfassen die Zeit von 1822 bis 1942 und bilden den Archivbestand „362-6/10 Talmud-Tora-Schule". Die Benutzung der Mikrofilme kann aufgrund des Umfangs und der ungünstigen Strukturierung der Archivalien oft recht zeitraubend verlaufen.

Erfreulicherweise hat sich die Quellensituation vor einigen Jahren bedeutend verbessert. Umfangreiche Akten der staatlichen Schulverwaltung über jüdische Schulen gelangten in das Staatsarchiv. Sie werden nachfolgend mit ihren Signaturen aufgeführt.

Talmud-Tora-Schule

- 302-314, Abgangszeugnisse 1906–1940
- 329, Aufnahme und Abgang von Schülern, 1925–1933
- 330, Schülerangelegenheiten, Zeugnisse, 1925–1937

Anton-Rée-Realschule (Stiftungsschule von 1815)

- 316, Schüler-Aufnahmebuch, 1926–1940

Mädchenschule der Deutsch-Israelitischen Gemeinde

- 321, Schülerinnenangelegenheiten, Schulanfängerinnenlisten, 1921–1939
- 332, Namentliche Verzeichnisse über Obersekundareife, 1930–1937
- 333, Zeugnisübersichten der Untersekunden, Prüfungen, 1931–1938

Israelitische Mädchenrealschule

- 334, Schülerinnenangelegenheiten, Schulanfängerinnenlisten, 1923–1928
- 335, Namentliche Verzeichnisse über Obersekundareife, Abgangszeugnislisten, Gutachten, 1913–1931

Realschule für Mädchen von Dr. Jacob Loewenberg

- 336, Schülerinnenangelegenheiten, Schulanfängerinnenlisten, 1920–1930
- 337, Namentliche Verzeichnisse über Obersekundareife, 1913–1931
- 338, Abgangszeugnisse, Ostern 1931
- 340, An- und Abmeldungen, 1892–1897
- 341, An- und Abmeldungen, 1911–1931
- 342, Schülerinnen- und Schülerverzeichnisse, 1863–1897
- 343, Schülerinnen- und Schülerverzeichnisse, 1904–1918
- 344, Zeugnisbücher Obersekundareife, 1908–1917
- 345, Zeugnisbücher Obersekundareife, 1918–1931

Auch enthält dieser Archivbestand rund 50 überwiegend aus der NS-Zeit stammende Zulassungsanträge von jüdischen Privatlehrern unterschiedlicher Disziplinen (insbesondere Sprachen, Kurzschrift, Biologie, Musik, Haushalt, Schneidern, Gymnastik und Tanz).

373-7 Auswanderungsamt I

Dieser 71 Regalmeter umfassende Archivbestand enthält die umfangreichste europäische Überlieferung zur Auswanderung nach Übersee in der Zeit von 1850 bis zum Ersten Weltkrieg. Die darin enthaltenen Passagierlisten wurden bei den Familienforschern der USA und anderer Länder vor allem deshalb sehr bekannt, weil darin die Herkunftsorte der Auswanderer dokumentiert sind – eine Information, die in den Ankunftslisten von Einwanderungsländern in der Regel erst nach 1900 zu finden ist.

Den Kern bilden 555 Foliobände mit den Listen[328] von über fünf Millionen Passagieren, denen der Hamburger Hafen von 1850 bis 1914 und 1920 bis 1934 zur Überfahrt nach Amerika, Australien, Afrika und asiatischen Ländern diente.[329] Aus Deutschland stammten 37 Prozent der Auswanderer, die anderen waren vor allem in osteuropäischen Ländern beheimatet gewesen.[330]

Zwischen 1881 und 1914 wählten rund 730 000 russische Juden den Weg über Hamburg. Auch zahlreiche jüdische Auswanderer aus Österreich-Ungarn und Rumänien traten in dieser Zeit im Hamburger Hafen die Überfahrt an. Die Gesamtzahl der in den Hamburger Passagierlisten bis zum Ersten Weltkrieg registrierten osteuropäischen Juden wird auf rund eine Million geschätzt.[331]

Manche Auswanderer gelangten von Hamburg aus nicht auf direktem Weg in die neue Heimat, sondern bestiegen in einem europäischen Zwischenhafen ein anderes Schiff zur Weiterfahrt an den Zielhafen. Diese Passagiere wurden im Sprachgebrauch der Auswandererbehörde als „indirekte Auswanderer" bezeichnet. Sie sind von 1854 bis 1910 in separaten Bänden verzeichnet.

Das Auswanderungsamt fertigte zu den Passagierlisten der „direkten" und der „indirekten" Auswanderer voneinander getrennte, grob alphabetische und jeweils nur kurze Zeiträume umfassende Namenregister. Sie machten die Suche oft zu einem unlösbaren Problem, wenn das Jahr der Auswanderung eines Vorfahren nicht annähernd bekannt war. Dank des

---

328 Es handelt sich ab 1855 ausnahmslos um Duplikate der Passagierlisten, die der Auswandererbehörde vor der Abfahrt der Schiffe einzureichen waren.

329 Jürgen Sielemann: Die Hamburger Auswandererlisten als familienkundliche Quelle. In: Jürgen Sielemann, Rainer Hering und Ulf Bollmann (Hg.): Überseeische Auswanderung und Familienforschung (Veröffentlichungen aus dem Staatsarchiv der Freien und Hansestadt 28). Hamburg 2002. S. 45–54. – Jürgen Sielemann: Auswanderung und Familienforschung. In: Andrea Brinckmann und Peter Gabrielsson (Hg.): „Seht, wie sie übers große Weltmeer ziehn!". Die Geschichte der Auswanderung über Hamburg. Bremen 2008. S. 153–161. – Jürgen Sielemann: Lesser Known Records of Emigrants in the Hamburg State Archives. In: Avotaynu. The International Review of Jewish Genealogy, Vol. VII Nr. 3 (1991). S. 6–13.

330 Sielemann, Auswanderung und Familienforschung, wie Anm. 329, S. 159.

331 Jürgen Sielemann: Jüdische Auswanderung aus Osteuropa. In: Andrea Brinckmann und Peter Gabrielsson (Hg.), „Seht, wie sie übers große Weltmeer ziehn!". Die Geschichte der Auswanderung über Hamburg. Bremen 2008. S. 129.

1999 im Hamburger Staatsarchiv begonnenen Projekts zur Digitalisierung der Passagierlisten ist das Problem weitgehend gelöst: Die Daten der zwischen 1850 und 1925 vom Hamburger Hafen abgefahrenen Auswanderer stehen online zur Verfügung.[332] Einbezogen wurden auch Sonderverzeichnisse, zum Beispiel solche für Personen, die nicht mit Auswandererschiffen nach Übersee fuhren.[333] Im Lesesaal des Staatsarchivs werden die Digitalisate der Auswandererlisten gebührenfrei bereitgestellt.

Wer das Hamburger Auswanderermuseum „BallinStadt" besucht, findet dort kundige Beratung und kann die Datenbanksuche kostenlos anstellen.

376-2 Gewerbepolizei

Der 27 Regalmeter und zahlreiche Mikrofilme umfassende Bestand aus der Zeit von 1841 bis 1956 erweist sich für familiengeschichtliche Nachforschungen oft als nützliche Hilfsquelle. Dafür sind vor allem die ab 1865 lückenlos erhaltenen Protokolle der Gewerbeanmeldungen von Bedeutung. Ihre Entstehung geht auf das Hamburger Gewerbegesetz vom 7.11.1864 zurück: „Wer einen Gewerbebetrieb für eigene Rechnung anfangen will, hat vorher davon der zuständigen Behörde unter Nachweisung der gesetzlichen Erfordernisse Anzeige zu machen".[334] Was als Maßnahme bürokrati-

---

[332] Siehe http://www.germanroots.com/hamburg.html.

[333] Jürgen Sielemann: Hamburg Emigration Lists Are Being Computerized. In: Avotaynu. The International Review of Jewish Genealogy, Vol. XV, Nr. 2 (1999). S. 3. – Jürgen Sielemann: Das Projekt „Digitale Erschließung der Hamburger Auswandererlisten". In: Maajan 51 (1999). S. 1453–1454. – Derselbe: Link to Your Roots. In: Maajan 55 (2000). S. 1622. – Paul Flamme: Das Projekt "Link to Your Roots". In: Der Archivar. Mitteilungsblatt für deutsches Archivwesen. Beiband 6 (2002). S. 203–220. – Peter Gabrielsson: Das Projekt "Link to Your Roots". Die digitale Erschließung der Auswandererlisten im Staatsarchiv Hamburg. In: Andrea Brinckmann, Peter Gabrielsson (Hg.), „Seht, wie sie übers große Weltmeer ziehn!". Die Geschichte der Auswanderung über Hamburg. Bremen 2008. S. 163–169. – Paul Flamme: Herstellung und Vermarktung einer Auswandererdatenbank durch das Staatsarchiv Hamburg: das Projekt „Link to Your Roots". In: Der Archivar: Zeitschrift für Archivwesen 63 (2010). S. 151–157.

[334] Paragraf 5 des Gewerbegesetzes vom 7.11.1864. In: Johann Martin Lappenberg: Sammlung der Verordnungen der freien Hansestadt Hamburg seit 1814. Bd. 32. Hamburg 1865. S. 165.

scher Kontrolle erscheint, war die Folge einer geradezu revolutionären Liberalisierung, denn das Gewerbegesetz beseitigte den jahrhundertealten Zunftzwang und proklamierte die Gewerbefreiheit für volljährige Männer und Frauen aller Konfessionen, gleich welcher Staatsangehörigkeit. Die Zeit der Handwerksämter, in die nur Christen aufgenommen wurden, ging damit zu Ende. Schon einmal, in der Zeit der französischen Besetzung Hamburgs, waren die Barrieren für die Berufswahl der jüdischen Einwohner gefallen – ein 1815 beendetes Intermezzo, das sich nach den Worten des Chronisten Moses Martin Haarbleicher nicht sonderlich ausgewirkt hatte:

> Die Gewerbefreiheit ward nur insofern genutzt, dass einige Juden Läden [zum Verkauf] ihnen bisher durch das Krameramt verbotener Artikel – Tuch, Gewürze etc. – eröffneten und dass einige Dutzend Knaben zu Handwerkern in die Lehre gethan wurden.[335]

In den Gewerbeanmeldungsprotokollen begegnen uns Eintragungen über Selbstständige in fast allen Tätigkeitsbereichen. Ausgenommen waren Berufe, die nur mit einer besonderen staatlichen Zulassung ausgeübt werden durften (Ärzte, Apotheker, Rechtsanwälte und Notare, Lehrer, Taxatoren, Lotsen und Auswanderer-Expedienten).[336] Im Fall von Nachforschungen über Kaufleute ist oft schwer abzuschätzen, ob sie in den Gewerbeanmeldungsprotokollen oder im Handelsregister als Firmeninhaber, Gesellschafter oder Prokuristen verzeichnet sind.[337] Ab 1878 bieten die Hamburger Adressbücher eine gewisse Hilfe: Die in das Handelsregister eingetragenen Firmen erscheinen in den alphabetischen Teilen fettgedruckt, und die an solchen Firmen beteiligten Kaufleute finden sich neben ihrer Privatadresse zumeist auch mit ihrer Firmenzugehörigkeit verzeichnet. Oft ging der Eintragung in das Handelsregister ein Gewerbeschein voraus, so dass sich die Benutzung der Gewerbeanmeldungsprotokolle grundsätzlich empfiehlt. Sie weisen ab 1865 folgende Rubriken auf: Tag der Gewerbeanmeldung, Name, Alter, Gewerbe, Wohnung, Bemerkungen über die vorgelegten Legitimationspapiere. Ein Beispiel vom 8. Februar 1865:

---

335 Moses Martin Haarbleicher, wie Anm. 52, S. 100.

336 Paragraf 3 des Gewerbegesetzes vom 7.11.1864. In: Johann Martin Lappenberg, wie Anm. 334, S. 163.

337 Erläuterungen zum Archivbestand „231-3 Handelsregister“ siehe S. 58–61.

> *Abraham Abensur*, 30 Jahre alt, Gewerbe: Kaufmann, Wohnung: Altona, Gesch.[äftsadresse]: Deichstraße 39, Bemerkungen: Geburts-[schein], Attest der Ausheb.[ungs-]Commission, Bürgersch.[ein] des Vaters Moses Abensur de [d. h. vom] 30. Mai 1851, z.[ur] Z.[eit] in Altona wohnh.[aft].[338]

Die Gewerbeanmeldungsprotokolle sind von 1865 bis 1915 durch Namenregister erschlossen. 1915 wurden die Protokollbände durch Karteien abgelöst, die sogenannten „Zentralgewerbekarteien". Sie sind als Mikrofilme erhalten, in die Zeitabschnitte 1915–1930 und 1931–1945 unterteilt und weisen gegenüber den vorher geführten Protokollen zusätzliche Information auf. Als Beispiele folgen zwei Gewerbeanmeldungen von ambulanten Händlern aus den 1920er Jahren:[339]

> *Sara Selma Cohen* geb. Müller, geboren am 27.6.80 in Leer, staatsangehörig in Preußen, Wohnung: Kielortallee 22 II., Geschäftslokal: von Haus zu Haus, legitimiert durch Heiratsurkunde und Meldeschein, Gewerbe: Händlerin mit Obst, Gemüse, Fischen und Kolonialwaren, Schokolade und Zuckerwaren

Dagegen umfasste das Angebot von *Walther Cohen*, geb. 4.4.1887 in Hamburg, Wexstraße 15, fast das Sortiment eines kleinen Kaufhauses:

> Händler mit Hausstandsartikeln, Kurz-, Galanterie-, Spiel-, Tabak-, Back-, Zucker-, Schreibwaren, Waschmitteln, Blumen, Druckschriften und Bildern

Die Beispiele sollen allerdings nicht besagen, dass in dieser Quelle nur „kleine Leute" dokumentiert sind. Auch manche vermögenden Einwohner benötigten einen Gewerbeschein.

Gewisse Gewerbe standen unter besonderer polizeilicher Kontrolle, darunter auch das Metier der Hypnotiseure und Hellseher. Zu den erhaltenen Sachakten der Gewerbepolizei zählt ein Dossier über Hermann (Herschel)

---

[338] 376-2 Gewerbepolizei, Spz VIII C 1, 1863 Nr. 138.

[339] 741-4 Fotoarchiv, K 2826.

Steinschneider, der unter dem Künstlernamen Erik Jan Hanussen in den 1920er Jahren zum König der Hellseher in Deutschland avancierte. Seine rasante Karriere, seine obskuren Kontakte zu SA-Führern und sein furchtbares Ende – er wurde im März 1933 von einem SA-Kommando ermordet – beschäftigen bis heute Buchautoren und Filmemacher. Zu Hanussens bemerkenswertesten Prognosen zählte die Vorhersage des Reichstagsbrandes. In der wundergläubigen deutschen Gesellschaft war er ein Star mit großer Begabung für die eigene Vermarktung. Argwöhnisch beschäftigte sich die Hamburger Gewerbepolizei mit seinen hiesigen Auftritten. Im Dezember 1928 war es wieder soweit – in einer Großanzeige kündigte Hanussen eine neue Vorstellung an:

Des enormen Erfolges wegen noch ein Experimental-Vortrag (3. letzter)
am Montag, 3. Dez., Sagebiel, Marmor-Saal, 8 Uhr,
des berühmten Okkultisten und Graphologen
Erik Jan Hanussen

Das Hellsehen sowie Experimente der Gedankenübertragung, der praktischen und psychologischen Graphologie, der Television (letzte Vorstufe des Hellsehens) und des Gomboloy (indische Methode der Nervenstärkung, Heilung nervöser Unarten, des Stotterns usw.)

Hanussens Erscheinen wirkt seit einem Jahre wie eine Offenbarung. Er stellt die Gesetze der vernunftgemäßen Logik auf den Kopf und hält uns im Banne unlösbarer Rätsel.

Verunsichert notierte ein Beamter der Gewerbepolizei dazu: „Wie ist es damit? Ist das erlaubt?“[340] Es war erlaubt, ebenso wie Hanussens „Experimentalvortrag“ im ausverkauften Saal des Curio-Hauses im April 1932. Diese Veranstaltung wurde gleichzeitig im Rundfunk übertragen. Im November 1932 gastierte Hanussen im Hamburger Ufa-Palast. Bei dieser Gelegenheit gab er „einige Voraussagen für das Jahr 1933“ zum Besten, darunter auch diese:[341]

---

[340] 376-2 Gewerbepolizei, Spz IX F 20.

[341] 376-2 Gewerbepolizei, wie Anm. 340.

In Deutschland wird eine Regierung der starken Hand Ordnung schaffen, aber die Diktatur [wird] nichts Bleibendes [sein], v. Schleicher wird nicht der Diktator und mit v. Papen wird noch erhebliche Zeit zu rechnen sein. Eine Koalition zwischen Zentrum und Nationalsozialisten steht nicht in Aussicht.

4 Gebietsverwaltung

Zuletzt wurden die einschlägigen Archivbestände der Sachgruppe 3, Fachverwaltung, vorgestellt. Damit ist der Löwenanteil des staatlichen Archivguts abgehandelt, das der jüdischen Familiengeschichtsforschung unter den 30 Regalkilometern des Staatsarchivs Hamburg in erster Linie dienen kann. In der jetzt zu betrachtenden Sachgruppe 4, Gebietsverwaltung, rangieren die Archivbestände der Hamburger Vorstädte St. Georg und St. Pauli, der Marsch- und Geestlande, Bergedorfs und der Vierlande, der hamburgischen Exklave Ritzebüttel und der bis 1937 eingemeindeten Städte Altona, Wandsbek und Harburg mit Randgemeinden. In dieser Sachgruppe kommt vor allem den Altonaer, Wandsbeker und Harburger Beständen erhöhte Bedeutung für biografische und genealogische Forschungen zu. Jüdische Familien waren zwar auch in den Vorstädten Hamburgs und im hamburgischen Landgebiet ansässig, das jüdische Hauptwohngebiet befand sich jedoch im städtischen Bereich. Es wäre allerdings ganz falsch, das Vorstadt- und Landgebiet ganz außer Acht zu lassen, denn das dort erwachsene Archivgut weist Unterlagen über etliche jüdische Familien auf, die eine Existenz außerhalb der Stadttore suchten.

411-1 Patronat St. Georg

Aufgrund einer Reform der Hamburger Gebietseinteilung wurde 1830 der Verwaltungsbezirk „Vorstadt St. Georg“ gebildet. Er umfasste Teile der

Landherrenschaft Hamm und Horn und des St. Georgshospitalgebiets, den Hammerbrook, den Stadtdeich und den Grünendeich. An der Spitze der Verwaltung stand ein Senator („Patron"). Als die Hamburger Torsperre 1860 aufgehoben wurde, nahmen die Bebauung und die Bevölkerungszahl in diesem vorwiegend ländlich strukturierten Bereich sprunghaft zu. Die Amtsgeschäfte des „Patrons" wurden in der Folgezeit zum großen Teil von hamburgischen Zentralbehörden übernommen. Mit der 1868 vollzogenen Einverleibung des Gebiets der Vorstadt St. Georg in das hamburgische Stadtgebiet endete die kurze Geschichte des „Patronats St. Georg".

Der 28 Regalmeter umfassende Bestand ist durch ein dreibändiges Findbuch und einen alphabetischen Kartei-Index zu den Aktentiteln erschlossen. Für genealogische und biografische Zwecke kommen insbesondere folgende Sachgruppen in Betracht:

X.	Personenstand
XI.	Staatsangehörigkeit
XII.	Fremde
XVIII.	Zivilsachen
XIX.	Familienrechtliche Sachen
XX.	Erbrechtliche Sachen
XXXVIII.	Gewerbe und Industrie

Besondere Aufmerksamkeit verdienen diese Quellen:

421, Umschreibelisten des Bürgermilitärs, 1860–1868
461 Bd. 1–31, Proklamations- und Kopulationsprotokolle, 1830–1865
1000 Bd. 1–7, Schutzverwandtenprotokolle 1830–1865

Die Bewohner der Vorstadt St. Georg konnten als „Schutzverwandte" und „Schutzbürger" in einen vom Stadtgebiet unterschiedenen staatsangehörigkeitsrechtlichen Status eintreten. Die wenigen in St. Georg wohnenden Juden waren darum offenbar nicht bemüht. 1853 konstatierte der Patronatsbeamte Gieschen: „Bei dem Patronat der Vorstadt St. Georg hat sich bis jetzt noch kein Jude um das Schutzbürgerrecht beworben."[342]

---

[342] 411-1 Patronat St. Georg, 996.

Juden betreffende Einzelfallakten finden sich in diesem Archivbestand nur in geringer Zahl. Ein Beispiel: Noch bevor der Bauboom in St. Georg einsetzte, bemühte sich Samuel Philipp Cohn 1844 um eine Baugenehmigung in der St. Georgstraße. Sechs Jahre später geriet er in das Fadenkreuz des Pastors Rautenberg, denn Cohn betätigte sich als Pionier in einer Branche, die an diesem Ort noch heute floriert: Er richtete am Steindamm eine Gastwirtschaft mit „leichten Mädchen" ein. Empört wandte sich Pastor Rautenberg an den Senat:

> Bisher genügte auch, wenn dann und wann so ein Geschwür sittlicher Fäulniß hier auftauchen sollte, eine einfache Bitte um Abhülfe an die competente Behörde von meiner Seite, wie ich dieselbe auch hiemit an Ew. Wohlweisheit richte in zuversichtlicher Hoffnung, daß darauf die bezeichnete junge Eiterbeule am hiesigen Gemeindekörper schleunigst wieder verschwinden werde. Wenigstens in diesem Stücke darf und will St. Georg kein St. Pauli werden.[343]

Das Rotlicht-Milieu auf dem Steindamm entwickelte sich zwar zu keiner großen Konkurrenz der Reeperbahn, ist aber nie ganz verschwunden.

411-2 Patronat St. Pauli (mit Landherrenschaft Hamburger Berg)

Hamburgs berühmt-berüchtigter Stadtteil St. Pauli lag vor den Toren an der Grenze zur Nachbarstadt Altona und trug seit alters her den Namen „Hamburger Berg". Anfangs noch zur „Landherrenschaft Hamm und Horn" gehörig, wurde der „Hamburger Berg" 1830 der „Landherrenschaft der Vorstädte" zugeordnet und von 1833 bis 1875 als „Patronat St. Pauli" verwaltet. Aus der Zeit vor 1830 sind nur wenige Archivalien erhalten, danach setzt eine reichhaltige Überlieferung der Patronatsverwaltung ein.

Seit wann wohnten dort jüdische Familien? Von der Antwort hängt es ab, welche Akten und Protokolle dieses 53 Regalmeter umfassenden Ar-

[343] 411-1 Patronat St. Georg, 4280.

chivbestandes aus der Zeit von 1699 bis 1876 für genealogische und biografische Forschungen in Betracht kommen können.

Bis Ende 1842 war das Wohngebiet der Juden auf bestimmte Straßen in der Alt- und Neustadt beschränkt (auch wenn es viele Ausnahmen gab); ein Wohnrecht auf St. Pauli wurde jüdischen Familien vorher nicht eingeräumt. Der Chronist Moses Martin Haarbleicher (1797–1869) beschrieb den vor 1842 bestehenden Zustand wie folgt:

> Die Vorstadt St. Georg war [als jüdisches Wohngebiet] gestattet, aber wenig oder gar nicht benutzt, der Hamburgerberg (St. Pauli) war sogar zum bloßen Übernachten verboten, dies jedoch wegen der dort von allerlei Gesindel den Juden stets drohenden Gefahr.[344]

Die Wende folgte auf den großen Hamburger Stadtbrand vom Mai 1842. Der von der Bürgerschaft gebilligte Rat- und Bürgerschluss vom 1. Dezember 1842 regelte, „dass die bisher bestehenden Beschränkungen der Israeliten in Ansehung des Erwerbs von Grundeigentum und in Ansehung des Wohnens, sowohl in der Stadt als auf dem Landgebiete, für die Mitglieder der hiesigen Israelitischen Gemeinden, jedoch ohne dass denselben daraus eine Erweiterung ihrer politischen und sonstigen Befugnisse erwachse, aufgehoben werden". Haarbleichers Fazit: „Und so war es denn nun dem Feuer gelungen, diesen, fast den einzigen Fortschritt an bürgerlichen Rechten während dieser ganzen Periode herbeizuführen und so eine Bresche in die altertümliche Mauer der Ungleichstellung zu brechen."[345]

Von der Möglichkeit, nach St. Pauli umzuziehen, machten einige jüdische Familien alsbald Gebrauch. Gerieten sie in ein Vergnügungsviertel mit hoher Kriminalität? Amüsierbetriebe und Bordelle waren schon damals vorhanden, machten jedoch nur einen Teil in diesem von Handwerkern, Arbeitern und kleinen Geschäftsleuten geprägten Gebiet aus. Eine Statistik aus dem Jahr 1844 gibt einen Einblick in die Sozialstruktur.[346] Unter den 17 395 Einwohnern wurden damals 3594 männliche Erwachsene gezählt, darunter 1158 Handwerksgesellen. Die Vielfalt der ausgeübten Berufe wird

[344] Moses Martin Haarbleicher, wie Anm. 52, S. 30.

[345] Moses Martin Haarbleicher, wie Anm. 52, S. 148 f.

[346] 411-2 Patronat St. Pauli, II C 2801.

in Akten über rund 60 in der Zeit des Patronats ausgeübte Gewerbe sichtbar. Dokumentiert sind unter anderem:

> Apotheker, Bäcker, Barbiere und Wundärzte, Blei- und Schieferdecker, Böttcher, Brauer, Buchbinder, Buchdrucker, Daguerreotypisten, Drechsler, Fabrikanten, Feilenhauer, Fischräucherer, Friseure, Gerber, Glaser, Goldschmiede, Gürtler, Hutmacher, Kammmacher, Kerzengießer, Klempner, Korbmacher, Krämer, Küper, Kürschner, Kupferschmiede, Bestatter, Leineweber, Lohgerber, Lotterie-Kollekteure, Makler, Manufakturwarenhändler, Maurer, Mechaniker und Optiker, Müller, Musikanten, Plattierer, Reepschläger, Sattler, Schiffbauer, Schiffszimmerleute, Schlachter, Schmiede und Schlosser, Schneider, Schornsteinfeger, Schuhmacher, Segelmacher, Schiffsausrüster, Steinhauer, Stellmacher, Tabakhändler, Tischler, Töpfer, Uhrmacher, Zahntechniker und Zimmerer.

Die große Zahl der ungelernten Arbeiter wurde 1844 nicht erfasst, dagegen die Zahl der „eingezeichneten Mädchen“ (174) und Bordellwirtschaften (21). Sie waren aufgrund der Hafennähe ein schnell zu erreichendes Ziel für Seeleute aus vielen Ländern. Nicht immer ging es friedlich zu: 1843 wurden 294 Personen auf St. Pauli in Haft genommen. Die „sündige Meile“ hatte jedoch weit mehr zu bieten als Alkohol und käufliche Liebe. Theater, Varietés, Spielbuden, Zirkusse, Karussells, ein Panoptikum und andere Vergnügungsstätten wetteiferten um das Publikum.

Von der Ende 1842 eingeräumten Erlaubnis, auf St. Pauli zu wohnen, machte als eines der ersten Mitglieder der Deutsch-Israelitischen Gemeinde in Hamburg die 68-jährige Witwe Röschen Kalisch geb. Elkan Gebrauch. Am 16. März 1843 schrieb sie an Senator Merck, den damaligen „Patron“ von St. Pauli:

> Seit einem Zeitraum von 34 Jahren bin ich im Besitze einer Israelitischen Schule. [...] Da nun durch Rath- und Bürgerschluß vom Dezember v.[origen] J.[ahres] den Mitgliedern der hiesigen Israelitischen Gemeinde gestattet wurde, ihre Wohnung an jedem Orte auf hamburgischem Gebiete aufzuschlagen, so erlaube ich mir an Eure Wohlweisheit die ergebenste Bitte zu richten, mir die Erlaubniß zu er-

> theilen, meine Schule in St. Pauli fortsetzen zu dürfen, mit der Bemerkung, dass sie nur zum Unterricht israelitischer Kinder geöffnet ist.

Als Zeugen für ihren unbescholtenen Ruf benannte sie keinen Geringeren als den prominenten Juristen und Politiker Dr. Gabriel Riesser. Senator Merck entschied noch am selben Tag, „den Aufenthalt und Anlegung der Schule in St. Pauli zu gestatten".[347]

Doch war es mit der Hamburgs Juden im Dezember 1842 garantierten Freizügigkeit zunächst nicht gut bestellt, denn am 29. September 1843 teilte der „Patron" den Vorstehern der Deutsch-Israelitischen Gemeinde das Folgende mit:

> Ew. Wohlgeborne ersuche ich die vor einiger Zeit erhaltenen Listen von den in St. Pauli wohnhaften Israeliten gefälligst zu remittiren, indem ich genöthigt bin, gegen diese sowohl wie gegen deren Vermiether von Wohnungen die geeigneten Schritte einzuleiten.[348]

Welche Auswirkungen die Vorbehalte des „Patrons" gegen die Ansiedlung jüdischer Einwohner in St. Pauli hatten und wie lange sie andauerten, ist schwerlich zu überblicken. Zunächst erhielten dort einige jüdische Lotterie-Kollekteure die Möglichkeit zur Geschäftseröffnung.[349] Der Zuzug weiterer jüdischer Bewohner vollzog sich nur zögerlich. Das jüdische Hauptwohngebiet befand sich andernorts, so dass wir im Archivbestand „Patronat St. Pauli" nicht oft auf die Spuren jüdischer Einwohner stoßen. Doch wenn die Hamburger Adressbücher oder andere Unterlagen jüdische Bewohner von St. Pauli nennen, empfiehlt es sich, auf die Quellen des „Patronats St. Pauli" zurückzugreifen. Wichtig ist zu wissen, dass einige für die Familien- und Personenforschung bedeutsame staatliche Funktionen nicht von einer zentralen Behörde für das gesamte Stadtgebiet wahrgenommen wurden, sondern von der Verwaltung des Patronats. Dazu zählen beispielsweise die Hochzeitsproklamationen von 1821 bis 1865 (Signaturen I 263 bis I 338), die Schlie-

---

[347] 411-2 Patronat St. Pauli, II A 3296.

[348] 411-2 Patronat St. Pauli, wie Anm. 347.

[349] 411-2 Patronat St. Pauli, II D 1548.

ßung von Zivilehen von 1861 bis 1875 (Signaturen I 339 bis I 343) und die polizeiliche Registrierung der Fremden (1802–1868, Signaturen 347 bis 367).[350]

Zur Eintragung von Sterbefällen in das von 1866 bis 1875 im „Patronat St. Pauli" geführte Zivilstandsregister waren der Behörde auch die Geburtsurkunden der Verstorbenen vorzulegen. Die Akten zeigen, dass dies nicht immer möglich war. So teilte die Polizeiverwaltung von Friedrichstadt der Patronatsverwaltung von St. Pauli 1874 mit, „dass sämmtliche Register der hiesigen israelitischen Gemeinde beim Bombardement dieser Stadt im Jahre 1850 verbrannt sind".[351]

Aus Wandsbek verlautete, „dass im Jahre 1797 in der hiesigen israelitischen Gemeinde noch keine ordnungsmäßigen Civilstandsregister geführt worden sind".[352] (Gemeint waren nicht Zivilstandsregister, da diese von staatlichen Behörden geführt wurden, sondern die Geburts-, Heirats- und Sterberegister der Jüdischen Gemeinde von Wandsbek.) Ganz anders lagen die Verhältnisse in der aschkenasischen Gemeinde der Nachbarstadt Hamburg. Dort konnte man auf Geburtsregister aus der Zeit ab 1769 zurückgreifen.[353] Sie sind wie der größte Teil des Archivguts der einstigen jüdischen Gemeinden Hamburgs erhalten geblieben.[354]

422 Wandsbek Stadt, 423 Wandsbek Land

In der 1937 in Hamburg eingemeindeten Stadt Wandsbek bestand seit der ersten Hälfte des 17. Jahrhunderts eine kleine aschkenasische Gemeinde. Von 1671 bis 1811 gehörte sie zum Verband der „Drei-Gemeinde Altona-

---

[350] Die von 1866 bis 1875 geführten Geburts-, Heirats- und Sterberegister des Zivilstandsamts St. Pauli befinden sich nicht hier, sondern im Archivbestand „332-7 Zivilstandsaufsicht".

[351] 411-2 Patronat St. Pauli, II M 4436. – Gemeint war das Bombardement auf Friedrichstadt im Ersten Schleswig-Holsteinischen Krieg im Herbst 1850.

[352] 411-2 Patronat St. Pauli, II M 4781.

[353] 522-1 Jüdische Gemeinden, 62.

[354] Erläuterungen zum Archivbestand „522-1 Jüdische Gemeinden", siehe S. 233–241.

Hamburg-Wandsbek". Wie Altona stand Wandsbek bis 1866 unter dänischer Herrschaft und wurde dann von Preußen einverleibt.

Wer sich mit der Genealogie und Geschichte von jüdischen Familien Wandsbeks befasst, sei vor allem auf den Archivbestand „522-1 Jüdische Gemeinden" hingewiesen, sodann auf Naftali Bar-Giora Bambergers zweibändige Dokumentation „Die jüdischen Friedhöfe in Wandsbek"[355] sowie auf Astrid Louvens grundlegendes Buch „Die Juden in Wandsbek".[356] Als Basisquellen können auch die Wandsbeker Einwohnermeldekarteien im Archivbestand „332-8 Meldewesen" sowie die Geburts-, Heirats- und Sterberegister im Archivbestand „332-5 Standesämter" dienen.

Die Archivbestände von Wandsbeker Behörden, um die es hier geht, weisen zwar etliche Akten zur Geschichte der Jüdischen Gemeinde auf, sie enthalten jedoch vergleichsweise wenig Material über einzelne Personen und Familien. Eine Übersicht über die einschlägigen Wandsbeker Bestände enthält Astrid Louvens Buch im Abschnitt „Ungedruckte Quellen".[357] Hervorzuheben sind Akten in den Archivbeständen „422-1 Intendantur für die Güter Wandsbek und Wellingsbüttel in Reinbek", „422-2 Gut Wandsbek, königlicher Anteil", „422-11 Registratur des Fleckens und des Magistrats der Stadt Wandsbek" und „423-2 Landratsamt Wandsbek".

424 Altona Stadt und Land

Altona entstand im frühen 16. Jahrhundert in der Grafschaft Holstein-Pinneberg als Fischer- und Handwerkersiedlung und entwickelte sich alsbald zu einer florierenden Hafen- und Handelsstadt. Dort herrschte im Unterschied zu Hamburg Glaubensfreiheit – der Grund für den Zuzug religiöser Minderheiten. Der Straßenname „Große Freiheit" am Ort des 1611 entstandenen Viertels „Freiheit" erinnert noch heute daran. Seit 1640 gehörte Alto-

---

[355] Naftali Bar-Giora Bamberger: Die jüdischen Friedhöfe in Wandsbek. Memor-Buch. Hamburg 1997. Eine Rezension enthält Maajan – Die Quelle 44 (1997). S. 1111–1112.

[356] Astrid Louven: Die Juden in Wandsbek. 1604–1940. Spuren der Erinnerung. Hamburg ²1991.

[357] Louven, wie Anm. 356, S. 261.

na zum dänischen Königreich, seit 1866 zu Preußen und seit 1937 aufgrund des bereits in der Weimarer Republik vorgeplanten „Groß-Hamburg-Gesetzes" zu Hamburg.

Die Geschichte der Juden in Altona begann am Ende des 16. Jahrhunderts mit der Ansiedlung aschkenasischer Familien. Als „Schutzjuden" der Landesherren erwarben sie das Wohnrecht im Bereich der ganzen Stadt, besaßen einen Friedhof auf dem 1611 von Hamburger Sefarden erworbenen Gelände an der heutigen Königstraße und erbauten alsbald eine Synagoge. Das Altonaer Rabbinatsgericht war in Zeremonial- und Zivilsachen nicht nur für Schleswig-Holstein, sondern von 1671 bis 1812 auch für die Juden in Hamburg zuständig. Im aschkenasischen Gemeindeverband Altona-Hamburg-Wandsbek, der „Dreigemeinde AHW", nahm die Altonaer Jüdische Gemeinde eine führende Rolle ein, die sie erst am Ende des 18. Jahrhunderts an die stark gewachsene Hamburger Gemeinde abtrat. Von 1771 bis 1887 bestand in Altona auch eine kleine sefardische Gemeinde. Infolge der Massenflucht vor den russischen Pogromen siedelten sich ab 1880 in Altona vermehrt jüdische Familien aus Osteuropa an.

Im Vergleich zum reichhaltigen Archivgut der Hamburger jüdischen Gemeinden ist die Altonaer Quellensituation ungünstiger. Dafür gibt es zwei wesentliche Ursachen:

1. Luftangriffe des Zweiten Weltkriegs rissen große Lücken in das staatliche Archivgut zur Geschichte der Juden in Altona.

2. Im Unterschied zu Hamburg war Altona kein selbstständiger Staat, in dem das Schriftgut aller Regierungs-, Verwaltungs- und Gerichtsorgane an ein und demselben Ort entstanden ist und in einem Archiv verwahrt wurde. Folglich übernahm das Altonaer Stadtarchiv kein Archivgut der Landesherrn und Ministerialinstanzen; dieses ist im Riksarkivet in Kopenhagen und im Landesarchiv Schleswig-Holstein zu finden. Umfassende Archivrecherchen zur Geschichte der Juden in Altona sind deshalb im Gegensatz zu Forschungen über die Geschichte der jüdischen Gemeinden auf althamburgischem Territorium mit Reisen verbunden.

424-1 Urkunden und Rechtssatzungen der Stadt Altona

Von besonderem Interesse sind die unter der Signaturgruppe III verzeichneten Testamente aus der Zeit von 1692 bis 1869. Darunter stammen rund 20 von jüdischen Erblassern, auch solche aus sefardischen Familien (Bravo, Brandon, de Castro, Pardo). Prinzipiell gehörten die Verwahrung von Testamenten und die Nachlassregulierung zu den Angelegenheiten der Rabbinatsverwaltung; entsprechend umfangreich ist auch die Überlieferung im Archivbestand „522-1 Jüdische Gemeinden". Hin und wieder machten Altonaer Juden jedoch von ihrem Recht Gebrauch, sich mit Immediatsgesuchen an weltliche Behörden zu wenden. Dies galt auch für Fragen des Aufenthaltsrechts. Über 130 Testamente von jüdischen Erblassern in Altona aus der Zeit von 1868 bis 1905 enthält der Archivbestand „424-111 Amtsgericht Altona".[358]

424-3 Magistrat Altona

Vor 1943 enthielt dieser Archivbestand in der Abteilung XXXIII über 100 Akten der Serie „Die Deutschen Juden, Einzelnes". Davon wurden 82 Akten nach 1976 „wiederentdeckt".[359] Nur diese und 32 Akten aus der Zeit von 1647 bis 1757 über Erlasse, Privilegien und Schutzverhältnisse sind von den ehemals über 500 Magistratsakten zur Geschichte der Juden in Altona nach den Luftangriffen von 1943 noch vorhanden. Das alte Verzeichnis der Aktentitel ist ebenfalls erhalten.

Die erwähnten 82 Akten betreffen die Familien

> Aaron (1738, 1841), Abraham (1825/1826), Alexander (1839), Ascher (1842), Baar (1772), Beit (1767), Benjamin (1831), Berlin (1770), Boche (1824), Borgas (1815), Cohen (1803, 1821, 1840, 1844), Emanuel (1760),

358 Siehe S. 225–231.

359 Vorbemerkung zum Findbuch 424-3 Magistrat Altona.

Engel (1768, 1804), Fränkel (1783), Getting (1760, 1816), Gompertz (1769), Hartig (1767), Hertz (1738, 1821), Herz (1818), Hesse (1817), Hildesheim (1811), Hirsch (1840), Horwitz (1839), Isaac (1840), Jacobsen (1823), Jonas (1801), Joseph (1808), Josua (1811), Julius (1770, 1807), Katzenstein (1844), Kauffmann (1843), Lazarus (1832), Levi (1752, 1842, 1843), Levy (1770), Lion (1799, 1804, 1834), Manns (1842), Mathias (1813), Meldola (1819), Meyer (1765, 1797, 1807), Möller (1842), Moses (1832, 1842), Nathan (1809), Philipson (1813), Rée (1813), Rendsburg (1843), Reyersbach (1843), Salomon (1767, 1832), Samson (1826, 1842), Samuel (1821, 1832), Schild (1841), Schnabel (1783), Seligmann (1843), Simon (1844), Simonsen (1840), Stuvel (1761), Ullmann (1819), Valentin (1843), Vifus (1795), Warburg (1831/1832, 1843), Weinthal (1840), Wolff (1834) und Zadig (1843).

Der Verlust an Magistratsakten wird von den Archivalien zur Geschichte der Juden in Altona im Bestand „522 1 Jüdische Gemeinden" nur zu einem geringen Teil kompensiert.

424-100 Oberpräsidium Altona

Dieser 15 Regalmeter umfassende Archivbestand enthält primär Gerichtsprotokolle, denn als oberster Vertreter des dänischen Landesherrn leitete der Oberpräsident nicht nur die Magistratsverwaltung der Stadt Altona. Fernab vom Grundsatz der Gewaltenteilung besaß er daneben auch richterliche Befugnisse.

Der Rechtsprechung des Oberpräsidenten waren die jüdischen Einwohner Altonas nur insoweit unterworfen, als ein Fall nicht zur Jurisdiktion des Altonaer Oberrabbiners gehörte. Darüber gab es hin und wieder unterschiedliche Auffassungen. Die Beklagten Levin Joseph und Philip Levin brachten es im Mai 1794 auf eine einfache Formel. Eine Zuständigkeit des Oberpräsidenten sei in ihrer Angelegenheit nicht gegeben, „da bekanntlich alle Sachen zwischen Juden nicht vor das christliche Gericht gezogen werden können, sondern nach dem jüdischen Privilegio vor den Oberrabbiner und [die] Ältesten gehören, und nur die Sachen, welche Miethe oder Stadtbuchshandlungen oder eigentliche Wechselsachen betreffen, davon ausgenommen sind".[360] Ganz so eindeutig war es nicht, und es empfiehlt sich im Zweifelsfall, nicht nur die 1768 einsetzenden, ab 1822 in deutscher Schrift geführten Protokolle des Altonaer Rabbinatsgerichts im Archivbestand „522-1 Jüdische Gemeinden" heranzuziehen, sondern auch die Gerichtsprotokolle des Altonaer Oberpräsidenten zu benutzen. Letztere umfassen 75 dickleibige Bände aus der Zeit von 1699 bis 1867 (Signaturen 1 a 1 bis 1 a 75); jeder Band enthält ein Namenregister.

Bevor ein jüdisches Brautpaar in Altona getraut wurde, war der Sekretär der Hochdeutschen Israelitengemeinde in Altona verpflichtet, den Oberpräsidenten um dessen „hochobrigkeitliche Erlaubniß" zu ersuchen. Die Anträge des Sekretärs sind in der Serie der Trauscheinprotokolle des Oberpräsidenten dokumentiert. Sie umfassen die Zeit vom 5. Oktober 1865 bis zum 6. Juli 1874 (Signaturen 1 f 1 bis 1 f 5, Namenregister am Ende jedes Bandes). Besonderes Interesse verdienen die in alphabetischer Ordnung nach den Familiennamen der Bräutigame abgelegten Anlagen zu den Trauscheinprotokollen aus der Zeit von ca. 1820 bis 1870 (Signatur 1 g). Als Beispiel sei erwähnt, dass die Mappe „Co bis Cu" folgende Anträge zur Eheschließung jüdischer Brautpaare enthält:

- Benjamin Meyer Cohen, Kaufmann in Altona, mit Pauline Beit aus Hamburg, 1846
- David Isaac Cohen, Zigarrenmacher in Altona, mit Sara Cohen aus Altona, 1846
- Isaac Cohen, Bürger in Altona, mit Marianne Salomon, 1853
- Isidor, rectius Isaac Cohen, Handelsmann in Altona, mit Fanny Salomon aus Altona, 1851
- Lazarus Salomon Cohen, Handelsmann in Altona, mit Bertha Elias aus Hamburg, 1862
- M. J. Cohen, Tabakfabrikant in Altona, mit Betty Bacher, 1839
- Moses Isaac Cohen, Handelsmann in Altona, mit Sara Liepmann aus Friedrichstadt, 1847

[360] 424-100 Oberpräsidium Altona, I a 19, Gerichtsprotokoll 1794, S. 450.

- Dr. Salomon Cohen, Oberrabbiner in Oppeln, Schlesien, mit Reline Ettlinger, Tochter des Altonaer Oberrabbiners Jakob Ettlinger, 1849
- Salomon Moses Cohen, Altona, mit Malchen Bonn aus Hamburg, 1845
- Benjamin Cohn, aus Marokko, mit Maria Stern, aus Altona, 1855
- Isaac Cohn, Buchdruckereibesitzer aus Kopenhagen, mit Hannchen Levin, aus Altona, 1865
- Isaac Gerson Cohn, Detaillist in Altona, mit Friedricke Tachau aus Friedrichstadt, 1863
- Jacob Moses Cohn mit Schönchen alias Sophia Stern, 1840 [?]
- Menni Cohn, Handelsmann in Altona, mit Adele Seligsohn aus Hamburg, 1868
- Michel Moses Cohn, Kleiderhändler aus Hamburg, mit Riecke Lichtenstein, 1867
- Meyer Pesack Cohn, Unterlehrer an der Altonaer israelitischen Armenschule, mit Betty van Son aus Hamburg, 1848
- Moses Cohn, Handelsmann in Altona, mit Feilchen Wolf aus Altona, 1846
- Ruben Gerson Cohn, Geldwechsler in Altona, mit Doris Renner aus Altona, 1861
- Salomon Michel Cohn, Schuhmacher in Altona, mit Betty Adler aus Hamburg, 1842
- Siegmund Cohn, Zeitungskolporteur in Altona, mit Jeanette Seligmann aus Altona, 1864
- Simon Ruben Cohn, Schächter in Altona, mit Pauline Bachrach aus Hamburg
- Sussmann Selig Cohn, Glasermeister aus Moisling, mit Nanny Cohn aus Altona, 1862

Teilweise enthalten diese Unterlagen mehr Informationen über ein Brautpaar als das Trauregister der Hochdeutschen Israelitengemeinde in Altona im Archivbestand „522-1 Jüdische Gemeinden".

424-105 Musterungsrollen Altona

Dieser sechs Regalmeter umfassende Archivbestand enthält das Altonaer Pendant zu den bereits vorgestellten Hamburger Listen zur Erfassung der Wehrpflichtigen.[361] Vorhanden sind die Altonaer Musterungsrollen der Geburtsjahrgänge 1842 bis 1878 und Restantenlisten zurückgestellter, aus Altona verzogener oder verschollener Wehrpflichtiger der Geburtsjahrgänge 1842 bis 1896. Im Einzelnen sind folgende Bände vorhanden:

> Musterungsrollen der Geburtsjahrgänge 1843, 1844, 1845, 1846, 1847 (jeweils ein Band); 1848–1849 (zusammengefasst zu einem Band); 1850, 1851, 1852, 1853, 1854, 1855, 1856 (jeweils ein Band); 1857 Bd. I (A–K), 1857 Bd. II (L–Z), 1858 Bd. I (A–K), 1858 Bd. II (L–Z); 1859, 1860, 1861, 1862, 1863, 1864 (jeweils ein Band); 1865 Bd. I (A–K), 1865 Bd. II (L–Z); 1866–1878 (pro Jahrgang zwei Bände, wie 1865 unterteilt in Bd. I, A–K, und Bd. II, L–Z)
>
> Restantenlisten der Geburtsjahrgänge 1842–1846, 1847–1850, 1851–1854, 1855–1858, 1859–1863, 1864–1868, 1869–1871, 1871–1874, 1875–1879, 1880–1890, 1891–1896 (jeweils ein Band)
>
> Restantenlisten der unermittelten Militärpflichtigen der Geburtsjahrgänge 1848–1864 (ein Band) und 1864–1869 (ein Band)
>
> Restantenlisten der vor dem 8. Dezember 1866 ausgewanderten Militärpflichtigen der Geburtsjahrgänge 1842–1864 (ein Band)

Für familiengeschichtliche und biografische Forschungen sind diese Quellen oft sehr hilfreich. Wie schwer es im 19. Jahrhundert war, den Aufenthaltsort unbekannt verzogener Wehrpflichtiger zu ermitteln, zeigen manche Beispiele. So wurde im Fall des 23-jährigen Altonaer Kaufmanns

---

[361] 342-2 Militär-Ersatzbehörden, siehe S. 195–198.

Seligmann Mannsfeldt 1866 vermerkt: „Soll in Indien sein". Im Jahr darauf stellte man fest, dass er in Schwarzenbek gemustert worden war.[362]

424-111 Amtsgericht Altona

Aufgrund der Aufbewahrungsbestimmungen der Justizverwaltungen für das Schriftgut der ordentlichen Gerichtsbarkeit kann es über hundert Jahre dauern, bis Testamentsakten aus den Aktenmagazinen der deutschen Gerichte in die Obhut staatlicher Archive gelangen. Nicht anders verhält es sich in Hamburg. Vor einiger Zeit übernahm das hiesige Staatsarchiv rund 5000 alte Testamentsakten des Amtsgerichts Hamburg-Altona. Sie stammen zumeist aus der Zeit von 1868 bis 1905. Über 130 dieser Akten betreffen die Testamente von jüdischen Einwohnern der Stadt Altona. Diese Zahl entspricht annähernd der damaligen Proportion der Einwohnerzahl von Juden und Christen in Altona.[363]

Die ältesten Testamentsakten stammen noch aus der Zeit der dänischen Landesherrschaft, als das Altonaer Rabbinatsgericht für die letztwilligen Verfügungen der Juden zuständig war. Bis 1863 übte diese autonome, als „jüdisches Gericht zu Altona" bekannte Institution die Rechtsprechung im Bereich des Familien- und Zivilrechts der Juden aus. Nachdem die Herzogtümer Schleswig und Holstein 1867 von Preußen in Besitz genommen worden waren, übernahm das Amtsgericht Altona diese Funktion.[364]

---

[362] 424-105 Musterungsrollen Altona, Alphabetische Liste der Wehrpflichtigen des Geburtsjahrgangs 1843.

[363] Vgl. die Bevölkerungszahlen in: Klaus-Joachim Lorenzen-Schmidt und Ortwin Pelc (Hg.): Schleswig-Holstein Lexikon. Neumünster 2006. S. 28. – Ebenfalls: Gabriele Zürn: Hochdeutsche Israelitengemeinde in Altona. In: Institut für die Geschichte der deutschen Juden (Hg.): Das jüdische Hamburg. Göttingen 2006. S. 118.

[364] Paragraf 5 des Gesetzes betreffend die Verhältnisse der Juden im Herzogtum Holstein vom 14.7.1863 verfügte die „Unterordnung der Juden unter die allgemeine bürgerliche Gesetzgebung". Verordnung über die Trennung der Rechtspflege von der Verwaltung, die Aufhebung der Privatgerichtsbarkeit [...] in den Herzogthümern Schleswig und Holstein vom 26.6.1867. – Testamente von Altonaer Juden aus der Zeit von 1692 bis 1869 befinden sich im Archivbestand „424-1 Urkunden und Rechtssatzungen der Stadt Altona", siehe S. 220 .

Den Wert der Altonaer Testamente für die Erforschung der Geschichte der Altonaer Juden hat Gabriele Zürn in ihrer 1999 veröffentlichten Dissertation über die Altonaer Jüdische Gemeinde in der Zeit von 1611 bis 1874 in einem umfangreichen Kapitel erläutert.[365] Sie wertete dafür 275 Testamente aus der Zeit von 1720 bis 1878 aus; davon entfielen ca. 200 auf das 19. Jahrhundert.[366] Die erwähnten, damals noch im Amtsgericht Altona schlummernden Testamente jüdischer Erblasser konnte sie nicht einbeziehen. Von diesen über 130 Testamenten stammen 65 aus der Zeit vor 1874, darunter die letztwilligen Verfügungen so bedeutender Persönlichkeiten wie des Altonaer Oberrabbiners Jakob Ettlinger und des vielfachen Millionärs und Begründers eines der größten gemeinnützigen Wohnstifte Hamburgs, Benjamin Leja.[367]

Der Fall beweist, dass eine hundertjährige Verwahrdauer von Akten in Gerichtsgebäuden in mehrfacher Hinsicht problematisch ist. Beschlossen wurde diese Regelung 1971 von der Konferenz der Justizverwaltungen des Bundes und der Länder.[368] Damals wurde den Grundsätzen der Forschungsfreiheit und Forschungsfreundlichkeit geringere Beachtung geschenkt als heute. Sehr ungünstig wirkt sich auch die Lagerung von Gerichtsakten in Kellern und Dachböden aus, in denen sie lange Zeit Temperaturschwankungen und unbeständigen Luftfeuchtigkeitswerten ausgesetzt sind. Diese Art der Verwahrung ist auch an den Altonaer Testamentsakten nicht spurlos vorübergegangen. In den klimatisierten Magazinen des Staatsarchivs wird ihr weiterer Verfall gestoppt, so dass sie als Unterlagen zur Geschichte der Altonaer Juden erhalten bleiben.

In den Kapiteln „Testamente als Quelle", „Seelenheil und Erbrecht" und „Testamentarische Zeugnisse" hat Gabriele Zürn die Regeln und Gebräuche der Altonaer Juden im Umgang mit ihren letztwilligen Verfügungen und dem Tod anschaulich erläutert und auch die Bedeutung der Testamen-

---

[365] Gabriele Zürn: Die Altonaer Jüdische Gemeinde (1611–1873). Ritus und soziale Institutionen des Todes im Wandel. Münster, Hamburg, London 1999, S. 203–234.

[366] Gabriele Zürn, wie Anm. 365, S. 203 und 224.

[367] Jürgen Sielemann: Das Porträt: Benjamin Leja. In: Maajan – Die Quelle 108 (2013). S. 4309–4316.

[368] Bestimmungen über die Aufbewahrungsfristen für das Schriftgut der ordentlichen Gerichtsbarkeit, der Staatsanwaltschaften und der Justizvollzugsbehörden, Stand 2007. Im Internet unter der Adresse http://www.landesarchiv-bw.de/sixcms/media.php/120/46036/Behoerden_Aussonderung_Aufbew_Justiz.pdf.

te als familiengeschichtliche Quelle betont. In der Tat: Für genealogische, biografische und familiengeschichtliche Forschungen erweisen sich diese Testamente oft als außerordentlich wertvoll.

In der nachfolgenden Zusammenstellung der Testamentsakten von Juden im Archivbestand „424-111 Altona" folgt nach den Namen und Berufen die Laufzeit der Akte, danach die Signatur.

Aaron, Henriette, geb. Cohen, Witwe, 1868–1872, 114
Abraham, Moses, Schlachter, 1877–1892, 133
Ahron, Salomon Moses, 1868–1871, 120
Ahronheim, Jacob, Kaufmann, und Ahronheim, Täubchen, geb. Hinrichsen, 1886–1909, 150
Bing, Joseph, Kleiderhändler, und Bing, Gutchen, geb. Meyer, 1866–1876, 32
Bonn, Israel Samuel, Rentier, 1890–1941, 459
Castro, David de, Kaufmann, 1868–1876, 702
Cohen, Joseph Isaac, Comptoirbote, und Cohen, Betty, geb. Hildesheim, 1868–1923, 715
Cohen, Simon Moses, Kaufmann, 1868–1872, 707; 1872–1873, 693; 1882, 726
Cohn, Anna Elisabeth, geb. Jürgens, 1878, 750
Cohn, Betty, geb. Hildesheim, Witwe, 1882, 728
Cohn, Robert Joseph, Aufseher, 1891–1938, 646
Danziger, Philipp, Handelsmann, 1875, 822
Delmonte, Johanna, geb. Sirach Herz, Witwe, 1876–1877, 607
Ettlinger, Jacob Aaron, Oberrabbiner, 1868–1874, 931
Falk, Louis, Sekretär der Hochdeutschen Israelitengemeinde in Altona, 1868–1884, 1080
Falk, Sara geb. Samson, Witwe, 1877, 1030
Falk, Selig Philipp, 1868–1870, 1084
Falk, Simon, Uhrmacher, und Falk, Elise, geb. Schiff, verwitwete Cohnheim, 1868–1920, 1081
Freierich, Lazarus, Kaufmann, und Freierich, Gustchen, geb. Guttermann, 1868–891, 1133
Friedländer, Hirsch Moses, und Friedländer, Sophie, geb. Heckscher, 1871–1874, 1058

Fuchs, Philipp Moses, Optiker, 1868–1906, 1083
Glückstadt, Gretchen, geb. Pommerschein, 1883, 1427
Goldschmidt, Koppel, Vorsänger an der Hochdeutschen Israelitengemeinde in Altona, 1868–1917, 1213
Goldschmidt, Meyer Hirsch Moses, 1868–1878, 1215
Goldschmidt, Salomon, Kaufmann, und Goldschmidt, Pauline, geb. Goldschmidt, 1897–1975, 4546
Goldsticker, Jacob Samson, Kaufmann, und Goldsticker, Hannchen, geb. Cohn, 1873–1874, 1272
Goldzieher, Moritz Ephraim, Kaufmann, 1874, 1280
Hammerschlag, Abraham, und Hammerschlag, Röschen, geb. Hammerschlag, 1904, 4963
Heckscher, Ephraim Jonas, Kaufmann, 1892–1906, 1779
Heckscher, Falk Meyer, und Heckscher, Sara, geb. Salomon, 1868–1916, 1520; 1885, 1703
Heckscher, Goldchen, geb. Hannover, Witwe, 1885, 1702
Heckscher, Meyer Wulff, 1880, 1640
Heckscher, Samuel, und Heckscher, Adolphine, geb. Gotthelf, 1878, 1350
Heckscher, Samuel Meyer, 1868–1916, 1521
Heckscher, Sara, geb. Salomon, 1882, 1611
Heckscher, Sara, verwitwete Bramson, geb. Popert, 1880, 1646
Heilbrun, Esther, geb. Warburg, Witwe, 1882, 1610
Heilbut, Wolf, Buchhändler, 1868–1885, 1502
Heilbutt, Minna, geb. Wolff, 1868–1876, 1519
Hertz, Jacob Raphael, Lehrer, 1883, 1593
Hertz, Salomon Joseph, 1896–1898, 1829
Hesse, Heinrich Levin, Kaufmann, und Hesse, Mathilde Amalie, geb. Oppenheimer, 1868, 1547
Hesse, Julie, geb. Isaac, verwitwete Levy, 1868, 1531
Hirsch, Hartwig Naphtali, genannt Hertz, 1868–1884, 1552
Holländer, Fanny, geb. Heckscher, Witwe, 1872, 4635
Holländer, Moritz Abraham, Lehrer, 1887, 1748
Isaacs, Caroline, geb. Levy, Witwe, 1877–1878, 1918
Israel, Adolph, Hausmakler, 1880, 1927

Israel, Eldod, Kaufmann, 1868, 1871
Israel, Moritz, aus Hamburg, 1902–1904, 6853
Israel, Rahel, geb. Saalfeld, verwitwete Heynssen, Witwe, 1872, 1892
Israel, Samuel Isaak, Privatier, 1888–1928, 1837
Italiener, Joseph Aron, 1881, 1932
Jacoby, Siegmund, Kaufmann, und Jacoby, Elisabeth Lea, geb. Ruben, 1893–1953, 1858
Jonas, Marianne, geb. Schild, genannt Isaacs, verwitwete Löwenberg, verwitwete Wagner, 1886, 1961
Joseph, Aron, Schlachter, und Joseph, Hannchen, geb. Rendsburg, 1872
Joseph, Hannchen, geb. Rendsburg, Witwe, 1883–1884, 1939
Josua, Jette, geb. Windmühl, 1885, 1954
Jüdell, Wolff Salomon, Kaufmann, 1877, 1914
Katzenstein, Jette, geb. Wagner, 1878, 2091
Labatt, Rahel, 1878, 2512
Lazarus, Betty, geb. Elb, Witwe, 1882
Leja, Benjamin, Partikulier, 1867–1868, 2390; 1870–1872, 2348
Levin, Moses Jacob, Trödler, 1878–1882, 2514
Levin, Salomon genannt Sally, Kleiderhändler, und Levin, Deborah, geb. Levy, 1885–1937, 2558
Levy, Betty, geb. Valk, Witwe, 1885, 2566
Levy, Jacob, und Levy, Eva, geb. Samuel, 1887, 2555
Levy, Joseph, Kaufmann, 1894–1913, 2578
Levy, Louis, Kaufmann, und Levy, Rebbeca, geb. Friedberg, 1897–1929, 4531
Levy, Moses Heimann, 1868–1882, 2393
Levy, Moses Heimann, und Levy, Betty, geb. Valk, 1870–1882, 2350
Levy, Salomon, 1868–1902, 2392
Levy, Simon, und Levy, Therese, geb. Bachmann, 1886–1930, 2547
Levy, Simon Elias, 1871–1886, 2331
Lewin, Moses, Händler, 1882, 2484
Lichtenstein-Rée, Moses Abraham, 1868–1874, 2386
Liepmann, Michael, und Liepmann, Rosa, geb. Würzburg, 1868–1906, 2388
Lion, Eby, und Lion, Jette, geb. Speyer, 1868–1880, 2387

Lion, Juda Samuel, und Lion, Anna Catharina Maria, geb. Breistorf, 1868–1903, 2384

Lipmann, Sigmund, Geldwechsler, 1868, 2395

Lippmann, Abraham Samuel, und Lippmann, Jenny, geb. Bromberg, 1868–1873, 2381

Loewe, Selig, 1868–1874, 2394

Marcus, Levy Nathan, Dr. med., 1868–1910, 2661

Mendel, Mine, geb. Marcus, 1878, 2923

Meyer, Betty (Rebecca), geb. Oppenheim, 1868–1870, 2659

Meyer, Louis, 1868–1909, 2660

Meyer, Rosette, geb. Fraenkel, Witwe, 1868–1874, 2662

Möller, Hirsch Jesaias Joseph, Musiker, 1879, 2890

Moses genannt Isaaksohn, Sara, Händlerin, 1876, 2938

Müller, Moses Joseph, Handelsmann, und Müller, Henriette geb. Scheier, 1868–1897, 2743

Nathan, Adelheid, geb. Samson, Witwe, 1871, 2823

Nathan, Gerson Jacob, 1871–1872, 2822

Nathan, Samuel Abraham, 1868, 2834

Nathanson, Joseph, 1868–1923, 2831

Newman, Henry Lewis, und Newman, Mary Julie, geb. Hesse, 1897–1913, 4517

Pesach, Gelle, geb. Levy, Witwe, 1868–1871, 3153

Philipp, Jacob, Kaufmann, und Philipp, Friederike, geb. Eppstein, 1874–1875, 3104

Philipp, Simson, und Philipp, Täubchen, geb. Nathan, geschiedene Fürst, 1873–1874, 3121

Rée, Betty, geb. Hahn, Witwe, 1868–1879, 3347

Reinbach, Mendel Michel, 1868, 3363

Renner, Lipmann Israel, Kaufmann, 1870–1872, 3324

Rothenburg, Julius, Fabrikant, 1879, 4620

Salomon, Jeanette, geb. Israel, Witwe, 1871, 4875

Salomon, Moses Aron, Kolporteur, 1892–1927, 3890

Salomon, Joseph Ruben, Privatlehrer, 1877, 3493

Samuel, Abraham Marcus, Kaufmann, und Samuel, Rieke, geb. Samuel, 1868–1874, 4833

Samuel, Gumpel, 1868–1906, 4859
Samuel, Israel, Geldwechsler, 1868, 4832
Seeligmann, Siegfried, 1882–1883, 3636
Speyer, Jacob Wilhelm, 1891, 3895
Stern, Abraham, 1868–1885, 3760
Strelitzer, Hirsch, Kaufmann, 1876, 4860
Sussmann, Magnus, 1883, 3690
Tachau, Gabriel Salomon, und Tachau, Hannchen, geb. Hertz, 1875–1876, 3964
Trier, Adolph, Dr. med., 1868–1911, 4014
Trier, Isaac, Dr. med., 1886, 4133
Wagener, Moses Victor, Arbeiter, 1876, 4285
Walde, von der, Jacob, Mobilienhändler, 1885, 4408
Warburg, Adolph, und Warburg, Caecilie, geb. Cohen, 1888–1903, 4381
Warburg, Daniel Marcus, 1868–1909, 4265; 1882, 4338
Warburg, Isaac, alias John, 1895, 4433
Warburg, Samuel Samson, 1877–1951, 4274
Warburg, Sophie, geb. Isreels, Witwe, 1881, 4342
Wetzlar, Bertha, 1880, 4350
Wetzlar, Isaac, Kassierer, 1868–1914, 4266; 1877, 4273
Wittmund, Jacob, Kaufmann, 1886–1887, 4401
Wolf, Joseph, alias Jon, Kaufmann, 1890, 4472
Wolf, Meyer, Kaufmann, 1868, 4263
Wolff, Hedwig, geb. Aaron, Witwe, 1871, 4224
Zadig, Jeanette, geb. Beyfuß, Witwe, 1876, 4498

430 Stadt Harburg und Harburg-Wilhelmsburg

Wer sich mit der Geschichte jüdischer Familien in der 1937 in Hamburg eingemeindeten Stadt Harburg befasst, wird nicht nur im Archivbestand „522-1 Jüdische Gemeinden“ fündig, in dem das Archivgut der Synagogengemeinde Harburg aus der Zeit von 1812 bis 1937 mit den Geburts-, Trau-

und Sterberegistern von 1832 bis 1887 verwahrt ist.[369] Auch Archivbestände staatlicher Provenienz enthalten wichtige familiengeschichtliche Unterlagen. Dies gilt insbesondere für die Bestände „430-3 Rechnungen der Stadt Harburg" und „430-4 Magistrat Harburg (Hauptregistratur)".

430-3 Rechnungen der Stadt Harburg

In den Belegen zu den Kämmereirechnungen der Stadt Harburg sind die Schoßgeldzahlungen der Harburger Schutzjuden ab 1722 dokumentiert.[370]

430-4 Magistrat Harburg (Hauptregistratur)

Hervorzuheben sind die sogenannten Kirchennebenregister der Synagogengemeinde Harburg mit den Geburts-, Heirats- und Sterberegistern von 1853 bis 1874[371], Volkszählungslisten vom 18. bis 20. Jahrhundert[372] und einige Sachakten aus dem 17. bis 20. Jahrhundert über Gemeindeangelegenheiten.[373] Hilfreich sind auch die Harburger Einwohnermelderegister ab 1868 im Bestand „332-8 Meldewesen".

1833 zählte die Harburger Synagogengemeinde 37 Mitglieder; 1925 waren es 358.[374] An einer ausführlichen Abhandlung zur Geschichte der Juden in Harburg fehlt es bis heute. 1957 veröffentlichte der Hamburger Archivar Horst Homann im Harburger Jahrbuch einen Beitrag mit dem Titel „Die Harburger Schutzjuden 1610 bis 1848". Dafür hatte er auch Quellen des

---

369 522-1 Jüdische Gemeinden, 977 bis 980.

370 430-3 Rechnungen der Stadt Harburg, Serie I b 8.

371 430-4 Magistrat Harburg (Hauptregistratur), IX A 1–8 a/1 bis IX A 1 18 a/3.

372 430-4 Magistrat Harburg (Hauptregistratur), I B 2.

373 430-4 Magistrat Harburg (Hauptregistratur), IX C 1 bis IX C 13.

374 Horst Homann: Die Harburger Schutzjuden 1610 bis 1848. In: Harburger Jahrbuch 7. Hamburg 1957. S. 89.

Staatsarchivs Hannover genutzt. Die Quellenlage hielt der Autor insgesamt für so günstig, dass er es für realistisch hielt, „eine wirkliche Gesamtdarstellung der Geschichte einer jüdischen Gemeinde in einem größeren Zeitraum zu schreiben."[375] Im Unterschied dazu befand sein Vorgesetzter Dietrich Kausche 1952: „Von den Judensachen ist offenbar leider viel verloren gegangen."[376] (Der seltsame Ausdruck „Judensachen" entsprach wohl einem damals noch nicht lange zurückliegenden Sprachgebrauch.) Von Eberhard Kändler und Gil Hüttenmeister stammt die Dokumentation „Der jüdische Friedhof in Harburg" mit den Texten der Grabsteininschriften und biografischen und genealogischen Erläuterungen.[377]

522-1 Jüdische Gemeinden

Das Archivgut der einstigen jüdischen Gemeinden Hamburgs ist in großem Umfang erhalten und dokumentiert ihre Geschichte vom 17. Jahrhundert bis in die NS-Zeit. Aus ältester Zeit stammen Dokumente der sefardischen Gemeinde und der bis 1812 in der „Dreigemeinde AHW" vereinten aschkenasischen Gemeinden von Hamburg, Altona und Wandsbek. Die Protokolle des für Hamburg und Schleswig-Holsteins Provinzialgemeinden zuständig gewesenen Altonaer Rabbinatsgerichts sind ab 1768 erhalten. Die Archivalien der Deutsch-Israelitischen Gemeinde in Hamburg, der Hochdeutschen Israelitengemeinde in Altona und der Jüdischen Gemeinden in Wandsbek und Harburg umfassen den Zeitraum von 1812 bis 1937.[378] Das Schriftgut der Kultusverbände ist allerdings nahezu völlig verloren; auch wurden die nach 1933 entstandenen Gemeindeakten durch einen Luftangriff 1943 weitgehend vernichtet. Dennoch ist der beträchtliche Umfang des Archivguts der Hamburger jüdischen Gemeinden im Vergleich mit der archivali-

375 Horst Homann: wie Anm. 374, S. 43.

376 Dietrich Kausche: Familiengeschichtliche Quellen in der Dienststelle Harburg des Staatsarchivs Hamburg. In: Zeitschrift für Niedersächsische Familienkunde. 27. Jahrgang. Hamburg 1952. S. 59.

377 Eberhard Kändler, Gil Hüttenmeister: Der jüdische Friedhof Harburg. Hamburg 2004.

378 Die Städte Altona, Wandsbek und Harburg gehörten seit 1937 zum hamburgischen Staatsgebiet.

schen Überlieferung anderer jüdischer Großgemeinden Deutschlands ein glücklicher Sonderfall.

Seit den zwanziger Jahren entwickelten Vorstandsmitglieder der Deutsch-Israelitischen Gemeinde unterschiedliche Pläne zur Erfassung, Erschließung und zentralen Verwahrung des Archivguts. Der Novemberpogrom 1938 setzte diesen Bestrebungen ein Ende. Die Gestapo beschlagnahmte das Archiv, beließ es jedoch in Hamburg und stimmte seiner sukzessiven Überführung in das Staatsarchiv zu.[379]

In den fünfziger Jahren wurde das Archivgut von Dr. Jacob Jacobson[380] unter Mitarbeit von Hans W. Hertz verzeichnet und zum Archivbestand „Jüdische Gemeinden" formiert; Jacobson transkribierte außerdem die hebräisch geführten Geburts- und Sterberegister. Seit Anfang der fünfziger Jahre bemühten sich die „Jewish Historical General Archives" (die heutigen „Central Archives for the History of the Jewish People", Jerusalem), das gerettete Archivgut zu übernehmen. 1959 wurde ein Vergleich geschlossen, der eine Aufteilung des Bestandes zwischen dem Jerusalemer Archiv und dem Hamburger Staatsarchiv vorsah. Beide Archive erhielten Mikrofilme von den Archivalien, die ihnen nicht im Original zugesprochen wurden. Die Jüdische Gemeinde in Hamburg hat dem Staatsarchiv auch Archivgut aus der Zeit nach 1945 als Depositum übergeben. Ergänzt durch das im Staatsarchiv verwahrte staatliche Schriftgut zur Geschichte der Juden in Hamburg steht der Forschung mit dem Bestand „Jüdische Gemeinden" eine reichhaltige Quellenbasis zur Verfügung.[381]

---

379 Zur Übernahme des Archivguts der jüdischen Gemeinden in das Staatsarchiv Hamburg in der NS-Zeit siehe Jürgen Sielemann: Die personenkundliche Abteilung des Staatsarchivs Hamburg im NS-Staat und in der Nachkriegszeit. Von der Judenverfolgung zur „Wiedergutmachung". In: Rainer Hering und Dietmar Schenk (Hg.): Wie mächtig sind Archive? Perspektiven der Archivwissenschaft. Hamburg 2013. S. 150–155.

380 Der Archivar, Historiker und Genealoge Dr. Jacob Jacobson (1888–1968) leitete bis 1939 das Gesamtarchiv der deutschen Juden. 1943 wurde er nach Theresienstadt deportiert und dort im Mai 1945 befreit. Die jüdische Familienforschung verdankt ihm grundlegende Veröffentlichungen wie „Die Judenbürgerbücher der Stadt Berlin 1809–1851" (Berlin 1962) und „Jüdische Trauungen in Berlin 1759–1813" (Berlin 1968).

381 Ein identischer Beitrag des Autors über das Archivgut der jüdischen Gemeinden Hamburgs ist bereits in dem vom Institut für die Geschichte der deutschen Juden herausgegebenen historischen Nachschlagewerk „Das Jüdische Hamburg" (Göttingen 2006, S. 23) erschienen.

Dieser Bestand ist wie folgt gegliedert:

Aschkenasische Gemeinden[382]

Altonaer Gemeinde zu Altona und Hamburg (17. Jh.–1813)
Hamburger Gemeinde (18. Jh.–1811)
Wandsbeker Gemeinde zu Wandsbek und Hamburg (17. Jh.–1812)
Interimistische Organe in Hamburg (1811–1814)
Jüdisches Gericht zu Altona (1767–1890)
Oberrabbinat zu Altona (1865–1936)
Hochdeutsche Israelitengemeinde in Altona (1812–1937)
Deutsch-Israelitische Gemeinde in Hamburg (1811–1937)
Israelitische Gemeinde in Wandsbek (1812–1937)
Synagogengemeinde in Harburg (1832–1937)
Jüdischer Religionsverband Hamburg (1938–1945)

Sefardische Gemeinden

Portugiesisch-Jüdische Gemeinde in Hamburg (1641–1937)
Portugiesische Judengemeinde in Altona (1703–1939)

Welche Geburts-, Heirats- und Sterberegister vorhanden sind, zeigt das Findbuch jeweils in den Abschnitten „Personenstand" an. Das älteste sefardische Geburtsregister setzt 1749 ein,[383] die Geburtsregister der aschkenasischen Hamburger Gemeinde beginnen zwanzig Jahre später.[384] Die umfangreichste Dokumentation jüdischer Geburten, Heiraten und Sterbefälle steht mit den Registern der Deutsch-Israelitischen Gemeinde in Hamburg aus der Zeit von 1816 bis 1867 zur Verfügung. Aus der Zeit danach sind keine Personenstandsregister dieser Gemeinde vorhanden; die von 1866 bis 1875 geführten Zivilstandsregister und die 1876 in Hamburg eingeführten Standesamtsregister müssen als Ersatz genutzt werden.[385] Im Unterschied dazu

---

[382] In Klammern ist der Zeitraum angegeben, aus dem Schriftgut vorhanden ist. Nicht in jedem Fall ist dieser Zeitraum identisch mit der Dauer des Bestehens der jeweiligen Gemeindeformation.

[383] 522-1 Jüdische Gemeinden, 995 a Bd. 1.

[384] 522-1 Jüdische Gemeinden, 62.

[385] Siehe dazu die Erläuterungen zu den Archivbeständen „332-3 Zivilstandsaufsicht" und „332-5 Standesämter".

reichen die Geburts-, Heirats- und Sterberegister der Hochdeutschen Israelitengemeinde in Altona bis 1938. Die Personenstandsregister der Synagogengemeinde in Harburg umfassen die Zeit von 1832 bis 1886.[386] Die Geburtsregister der Israelitischen Gemeinde in Wandsbek sind aus der Zeit von 1807 bis 1874 erhalten,[387] die Heiratsregister von 1832 bis 1886[388] und die Sterberegister von 1811 bis 1874.[389]

Einen Einstieg für familiengeschichtliche Forschungen über jüngere Generationen bieten die Gemeindesteuerkarteien der Deutsch-Israelitischen Gemeinde (1913–1938) und der Hochdeutschen Israelitengemeinde Altona (1923–1938). Beide Karteien wurden 1938 zu einer Kartei vereinigt und vom Jüdischen Religionsverband bis 1942 weitergeführt.[390] Wenn in den Rubriken einer Karteikarte kein Raum für weitere Eintragungen vorhanden war, wurden diese ab 1938 auf Karteikarten in einem anderen Format fortgesetzt. Daraus entstand eine separate Kartei, in der auch die Karteikarten der ab 1938 neu eingetretenen Gemeindemitglieder enthalten sind.[391] Die Eintragungen dieser Kartei enden ebenfalls 1942.

Im Fall der zahlreichen Register zu den jüdischen Friedhöfen Hamburgs ist die Quellenlage zunächst recht unübersichtlich. Die nachfolgende Aufstellung kann zu einer leichteren Orientierung verhelfen. Die Signaturen des Bestandes „522-1 Jüdische Gemeinden" sind in Klammern vermerkt. Soweit nichts anderes angegeben ist, beziehen sich diese Quellen auf die Begräbnisplätze der aschkenasischen Gemeinden.

---

[386] 522-1 Jüdische Gemeinden, 977 a, 977 b und 977 c.

[387] 522-1 Jüdische Gemeinden, 955 und 958.

[388] 522-1 Jüdische Gemeinden, 956 und 958.

[389] 522-1 Jüdische Gemeinden, 957 und 958.

[390] 522-1 Jüdische Gemeinden, 992 b.

[391] 522-1 Jüdische Gemeinden, 992 c.

1. *Beerdigungsregister für alle von Hamburg benutzten Friedhöfe*
   Hebräisches Register, 1810–1814, darin fehlen die Namen der 57 von Januar bis Mai 1814 am Neuen Steinweg Beerdigten (78 a),[392] mit Übersetzung von Jacob Jacobson (78 c)

   Hebräisches Register, 1812–1835 (78 b), mit Übersetzung von Jacob Jacobson (78 d)

2. *Friedhof an der Königstraße in Altona*
   Beerdigungsregister 1714–1812, hebräisch (73), mit Übersetzung von S. Frank (73 a, Kartei)

   Beerdigungsregister des Hamburger Teils 1811–1835, hebräisch/deutsch (74), mit Übersetzung von Jacob Jacobson (74 a Bd. 1–5)

   Beerdigungsregister für die Friedhöfe in Altona und Ottensen, S. 1–138: Friedhof an der Königstraße in Altona, Altonaer Teil 1811–1851 (75), mit Übersetzung von Jacob Jacobson (75 a Bd. 1–6)

   Topografisches Grabregister für Hamburger Teil, 1812–1835, hebräisch/deutsch (81)

   Grabbuch in alphabetischer Ordnung, bezeichnet als Duplikat von Grabbüchern, deutsch, angelegt nach dem 1943 verbrannten topografischen Grabregister von 1874 (82)

   Register der Beerdigungsbrüderschaft der Portugiesisch-Jüdischen Gemeinde, 1675–1760 (996 a)

   Verzeichnis der Grabsteine auf dem sefardischen Teil, 1874 (996 b)

[392] In dieser Zeit war das von französischen Truppen besetzte Hamburg von gegnerischen Heeren belagert. Für Beerdigungen auf den jüdischen Friedhöfen außerhalb der Stadt wurden die Stadttore nicht geöffnet. Als Begräbnisplatz diente ersatzweise eine Fläche hinter der Synagoge Neuer Steinweg.

Verzeichnis der neu zu legenden Grabsteine bzw. der bei der Verbreiterung der Königstraße exhumierten Toten auf dem sefardischen Teil, 1902 (996 c)

3. Friedhof in Ottensen

Beerdigungsregister für die Friedhöfe in Altona und Ottensen, S. 1–17: Friedhof in Ottensen, Altonaer Teil 1824–1850 (75), hebräisch, mit Übersetzung von Jacob Jacobson (75 b Bd. 1–2)

Beerdigungsregister, alphabetisch nach Vornamen, unvollständig, 1760–1837 (76), hebräisch, mit Übersetzung von Jacob Jacobson (76 a Bd. 1–2)

Topografisches Grabregister, mit Ausnahme der auf den Jüdischen Friedhof in Ohlsdorf überführten Grabsteine,[393] hebräisch/deutsch, 1663–1934, (80 a), Kladde dieses Registers (80 b)

Grabbuch für den Altonaer Teil, alphabetisch angelegt, hebräisch/deutsch, 1824–1876 (83)

Beerdigungsregister von den Friedhöfen in Ottensen und am Dammtor, mit Indizes, 1869–1934 (727 a–727 d)

4. Grindelfriedhof

Beerdigungsregister der Fremden und Beisassen[394] für die Friedhöfe am Dammtor, 1753–1812, hebräisch (77), mit Übersetzung von Jacob Jacobson (77a)

Beerdigungsregister für die Friedhöfe am Dammtor, 1753–1812, hebräisch (726). Das Original ist in den "Central Archives for the History of the Jewish People", Jerusalem, verwahrt. Im Staatsarchiv Hamburg steht ein Mikrofilm zur Verfügung (741-4 Fotoarchiv, Sa 1210).

---

393 Der jüdische Friedhof in Ottensen wurde 1942 zwangsweise geräumt. Eine unbekannte Zahl der dort Bestatteten und 175 Grabsteine wurden auf den jüdischen Friedhof im Hamburger Stadtteil Ohlsdorf überführt.

394 Als Beisassen wurden Juden ohne volle Gemeindemitgliedschaft in der Jüdischen Gemeinde bezeichnet. Vgl. Max Grunwald, wie Anm. 3, S. 315.

Alphabetisches Beerdigungsregister, ca. 1806–1908 (A–L = 728 Bd. 1,M–Z = 728 Bd. 2)

Beerdigungsregister der Friedhöfe in Ottensen und am Dammtor, mit Indizes, 1869–1934 (727 a–727 d)

Grabregister vom Begräbnisplatz am Grindel, 1712–1909 (729 Bd. 1, erstellt von Rabbiner Eduard Duckesz; 729 Bd. 2, vereinzelt auch mit hebräischen Daten, mit Index), Kladde mit Index (730)

5. *Begräbnisplätze der Deutsch-Israelitischen Gemeinde in Hamburg*
Alphabetische Liste, 1880–1892 (733)

6. *Friedhof in Ohlsdorf*
Begräbnisregister, 1883–1939, bandweise mit Index (731 Bd. 1–8)

Beerdigungsregister 1907–1941 (731 b Bd. 1–4)[395]

Friedhofsregister, 1913–1942 (732 Bd. 1–3). In 732 Bd. 2 ist auch ein Verzeichnis der zwischen 1890 und 1937 auf dem neuen Friedhof der Jüdischen Gemeinde in Wandsbek (Jenfelder Straße) Beigesetzten enthalten.[396]

Register der Gittergräber, 1883–1919, mit Indizes (688 Bd. 1–4)

---

[395] Im Gebäude der Friedhofsverwaltung an der Ilandkoppel wurden 2010 vier stark beschädigte Register aufgefunden. Es handelt sich um Foliobände aus der Zeit von 1907 bis 1916, 1917 bis 1926, 1927 bis 1935 und 1936 bis ca. 1941. Sie enthalten im Unterschied zu den parallel geführten Registern auch Angaben über den Sterbetag nach jüdischer Zeitrechnung, die Uhrzeit der Meldung des Todes, die religiösen Namen der Verstorbenen, Überführungen auf auswärtige Friedhöfe und Vermerke über den Ort des Todes sowie über Tahara und Kaddisch.

[396] Außerdem ist im Archivbestand „325-1 Friedhofsverwaltung“, Signatur 265, ein Verzeichnis folgenden Inhalts vorhanden: Urnenbeisetzungen auf dem Ohlsdorfer Friedhof bei Kapelle 13 aus den Jahren 1914, 1915, 1923, 1928, 1931 (S. 1–15); Urnen- und Sargbeisetzungen auf dem Jüdischen Friedhof an der Ilandkoppel in Ohlsdorf, 1939–1945. Im Gemeindezentrum der Jüdischen Gemeinde in Hamburg und im Gebäude der Friedhofsverwaltung an der Ilandkoppel ist je eine ständig aktualisierte alphabetische Gesamtkartei des Jüdischen Friedhofs in Ohlsdorf vorhanden.

7. Friedhof am Bornkampsweg

Grabbuch für den Friedhof am Bornkampsweg, mit Index und Friedhofsplan, 1873–1895 (230 Bd. 1), 1896–1939 (230 Bd. 2)[397]

8. Friedhof in Langenfelde

Beerdigungsregister, 1887–1941, mit Index (734)[398]

Koordinatenregister, 1887 ff. (735)

9. Friedhof in Wandsbek

Begräbnisregister für den Friedhof in Wandsbek (Königsreihe), 1825 topografisch angelegt, 1675–1835, mit Index (741-4 Fotoarchiv, Sa 126, darin Signatur 79)

Begräbnisregister für den Friedhof in Wandsbek (Königsreihe), 1675–1884, mit alphabetischem Index, 1675 bis ca. 1825, hebräisch (959 a); Übersetzung von Jacob Jacobson (959 c Bd. 1 und 2)

Alphabetischer Index zum vorgenannten Begräbnisregister, hebräisch, 1675–1884 (959 b)

Alphabetisches Register der Gräber auf dem neuen Friedhof Jenfelder Straße (950 e)

Verzeichnis der auf dem neuen Friedhof der Jüdischen Gemeinde in Wandsbek (Jenfelder Straße) Beigesetzten, 1890–1937 (732 Bd. 2)

---

397 Ein weiteres Grabbuch dieses Friedhofs umfasst die Zeit von 1873 bis 1942 (Staatsarchiv Hamburg, 522-1 Jüdische Gemeinden, 1067). Das Gemeindezentrum der Jüdischen Gemeinde in Hamburg und die Friedhofsverwaltung an der Ilandkoppel verfügen über erschließende Karteien des jüdischen Friedhofs am Bornkampsweg. In der Friedhofsverwaltung an der Ilandkoppel sind ferner ein alphabetisches Grabregister mit Angabe der sonst nicht überlieferten Gebühren und ein weiteres alphabetisches Grabregister mit Nachweisen bis 1942 vorhanden.

398 Das Gemeindezentrum der Jüdischen Gemeinde in Hamburg und die Friedhofsverwaltung an der Ilandkoppel verfügen über erschließende Karteien des jüdischen Friedhofs in Langenfelde. Die Friedhofsverwaltung an der Ilandkoppel verwahrt ferner einen alphabetischen Indexband und ein weiteres alphabetisches Register.

Alphabetisches Register der Gräber auf dem neuen Friedhof der Jüdischen Gemeinde in Wandsbek, Jenfelder Straße, unvollständig (950 e)

10. *Friedhof in Harburg*
Friedhofsregister der Synagogengemeinde, Harburg, o. D. (980)

11. *Veröffentlichte Verzeichnisse der Gräber auf jüdischen Friedhöfen in Hamburg*
Max Grunwald: Hamburgs deutsche Juden bis zur Auflösung der Dreigemeinden 1811. Hamburg 1904. Darin: Verzeichnisse der Gräber auf dem Friedhof an der Königstraße in Altona, auf dem Grindelfriedhof und auf dem Friedhof in Ottensen.

Max Grunwald: Portugiesengräber auf deutscher Erde. Hamburg 1902.

Michael Studemund-Halévy: Biographisches Lexikon der Hamburger Sefarden. Die Grabinschriften des Portugiesenfriedhofs an der Königstraße in Hamburg-Altona. Hamburg 2000.

Naftali Bar-Giora Bamberger: Die jüdischen Friedhöfe in Wandsbek. Memor-Buch. Hamburg 1997.

Eberhard Kändler und Gil Hüttenmeister: Der jüdische Friedhof in Harburg. Hamburg 2004.

Gil Hüttenmeister, Eberhard Kändler und Michael Studemund-Halévy: Der Grindel-Ersatzfriedhof auf dem jüdischen Friedhof Ohlsdorf-Ilandkoppel. Hamburg 2013.

12. *Datenbanken zu den jüdischen Friedhöfen Hamburgs*
http://www.jfhh.org/suche.php

http://www.jüdischer-friedhof-altona.de/eduard-duckesz-haus.html

Betrachtungen zur Erschließung der jüdischen Friedhofsregister Hamburgs

Auf den Reichtum des Archivguts der jüdischen Gemeinden Hamburgs und des ergänzenden staatlichen Schriftguts wurde schon oft hingewiesen. Der Umfang der historischen Quellen bedeutet jedoch nicht selten ein Problem, wenn es um genealogische oder biografische Nachforschungen nach jüdischen Einwohnern der Großstadt Hamburg und ihrer 1937 eingemeindeten Nachbarstädte Altona, Wandsbek und Harburg geht, denn schon vor dem Ersten Weltkrieg hatte Hamburg mehr als eine Million Einwohner. Hier war am Beginn des 19. Jahrhunderts die mitgliederstärkste aschkenasische Gemeinde Deutschlands beheimatet und 1933 stand Hamburg unter den jüdischen Großgemeinden noch an vierter Stelle in Deutschland. Deshalb macht es einen erheblichen Unterschied, ob Nachforschungen in Hamburg oder in kleineren Städten anzustellen sind.

Wie steht es mit den jüdischen Friedhofsregistern? Im Falle fehlender Sterberegister und verschwundener Grabsteine bieten sie zumeist die einzige Möglichkeit, Todesdaten zu ermitteln. Gelegentlich weisen sie Bemerkungen auf, die für genealogische und biographische Forschungen von großem Wert sind. Einige Beispiele zeigen, welche unerwarteten Informationen den Registern zu entnehmen sind:

> 5585 [1825], Altona am Sonntag, 18. Schebat [6. Februar], wurde hierher durch Schiffsleute gebracht Reichel, Frau des Hirsch Aron, der in Neufeld, einem Dorfe im Königreich Hannover, nahe bei Altona, wohnt.[399] Diese Frau ertrank am 4. Februar 1825 durch Einbrechen von 4 Deichen und vielen Überschwemmungen, welche diese Nacht und Tag stattgehabt und auch in der Gegend viele Verwüstungen verursacht [haben]. Sie wurde begraben Montag, 19. Schebat [7. Februar] und beigesetzt auf dem Friedhof in Ottensen links von der Magd Bella, Tochter des Aron Friedländer.[400]

---

399 Offensichtlich ist „Neufeld" mit dem 1937 in Hamburg eingemeindeten Dorf Neuenfelde identisch.

400 522-1 Jüdische Gemeinden, 75 b Bd. 1, Friedhofsregister Ottensen, 1824–1846. Wie alle anderen hebräisch geführten Friedhofsregister Hamburgs hat der Historiker und Genealoge Dr. Jacob Jacobson (1888–1968) auch diesen Band für das Staatsarchiv Hamburg übersetzt.

Die schwere Sturmflut, von der wir hier erfahren, forderte in den Elbmarschen 142 Menschenleben.[401] Auch Reichels Söhne fielen der Katastrophe zum Opfer:

> 5585 [1825] Altona, Sonnabend, 24. Schebat [12. Februar], wurde durch Schiffsleute hierher gebracht der Junggeselle Leib, Sohn des Hirsch bar Aron aus Neufeld [wahrscheinlich: Neuenfelde an der Elbe], der in derselben Nacht ertrank, in der seine Mutter, Frau des Hirsch Neufeld, ertrank, aber nicht vor Freitag, 23. Schebat [11. Februar], gefunden wurde. Er wurde auf dem Friedhof in Ottensen links neben seiner Mutter begraben Sonntag, 25. Schebat [13. Februar]. Am Sonnabend, den 24. Schebat, wurde auch der Sohn des Hirsch Neufeld, namens Levin, hieher gebracht, welcher auch in derselben Nacht, in der seine Mutter ertrank, ertrunken ist, und wurde neben seiner Mutter beerdigt.[402]

Auf dem Hamburger Teil des Altonaer Friedhofs an der Königstraße wurden 1834 Goldchen Goldschmidt, ihre Tochter Fradchen und ihr Dienstmädchen Jette (Jite) beerdigt. Das Friedhofsregister dokumentiert ihren Todestag, den Namen von Goldchens Vater (Eisik Jaffe) und Ehemann (Model Goldschmidt), außerdem aber auch die tragischen Umstände ihres Todes:

> Sonnabend morgens brach im Hause des Model Goldschmidt Feuer aus, welches in kurzer Zeit um sich griff, und wurden dessen Tochter Fradchen Goldschmidt und das jüdische Mädchen Jite aus Scharenbeck verbrannt und Sonntag beerdigt. Die Frau des Model Goldschmidt, Goldchen Goldschmidt, nachdem sie selbst dem Feuertode entronnen, wagte sich mutig ins brennende Haus, rettete dort ihre Kinder und erlitt dabei derartige Brandwunden, dass sie Sonntag unter großen Schmerzen im Krankenhaus starb. Die ganze Gemeinde folgte dem Sarg dieser tapferen, frommen Frau, welche unter großer

---

401 Ernst Christian Schütt: Die Chronik Hamburg. Dortmund 1991. S. 200.

402 522-1 Jüdische Gemeinden, 75 b Bd. 1, Friedhofsregister Ottensen, 1824–1846.

> Trauerkundgebung Dienstag begraben wurde. Möge der Tod dieser Frauen eine Sühne für ganz Israel sein.[403]

Da für die jüdischen Friedhöfe in Wandsbek und Harburg umfassende Dokumentationen vorliegen und die vom Steinheim-Institut erarbeitete Internet-Datenbank der Grabsteininschriften des aschkenasischen Altonaer Friedhofs in überschaubarer Zeit um den bisher fehlenden Hamburger Teil ergänzt werden soll, haben das Institut für die Geschichte der Deutschen Juden und die Hamburger Gesellschaft für jüdische Genealogie ein Projekt zur Digitalisierung der jüdischen Friedhofsregister von Ottensen, vom Grindel, vom Bornkampsweg, von Ohlsdorf und von Langenfelde für das Internet begonnen. Es handelte sich um 59 zum Teil großformatige Bände mit insgesamt 8867 Seiten. Die fertiggestellten Dateien werden in das Internet eingestellt.[404]

741-2 Genealogische Sammlungen

Wer sich auf die Suche nach genealogischen Erkenntnissen macht, sollte die Nutzung dieses Archivbestandes nicht versäumen. Besonders reichhaltig ist darin die „Neue Stammtafelsammlung“, in der ungezählte Ergebnisse archivarischer und privater Familienforschung vereinigt sind. Die Sammlung besteht aus Tausenden nach Familiennamen angelegten Mappen in 164 Kassetten. Darin enthalten sind auch Arbeiten des Altonaer Rabbiners und Genealogen Eduard Duckesz. Ein großer Teil der „Neuen Stammtafelsammlung“ entstand in der NS-Zeit, als die Mitarbeiter der personenkundlichen Abteilung des Staatsarchivs in Tag- und Nachtschichten mit Nachforschungen für den „arischen Nachweis“ befasst waren. Die Sammlung bietet deshalb auch Erkenntnisse über die willfährige und denunziatorische Arbeit der personenkundlichen Abteilung für Parteidienstellen und Behör-

---

[403] 522-1 Jüdische Gemeinden, 81.

[404] Siehe http://www.jüdischer-friedhof-altona.de/eduard-duckesz-haus.html.

den des NS-Regimes.[405] Aus der NS-Zeit stammt ebenfalls ein Konvolut mit dem Titel „Auszüge aus den Taufbüchern der fünf Hamburger Hauptkirchen betr. Taufen von Juden bis 1750".[406] Der Bestand enthält auch einige Arbeiten aus der Feder des Archivars und Genealogen Dr. Jacob Jacobson aus der Nachkriegszeit: „Auszüge aus den Hochzeitenbüchern der Wedde betr. Eheschließungen von Juden 1750–1810"[407] und „Jüdische Hamburgensia in Berlin. Auszüge aus der jüdischen Heiratsliste 1759–1831 und den Judenbürgerbüchern 1801–1850 in Berlin".[408]

---

405 Sielemann, Die personenkundliche Abteilung, wie Anm. 379, S. 103.

406 741-2 Genealogische Sammlungen, 51.

407 741-2 Genealogische Sammlungen, Signatur 51 a Bd. 1–3.

408 741-2 Genealogische Sammlungen, 151.

Bildnachweis

Abbildung 1	Staatsarchiv Hamburg; Foto: Corinna Jockel
Abbildung 2	Zeitschrift des Vereins für Hamburgische Geschichte, 57 (1961), S. 48
Abbildung 3	Staatsarchiv Hamburg 720-1/ 215=Ho 45
Abbildung 4	Staatsarchiv Hamburg, Karteikasten 331-3 Politische Polizei; Foto: Corinna Jockel
Abbildung 5	Die Hamburger Woche, Nr. 30 vom 29.7.1909, S. 22
Abbildung 6	Staatsarchiv Hamburg 720-1/ 215=KL172
Abbildung 7	Staatsarchiv Hamburg 112-3/ 39 Bd. 2, S. 20
Abbildung 8	Staatsarchiv Hamburg 111-1/ Cl. VII Lit. Hf Nr. 5 Vol. 1 d 1
Abbildung 9	Staatsarchiv Hamburg 111-1/ Cl. VII Lit. Lb Nr. 18 Vol. 2 c 3
Abbildung 10	Institut für die Geschichte der deutschen Juden, Hamburg, Sammlung Randt, Abdruck mit freundlichem Einverständnis von Frau Jenny Marmorstein, London
Abbildung 11	Staatsarchiv Hamburg 720-1/ 215=Wa 612
Abbildung 12	Staatsarchiv Hamburg 720-1/ 215=He 847
Abbildung 13	Staatsarchiv Hamburg 720-1/ 265-5/5
Abbildung 14	Staatsarchiv Hamburg 720-1/ 131-6=600/1887.01
Abbildung 15	Staatsarchiv Hamburg 332-8/A 1 Bd. 14, S. 260
Abbildung 16	Staatsarchiv Hamburg 332-8 / A 5 Bd. 1, Nr. 1356

Abbildung 17	Jahresbericht der Verwaltungsbehörden der Freien und Hansestadt Hamburg 1925, S. 357
Abbildung 18	Staatsarchiv Hamburg 720-1/ 215=Me 311

Personenregister

D

M

N

O

P

R

S

Z

Veröffentlichungen aus dem Staatsarchiv der Freien und Hansestadt Hamburg

Seit 1910 gibt das Staatsarchiv eine Veröffentlichungsreihe mit dem Titel „Veröffentlichungen aus dem Staatsarchiv der Freien und Hansestadt Hamburg" heraus. Lieferbar sind zurzeit folgende Bände:

Band 13, 1–4: Findbuch der Reichskammergerichtsakten im Staatsarchiv Hamburg. Erarbeitet von Hans-Konrad Stein-Stegemann. Hamburg 1993. 43,00 Euro.

Band 14: vergriffen.

Band 15: Hamburger jüdische Opfer des Nationalsozialismus. Gedenkbuch. Bearbeitet von Jürgen Sielemann unter Mitarbeit von Paul Flamme. Hamburg 1995. 17,00 Euro.

Band 16: Burghart Schmidt: Hamburg im Zeitalter der Französischen Revolution und Napoleons (1789–1813). Teil 1–2. Hamburg 1998. 42,00 Euro.

Band 17: vergriffen.

Band 18: Überseeische Auswanderung und Familienforschung. Hrsg. von Jürgen Sielemann, Rainer Hering und Ulf Bollmann. Hamburg 2002. 7,50 Euro.

Ab Band 19 erscheinen die Titel bei Hamburg University Press:

Band 19: Rainer Hering, Udo Schäfer (Hrsg.): Digitales Verwalten – Digitales Archivieren. 8. Tagung des Arbeitskreises „Archivierung von Unterlagen aus digitalen Systemen" am 27./28.4.2004 in Hamburg. Hamburg 2004. 20,00 Euro.

Band 20: Rainer Hering, Jürgen Sarnowsky, Christoph Schäfer, Udo Schäfer (Hrsg.): Forschung in der digitalen Welt. Hamburg 2006. 20,00 Euro.

Band 21: Die Hamburgisch-Lübischen Pfundgeldlisten 1485–1486. Hrsg. von Dennis Hormuth, Carsten Jahnke, Sönke Loebert unter Mitarbeit von Hendrik Mäkeler, Stefanie Robl, Julia Röttjer. Hamburg 2006. 30,00 Euro.

Band 22: Joachim W. Frank, Thomas Brakmann (Hg.): Aus erster Quelle. Beiträge zum 300-jährigen Jubiläum des Staatsarchivs der Freien und Hansestadt Hamburg. Hamburg 2013. 24,80 Euro.

Der Verkauf bis Band 18 erfolgt, soweit nicht vergriffen, direkt durch das Staatsarchiv. Bestellungen sind zu richten an:

Staatsarchiv der Freien und Hansestadt Hamburg
Kattunbleiche 19
22041 Hamburg
Telefon 040 428313129
poststelle@staatsarchiv.hamburg.de
www.hamburg.de/staatsarchiv

Ab Band 19 können die Titel der Reihe über den Buchhandel und über den Verlag bezogen werden:

Hamburg University Press
Verlag der Staats- und Universitätsbibliothek Hamburg Carl von Ossietzky
Von-Melle-Park 3
20146 Hamburg
Telefon 040 428387146
Fax 040 428383352
order.hup@sub.uni-hamburg.de
hup.sub.uni-hamburg.de

Über den Autor

Jürgen Sielemann, geb. 1944, ist Archivar i. R. Er war langjähriger Referent des Staatsarchivs Hamburg, unter anderem für die Archivbestände und die Geschichte der Hamburger jüdischen Gemeinden. Veröffentlichungen vor allem zur jüdischen Familienforschung und zur Auswanderung.